PANORAMA ATUAL DA ADMINISTRAÇÃO PÚBLICA NO BRASIL

PANORAMA ATUAL DA ADMINISTRAÇÃO PÚBLICA NO BRASIL

SÔNIA YURIKO KANASHIRO TANAKA
(coordenadora)

•

ALINE DA SILVA FREITAS • DANIELA GIL RIOS
EDNA LUIZA NOBRE
FLÁVIO LUIZ DAMATO ROCHA DE SOUZA
NARLON GUTIERRE NOGUEIRA • SANDRA CORDEIRO MOLINA
SOLVEIG FABIENNE SONNENBURG
VICENTE BAGNOLI • WAGNER SERPA JÚNIOR

MALHEIROS EDITORES

PANORAMA ATUAL
DA ADMINISTRAÇÃO PÚBLICA NO BRASIL

ISBN 978-85-392-0122-8

Direitos reservados desta edição por
MALHEIROS EDITORES LTDA.
Rua Paes de Araújo, 29 – conjunto 171
CEP 04531-940 – São Paulo/SP
Tel.: (011) 3078-7205 – Fax: (011) 3168-5495
URL: www.malheiroseditores.com.br
e-mail: malheiroseditores@terra.com.br

Editoração Eletrônica
Letra por Letra Studio

Capa
Criação: Vânia Lúcia Amato
Arte: PC Editorial Ltda.

Impresso no Brasil
Printed in Brazil
04.2012

Colaboradores

SÔNIA YURIKO KANASHIRO TANAKA é Doutora em Direito de Estado pela Universidade de São Paulo/USP – Professora da Faculdade de Direito da Universidade Presbiteriana Mackenzie/UPM

VICENTE BAGNOLI é Doutor em Filosofia e Teoria Geral do Direito pela Universidade de São Paulo/USP – Mestre em Direito Político e Econômico pelo Mackenzie, onde é Professor Adjunto da Faculdade de Direito – Consultor Não Governamental da *International Competition Network*/ICN – Advogado (*bagnoli@vicentebagnoli.com.br*)

ALINE DA SILVA FREITAS, DANIELA GIL RIOS, EDNA LUIZA NOBRE, FLÁVIO LUIZ DAMATO ROCHA DE SOUZA, NARLON GUTIERRE NOGUEIRA, SANDRA CORDEIRO MOLINA, SOLVEIG FABIENNE SONNENBURG e WAGNER SERPA JÚNIOR são Mestres em Direito Político e Econômico pela Universidade Presbiteriana Mackenzie.

Sumário

Capítulo 5 – **SOCIEDADES DE ECONOMIA MISTA**

SANDRA CORDEIRO MOLINA

Capítulo 6 – **O "SISTEMA S": A FORMAÇÃO PROFISSIONAL NO BRASIL E ALGUMAS QUESTÕES ATUAIS**

ALINE DA SILVA FREITAS

Prefácio

A Administração Pública no Brasil vem se adaptando por diversas formas e novos institutos, também em virtude da análise de novas perspectivas dadas pelo Poder Judiciário e pelos doutrinadores, sobretudo após a Reforma Administrativa de 1995, que ensejou profundas alterações.

No intuito de investigar essa evolução, a presente obra objetivou agregar conhecimentos técnicos de diversos profissionais do Direito que, em suas atuações profissional e acadêmica, visam, em esforço contínuo, a acompanhar e aprimorar seus conhecimentos jurídicos, propiciando, por consequência, a aplicação do devido ensinamento jurídico.

Com esse objetivo comum, reunimos, nesta coletânea, contribuições valiosas dos alunos da Pós-Graduação *Stricto Sensu* da Universidade Presbiteriana Mackenzie, já titulados ou na sua iminência, todos com a excelência da atuação jurídico-profissional, ora mencionados em ordem alfabética: Aline da Silva Freitas; Daniela Gil Rios; Edna Luiza Nobre; Flávio Luiz Damato Rocha de Souza; Narlon Gutierre Nogueira; Sandra Cordeiro Molina; Solveig Fabienne Sonnenburg; e Wagner Serpa Júnior.

Contamos, ainda, com a contribuição muito especial de Vicente Bagnoli, também Professor da Universidade Presbiteriana Mackenzie, que – pesquisador e atuante na área da regulação – nos honra com a sua participação.

Assim, com muito orgulho apresento este conjunto de estudos do panorama atual da Administração Pública no Brasil, que certamente servirá para a reflexão de todos os profissionais do Direito.

Sônia Yuriko Kanashiro Tanaka
Doutora em Direito de Estado pela Universidade de São Paulo/USP
– Professora da Faculdade de Direito
da Universidade Presbiteriana Mackenzie/UPM

Capítulo I

Natureza Jurídica dos Órgãos Públicos

Sônia Yuriko Kanashiro Tanaka

1.1 Teoria da separação dos Poderes. 1.2 Natureza jurídica dos órgãos públicos. 1.3 Conceito de "órgão público. 1.4 Natureza jurídica da relação entre a manifestação da vontade do Estado e os agentes públicos. 1.5 Natureza jurídica das relações entre os órgãos públicos: 1.5.1 Teoria da personalidade dos órgãos públicos – 1.5.2 Teoria da personalidade dos agentes públicos. 1.6 Análise das teoria. 1.7 Análise da atuação dos órgãos públicos. 1.8 Teorias civilistas a respeito da natureza da pessoa jurídica: 1.8.1 Teoria da ficção – 1.8.2 Teorias da realidade: 1.8.2.1 Teoria da realidade orgânica – 1.8.2.2 Teoria da realidade técnica – 1.8.3 Efeitos da personalização. 1.9 Personalização dos órgãos públicos.

1.1 Teoria da separação dos Poderes

Como princípio geral, o ordenamento jurídico brasileiro sempre adotou a teoria da separação de Poderes, que visa a refutar a concentração de poder a ser exercido por uma única pessoa.

Inicialmente, a Constituição de 1824 adotou a teoria concebida por Benjamin Constant, que formulava a divisão do poder do Estado em quatro partes, a saber: Poderes Moderador, Legislativo, Executivo e Judiciário. Posteriormente as Constituições passaram a adotar a teoria de Montesquieu, até então existente, que propugna a separação tripartite.

Assim, nos termos do art. 2º da atual CF, "são Poderes da União, independentes e harmônicos entre si, o Legislativo, o Executivo e o Judiciário".

Contudo, na realidade, a denominação da teoria de Montesquieu não foi devidamente atribuída, tendo em vista que, como é cediço, o poder que se divide é pertencente ao Estado, como poder máximo dentro de seu território. Em outras palavras, trata-se do *poder político*, cuja superioridade, segundo José Afonso da Silva: (2006: 98),

> "(...) caracteriza a *soberania do Estado* (...), que implica, a um tempo, *independência* em confronto com todos os poderes exteriores à sociedade estatal (soberania externa) e *supremacia* sobre todos os poderes sociais interiores à mesma sociedade estatal (soberania interna).
>
> "Disso decorrem as três características fundamentais do poder político: *unidade*, *indivisibilidade* e *indelegabilidade*, de onde parecer impróprio falar-se em *divisão* e *delegação de poderes*, (...)."[1]

Nessa linha de raciocínio, subsome-se que inexistem Poderes independentes e harmônicos, mas *divisão tripartite das funções do poder político do Estado*, que são desempenhadas por órgãos públicos.

Em princípio, sendo essa a definição correta, pode-se afirmar que aos órgãos que desempenham as três funções são asseguradas a independência e a harmonia entre si.

A harmonia, indubitavelmente, faz-se necessária a fim de tolher a concentração do poder, em eventuais "mandos" e "desmandos" absolutos. Contudo, justamente em face dessa harmonia, não há como conceber a independência absoluta, sendo a relatividade desta independência que complementa a relatividade da concentração de poder.

Segundo José Afonso da Silva, *independência de poderes* significa:

> "(*a*) que a investidura e a permanência das pessoas num dos órgãos do governo não dependem da confiança nem da vontade dos outros; (*b*) que, no exercício das atribuições que lhes sejam próprias, não precisam os titulares consultar os outros nem necessitam de sua autorização; (*c*) que, na organização dos respectivos serviços, cada um é livre, observadas apenas as disposições constitucionais e legais; assim é que cabe ao Presidente da República prover e extinguir cargos públicos da Administração Federal, bem como exonerar ou demitir seus ocupantes, enquanto é da competência do Congresso Nacional ou dos tribunais prover os cargos dos respectivos serviços administrativos, exonerar ou demitir seus ocupantes; às Câmaras do Congresso e aos tribunais compete elaborar os respectivos regimentos internos, em que se consubstanciam as regras de seu funcionamento, sua organização, direção e polícia, ao passo que ao Chefe do Executivo incumbe a organização da Administração Pública, estabelecer seus regimentos e regulamentos. Agora, a independência e autonomia do Poder Judiciário se tornaram ainda mais pronunciadas, pois passou para a sua competência também a nomeação de juízes e tomar outras

1. José Afonso da Silva, *Curso de Direito Constitucional Positivo*, 35ª ed., São Paulo, Malheiros Editores, 2012, p. 107.

providências referentes à sua estrutura e funcionamento, inclusive em matéria orçamentária (arts. 95, 96 e 99)".[2]

Contudo, como o próprio autor observa adiante:

> "nem a divisão de funções entre os órgãos do poder nem sua independência são absolutas. Há interferências, que visam ao estabelecimento de um sistema de freio e contrapesos, à busca do equilíbrio necessário à realização do bem da coletividade e indispensável para evitar o arbítrio e o desmando de um em detrimento do outro e especialmente dos governados".[3]

Há, portanto, uma independência relativa entre os órgãos que exercem as funções executiva, legislativa e judicante, para que possam exercer suas atividades de maneira harmônica, evitando, por consequência, a concentração de poder.

Segundo Moreira Neto, "é possível concluir que as *funções* exercidas pelos três Poderes orgânicos são modalidades de *ação do Estado*, que, com maior ou menor grau de autonomia, lhes são distribuídas, com complementaridade e interdependência, mas sem predominância de uma deles sobre os demais".[4]

O Estado, por sua vez, em razão da diversidade de serviços necessários ao atendimento dos anseios de sua população, necessita repartir essas competências entre diversos órgãos públicos.

Assim, em razão da complexidade dessa tripartição de funções, as mesmas não são desempenhadas por apenas três órgãos.

Para cada divisão de atribuições específicas existe um órgão público. Assim como a função executiva é desempenhada por diversos órgãos, também as funções legislativas e judicantes são exercidas por órgãos distintos.

Cabe, aqui, efetuar uma observação: a relativa independência não é conferida a cada órgão, mas ao conjunto dos que exercem uma função (por exemplo, executiva), em relação aos que exercem as demais funções, e vice-versa.

Isso porque, segundo a teoria existente a respeito da natureza jurídica dos órgãos públicos, eles não têm independência.

A natureza jurídica de todos esses órgãos públicos foi objeto de diversas discussões doutrinárias, resultando na elaboração de três teorias: *subjetiva*, *objetiva* e *eclética*.

2. Idem, p. 110.

3. Idem, ibidem.

4. Diogo de Figueiredo Moreira Neto, *Curso de Direito Administrativo*, 14ª ed., Rio de Janeiro, Forense, 2005, p. 23.

1.2 Natureza jurídica dos órgãos públicos

Os adeptos da *teoria subjetiva* identificam o órgão público com a pessoa física que efetivamente exerce a função do Estado.

Nesse sentido, no âmbito do Poder Executivo Federal os órgãos públicos seriam, por exemplo, o Presidente da República, o Ministro da Saúde, o da Fazenda, entre outros. No âmbito do Poder Legislativo Federal os órgãos públicos seriam os Deputados Federais e os Senadores; e no âmbito do Poder Judiciário Federal os respectivos Magistrados.

Acerca da teoria subjetiva, Oswaldo Aranha Bandeira de Mello declara:

> "Cronologicamente, foi a primeira teoria relativa ao órgão. Está acolhida por Léon Michoud (*La Théorie de la Personnalité Morale*, 3ª ed., vol. I, pp. 131-152, ns. 59 a 64, LGDJ, Paris, 1932) ao discorrer sobre os órgãos das pessoas jurídicas. A posição de Georg Jellineck (*L'État Moderne et son Droit*, traduzido do Alemão por Georges Fardis, vol. II, pp. 219-255, M. Giard e E. Thière, Éditeurs, Paris, 1913) é dúbia, pois em certa passagem da obra citada afirma ser o indivíduo o órgão do Estado e em outra distingue o órgão do seu titular. Igualmente Carré de Malberg incorre na mesma incerteza (*Contribution à la Théorie Générale de l'État*, vol. II, pp. 281-360, Recueil Sirey, Paris, 1922). Contudo, devem ser incluídos nesta corrente, porquanto, parece, essas oscilações objetivavam distinguir o indivíduo enquanto pessoa particular e enquanto atua como órgão do Estado".[5]

A teoria subjetiva não prevaleceu, sendo que a principal crítica reside no fato de os órgãos públicos deixarem de existir na hipótese de desaparecimento da pessoa física.

Na *teoria objetiva* os órgãos seriam unidades funcionais do Estado, existentes independentemente das pessoas que nelas atuam.

Assim, segundo Oswaldo Aranha Bandeira de Mello:

> "o órgão do Estado seria a Presidência da República, a Câmara dos Deputados e o Senado Federal, a Magistratura, com as competências que lhe são próprias. Por caberem a essas unidades funcionais parcelas específicas de poderes e deveres dos negócios do Estado, confundiram-nas com os órgãos desse organismo moral. O grande defensor desta teoria é Carlo Sposito (cf. *Organo, Uffici e Soggetività del Ufficio*, pp. 1-27, CEDAM, Padova, 1932)".[6]

A teoria objetiva também não mereceu prosperar, por não esclarecer a manifestação da vontade e a forma de atuação do órgão.

5. Oswaldo Aranha Bandeira de Mello, *Princípios Gerais de Direito Administrativo*, vol. II, Rio de Janeiro, Forense, 1974, pp. 78-79.

6. Idem, p. 79.

A *teoria eclética* esclarece a natureza jurídica dos órgãos públicos conjugando os dois elementos, entendendo que o órgão é um composto de agentes e um complexo de atribuições, unidades funcionais, que manifestam a vontade do Estado.

Não obstante, parece ser aplicável a mesma crítica efetuada à teoria subjetiva, posto que, sendo o órgão um composto de unidade funcional e dos agentes, desaparecendo estes últimos, o órgão também deixaria de existir.

Oswaldo Aranha Bandeira de Mello esclarece essa situação, aduzindo que

> "a unidade funcional jamais se desconhece, pois ela se afirma nas unidades técnicas com as suas competências e com o desaparecimento do agente público ela permanece".[7]

Adiante, esclarece referido autor que essa unidade

> "não é substancial, como a que existe entre a alma e o corpo no ser humano, porém acidental, relacional, isto é, de dependência real recíproca, entre a unidade técnica, funcional, com as respectivas competências, elemento estático, e o agente público, que exerce essas competências, elemento dinâmico".[8]

Por fim, dessa forma se posiciona o mesmo autor:

> "Ambos necessários para a manifestação unitária da vontade do organismo moral, Estado, e, por isso, formam um todo e constituem a unidade composta para expressão da sua vontade. Por ser acidental a unidade do órgão, composta da repartição pública e os respectivos agentes, há a possibilidade da substituição dos agentes públicos, nas hipóteses legais, sem a quebra da unidade orgânica, o que não seria possível se fosse de natureza substancial, como a que existe no ser humano, composto de alma e corpo".[9]

Em suma, Oswaldo Aranha Bandeira de Mello entende que o órgão público é uma unidade funcional que, por sua estruturação orgânica, subsiste nas unidades técnicas com suas competências, independentemente, portanto, do agente nele investido, por ser de natureza acidental, transitória (dinâmica), e não substancial.

De maneira semelhante, Celso Antônio Bandeira de Mello apresenta o seguinte entendimento:

> "Há dois problemas que não se fundem e não têm por que serem fundidos. Um deles é o do querer e do agir do Estado: o outro é o da repartição de atribuições em diferentes unidades.
>
> "Em verdade, a única coisa que efetivamente importa é reconhecer a existência de duas realidades que, *embora se requeiram mùtuamente*, não se fundem em uma unidade, a saber: (a) as atribuições do Estado são distribuídas

7. Idem, p. 80.
8. Idem, p. 81.
9. Idem, ibidem.

em múltiplos feixes abstratos unificados de poderes funcionais. Estas unidades lògicamente concebíveis correspondem à ideia de ofícios (*uffici*); (b) os mencionados centros institucionais de podêres, que demarcam as repartições de atribuições existentes no Estado, se viabilizam concretamente através dos agentes públicos investidos dos poderes correspondentes a estes *círculos de atribuições*. Não se pode contestar a existência de verdadeiros *quadros estruturais* em que se distribuem complexos de funções, como também não se pode contestar que as expressões efetivas delas dependem de pessoas físicas a elas propostas.

"Sem dúvida alguma, o *fenômeno* da manifestação da vontade e da atuação do Estado através de um conjunto de indivíduos, investidos dos necessários podêres para exprimir-lhes as funções, *supõe* as próprias atribuições, os círculos abstratos de poderes, dos quais estes são veículos. Logo, as duas ideias se solicitam."[10]

Assim, para Celso Antônio há duas realidades distintas, que não se fundem, embora se requeiram mutuamente, que são os centros institucionais de poderes, cujas atribuições são desempenhadas pelos agentes públicos neles investidos.

1.3 Conceito de "órgão público"

Segundo Celso Antônio, *órgãos públicos* são

"*unidades abstratas que sintetizam os vários círculos de atribuições do Estado*. Por se tratar, tal como o próprio Estado, de entidades reais, porém abstratas (seres de razão), não têm nem vontade nem ação, no sentido de vida psíquica ou anímica próprias, que, estas, só os seres biológicos podem possuí-las. De fato, os órgãos não passam de simples repartições de atribuições, e nada mais".[11]

Em seguida, acrescenta o referido autor:

"Então, para que tais atribuições se concretizem e ingressem no mundo natural é necessário o concurso de seres físicos, prepostos à condição de *agentes*. O querer e o agir destes sujeitos é que são, pelo Direito, *diretamente* imputados ao Estado (manifestando-se por seus órgãos), de tal sorte que, enquanto atuam nesta qualidade de agentes, seu querer e seu agir são recebidos como o querer e o agir dos órgãos componentes do Estado; logo, do próprio Estado. Em suma, a vontade e a ação do Estado (manifestada por seus órgãos, repita-se) são constituídas *na* e *pela* vontade e ação dos agentes; ou seja: Estado e órgãos que o compõem se exprimem através dos agentes, na medida em que ditas pessoas físicas atuam nesta posição de veículos de expressão do Estado".[12]

Nos ensinamentos de Odete Medauar,

10. Celso Antônio Bandeira de Mello, "Apontamentos sobre a teoria dos órgãos públicos", *RDP* janeiro-junho/1971, São Paulo, Ed. RT, p. 32.

11. Celso Antônio Bandeira de Mello, *Curso de Direito Administrativo*, 29ª ed., São Paulo, Malheiros Editores, 2012, p. 144.

12. Idem, ibidem.

> "a denominação 'órgão' vem da anatomia, onde cada parte do corpo humano que realiza uma função específica recebe esse nome; o conjunto de todos os órgãos realizando suas funções típicas permite que o corpo humano tenha vida saudável".[13]

Por tal analogia, constata-se mais facilmente a natureza jurídica atribuída aos órgãos públicos.

Nesse sentido, diversos são os conceitos de "órgãos públicos".

Para a referida autora *órgãos públicos* ou *órgãos administrativos* são "unidades de atuação, que englobam um conjunto de pessoas e meios materiais ordenados para realizar uma atribuição predeterminada".[14]

Segundo Cretella Jr.,

> "a palavra 'órgão', que em grego significa 'instrumento' ou 'ferramenta', é por nós definida como determinada parte de um aparelho que executa determinada função. Cumpre observar que não se deve confundir o 'órgão' com o 'titular'. *Titular* é a pessoa física que executa determinadas funções que são confiadas a um *órgão*".[15]

Para Hely Lopes Meirelles, *órgãos públicos*

> "são centros de competência instituídos para o desempenho de funções estatais, através de seus agentes, cuja atuação é imputada à pessoa jurídica a que pertencem. São unidades de ação com atribuições específicas na organização estatal. Cada órgão, como centro de competência governamental ou administrativa, tem necessariamente *funções*, *cargos* e *agentes*, mas é distinto desses elementos, que podem ser modificados, substituídos ou retirados sem supressão da unidade orgânica. (...)".[16]

Segundo Diógenes Gasparini,

> "os órgãos públicos não são pessoas, mas centros de competências criados pelo direito público. Ademais, são partes ou componentes da estrutura do Estado, e por isso dele não se distinguem. Vale afirmar: não têm personalidade jurídica. Se a tivessem, os direitos e obrigações decorrentes de sua ação ou omissão lhes pertenceriam, e não ao Estado".[17]

Nos ensinamentos de Di Pietro, *órgão público* é "uma unidade que congrega atribuições exercidas pelos agentes públicos que o integram com o objetivo de expressar a vontade do Estado".[18]

13. Odete Medauar, *Direito Administrativo Moderno*, 11ª ed., São Paulo, Ed. RT, 2007, p. 51.

14. Idem, ibidem.

15. José Cretella Jr., *Manual de Direito Administrativo*, 7ª ed., Rio de Janeiro, Forense, 2005, pp. 20-21.

16. Hely Lopes Meirelles, *Direito Administrativo Brasileiro*, 38ª ed., São Paulo, Malheiros Editores, 2012, pp. 68-69.

17. Diógenes Gasparini, *Direito Administrativo*, 9ª ed., São Paulo, Saraiva, 2004, p. 47.

18. Maria Sylvia Zanella Di Pietro, *Direito Administrativo*, 19ª ed., São Paulo, Atlas, 2006, p. 494.

Por fim, cabível trazer à colação uma das melhores definições de "órgão público", atribuída a Marcello Caetano, que assim preleciona:

> "Órgão é o elemento da pessoa coletiva que consiste num centro institucionalizado de poderes funcionais a ser exercido pelo indivíduo ou pelo colégio de indivíduos que nele estiverem providos, com o objetivo de exprimir a vontade juridicamente imputável a essa pessoa coletiva".[19]

1.4 Natureza jurídica da relação entre a manifestação da vontade do Estado e os agentes públicos

Várias teorias foram elaboradas com o intuito de esclarecer a relação entre a expressão da vontade do Estado e os agentes investidos nos órgãos públicos.

Pela *teoria do mandato*, considera-se o agente público como mandatário do Estado, agindo, dessa forma, em nome dele. Essa teoria, de cunho civilista, foi contraditada pelo fato de se constatar a impossibilidade de uma pessoa jurídica – no caso, o Estado, ser abstrato – expedir mandato.

De forma semelhante, a *teoria da representação*, também de cunho civilista, apregoa ser o agente público o representante do Estado. Com efeito, essa teoria também não prevaleceu, tendo em vista que, além da impossibilidade de o Estado ter a *vontade* de designar um representante, essa tese insinua a incapacidade do Estado.

Além disso, Celso Antônio também observa que,

> "sabidamente, nestas relações jurídicas são concebíveis apenas dois sujeitos: o Estado e o particular vinculado pelo liame jurídico que se constitua. Na relação firmada, o agente não aparece como sujeito distinto do Estado, porém como o próprio Estado se manifestando".

Hodiernamente, a relação entre o Estado e os agentes públicos, que realizam suas atividades para a realização da vontade daquele, é explicada pela *teoria do órgão*, criada por Otto Gierke, que considera o órgão como parte da pessoa a que pertence – e, assim sendo, todas as suas manifestações de vontade são consideradas como da própria entidade. Trata-se de uma relação de imputação, ou seja, a vontade do agente é imputada ao Estado do qual ele faz parte. Daí a possibilidade de os atos desses agentes ensejarem a responsabilidade do Estado.

Dessa forma, pode-se afirmar que os agentes investidos nos órgãos públicos exercem o complexo de atribuições preexistentes, e por intermédio dessas manifestações a vontade do Estado é realizada.

19. Marcello Caetano, *Manual de Direito Administrativo*, 7ª ed., Coimbra, Coimbra Editora, 1965, p. 154.

Sendo assim, possível constatar a inexistência da independência do órgão público – o que enseja a possibilidade de se afirmar a ausência de autonomia, até pelo fato de os órgãos não serem pessoas jurídicas, mas, justamente, unidades que manifestam a vontade do Estado através dos agentes neles investidos; o que reforça a noção de dependência na configuração do órgão público.

Porém, inexistindo independência, autonomia, pessoa jurídica, difícil se torna explicar a relação existente entre os órgãos públicos, tendo em vista que uma pessoa jurídica não pode ter uma relação jurídica consigo mesma.

Diversificadas também são as teorias existentes para esclarecer referidas relações.

1.5 Natureza jurídica das relações entre os órgãos públicos

Inicialmente alguns doutrinadores consideravam que as relações entre os órgãos públicos eram relações de fato, e não relações jurídicas, tendo em vista que as relações jurídicas são existentes tão somente entre pessoas jurídicas.

Contudo, tratando-se de meras relações de fato, as mesmas estariam subtraídas da obrigatoriedade de serem cumpridas e delas não decorreriam efeitos no ordenamento jurídico. Nesse caso, por exemplo, não haveria a obrigatoriedade de os órgãos públicos federais cumprirem as determinações do Tribunal de Contas da União/TCU, que também é um órgão público federal.

Por essa razão surgem as teorias que consideram jurídicas as relações entre os órgãos públicos.

1.5.1 Teoria da personalidade dos órgãos públicos

A teoria da personalidade dos órgãos públicos esclarece a relação jurídica entre os órgãos, atribuindo aos mesmos a personalidade que se desdobra da do Estado.

Sustenta-se, dessa forma, que, embora sendo partes do Estado, a cada órgão é conferida a mesma personalidade, para ensejar a juridicidade de suas relações.

Nas lições de Oswaldo Aranha Bandeira de Mello,

> "a personalidade dos órgãos já se sustentara no Direito Romano, ao se afirmá-la com referência ao Senado dos Decuriões e algumas corporações especiais; na Idade Média, relativamente aos bens da Igreja, ao mesmo tempo

havidos como das dignidades eclesiásticas, consideradas como instituições autônomas, e prevalente até nos dias de hoje; e no Direito Inglês, ao admitir corporações de um só membro, que forma uma unidade com os seus antecessores e sucessores (cf. Francesco Ferrara, *Teoria delle Persone Giuridiche*, pp. 637-639, 2ª ed., Eugenio Marquieri, Napoli, 1923; Arnaldo de Valle, *Teoria Giuridica della Organizzazione dello Stato*, pp. 112-113, vol. I, CEDAM, Padova, 1931)".[20]

Analisando referida teoria verifica-se que, ao conferir certa "personalidade" a cada órgão público, confere, também, autonomia, independência, contrariando toda a teoria que consagra a natureza dos órgãos públicos como partes, unidades do Estado a que pertencem. Sendo partes, não detêm personalidade, não tendo sentido algum atribuí-la tão somente para esclarecer a relação jurídica entre os órgãos públicos.

Com entendimento semelhante, alguns doutrinadores sustentam que os órgãos públicos têm personalidade somente nas relações internas. Isso porque em suas relações externas os órgãos públicos agem em nome do Estado, que é a pessoa jurídica, com capacidade de ser sujeito de direitos e obrigações.

Assim, apenas nas relações entre os órgãos públicos estes teriam personalidade própria, conferindo, dessa maneira, juridicidade a essas relações.

Evidentemente, uma pessoa não pode existir para algumas relações e não existir para outras, porquanto ou o Direito atribui a personalidade jurídica, ou não. E, como visto anteriormente, os órgãos são partes do Estado, não tendo, assim, personalidade jurídica.

Ainda nesse sentido surge a teoria da personalidade reflexa dos órgãos públicos, sustentando a juridicidade de suas relações internas em decorrência do círculo de competências outorgado ao órgão público, que, em seu exercício, tem direito reflexo do Estado, para manifestar sua vontade como se fosse a própria vontade do Estado.

Em decorrência, pois, de suas atribuições, a personalidade jurídica do Estado, em caráter reflexo, é atribuída aos órgãos públicos para serem titulares de direitos e obrigações.

Oswaldo Aranha afirma que

"essa engenhosa construção foi arquitetada por Santi Romano (cf. *Nozione e Natura degli Organi Costituzionali dello Stato*, pp. 28-62, 1898), ao depois exposta em seus cursos de direito constitucional (cf. *Corso di Diritto*

20. Oswaldo Aranha Bandeira de Mello, *Princípios Gerais de Direito Administrativo*, cit., vol. II, p. 109.

Costituzionale, 4ª ed., pp. 102-104, CEDAM, Padova, 1933) e de direito administrativo (cf. *Corso di Diritto Amministrativo*, 3ª ed., p. 102, CEDAM, Padova, 1937), e mantida, ainda, no seu último trabalho sobre o tema (cf. "Organi", in *Frammenti di un Dizionario Giuridico*, pp. 163-165, Dott. A. Giuffrè Editore, Milano, 1953). Granjeou elevado número de adeptos, que a expõem com nuances peculiares, fruto das suas posições pessoais".[21]

A crítica a essa teoria recai nos mesmos argumentos já expendidos, posto que não esclarece a juridicidade das relações entre os órgãos públicos que continuam sendo partes do Estado, que é a pessoa jurídica a que pertencem. Assim, mesmo sendo reflexa, a relação continuaria sendo da pessoa consigo mesma.

1.5.2 Teoria da personalidade dos agentes públicos

A teoria da personalidade dos agentes públicos foi criada para sustentar a juridicidade das relações entre os órgãos, argumentando que essas são realizadas entre os titulares neles investidos.

Uma vez investidos nos cargos públicos, os agentes passam a ser titulares do círculo de competências, e no exercício dessas competências passam a ser sujeito de direitos, passíveis de serem suscitados perante os outros órgãos públicos.

Dessa forma, na realidade, não há relações jurídicas entre os órgãos públicos, mas entre os agentes públicos investidos em seus cargos públicos, que, como pessoas, titulares de competências, podem contrair relações jurídicas e ser sujeitos de direitos e obrigações.

Segundo Oswaldo Aranha, essa teoria parece ter sido criada por "Miele (cf. *Principi di Diritto Amministrativo*, pp. 75-80, 2ª ed., CEDAM, Padova, 1960)",[22] sendo a teoria até então aceitável.

1.6 Análise das teorias

As teorias desenvolvidas para sustentar a natureza jurídica das relações entre os órgãos públicos, ou seus agentes, guardam relação com as teorias criadas para esclarecer a natureza jurídica dos órgãos públicos.

Analisando as teorias que foram elaboradas com o intuito de conferir personalidade jurídica aos órgãos públicos, seja nas relações de âmbito interno ou nas de forma reflexa, verifica-se que tais

21. Oswaldo Aranha Bandeira de Mello, *Princípios Gerais de Direito Administrativo*, cit., vol. II, p. 112.

22. Idem, p. 113.

teorias não se compatibilizam com a teoria eclética, a qual sustenta a existência de dois elementos (complexo de atribuições e agentes públicos), caracterizando o órgão público como unidade pertencente ao Estado.

Não sendo o órgão público uma pessoa jurídica, impossível se torna atribuir-lhe personalidade jurídica, sobretudo se destinada apenas a esclarecer as relações existentes entre eles.

No tocante à teoria da personalidade dos agentes públicos, verifica-se sua compatibilidade com a teoria eclética. Contudo, parece recair nas mesmas críticas formuladas em relação à teoria subjetiva.

Segundo a teoria da personalidade dos agentes públicos, não existem relações entre os órgãos públicos. Tais relações subsistiriam se a teoria objetiva fosse adotada, mas mesmo assim ela não esclareceria a manifestação da vontade, pois os órgãos públicos seriam tão somente centros de atribuições.

Nesse contexto, sustenta-se que as relações são efetuadas entre os agentes públicos, que, uma vez investidos nos cargos públicos, passam a ser titulares desses centros de competências.

Sendo titulares de competências, como pessoas físicas, passam a ser sujeitos de direitos perante os demais órgãos públicos.

Não obstante, essas unidades de competências não subsistem na pessoa física, mas nos órgãos, sendo a titularidade, de toda forma, do Estado. Ou seja: ainda que os agentes públicos exerçam tais atribuições, as mesmas são existentes nos órgãos, com os respectivos cargos, não pertencendo, portanto, aos agentes para, pessoalmente, adquirirem direitos sobre elas.

A se entender o contrário, na hipótese de desaparecimento do agente público nenhuma obrigatoriedade subsistiria ao agente sucessor no sentido de dar continuidade à relação contraída.

Ademais, o agente público nunca poderá atuar como pessoa física, sujeito de direitos e obrigações, devendo sempre agir em nome do órgão a que pertence o cargo em que está investido.

Por essas razões, parece, em princípio, não existir explicação para as relações existentes entre os órgãos públicos, que, todavia, de fato, existem.

Interessante notar a imensa complexidade de todas as teorias elaboradas para que seja esclarecida a natureza jurídica do Estado.

Por outro lado, pertinente constatar a contradição existente entre os âmbitos prático e teórico, ora examinados.

1.7 Análise da atuação dos órgãos públicos

Sucintamente, pelo exposto, pode-se afirmar que os órgãos públicos são unidades de atribuições exercidas pelos agentes investidos nos cargos públicos neles existentes, manifestando, dessa forma, a vontade do Estado. Isso em razão de os órgãos públicos não serem pessoas jurídicas e, por essa razão, não serem dotados de autonomia.

Pela teoria da separação de Poderes, a independência e a harmonia são conferidas ao conjunto de órgãos que exercem as funções tripartidas do Estado, que não implicam a outorga de independência a cada um deles. Isso porque, não sendo pessoas jurídicas, impossível conferir-lhes independência e, consequentemente, atribuir-lhes autonomia.

Como é cediço, o Estado é resultante da interação das três funções desempenhadas pelos respectivos órgãos públicos, sendo certo que a Administração Pública, como máquina operacional, é existente em cada um desses órgãos, para o desempenho de suas atribuições e a satisfação do interesse público, tendentes a realizar o fim almejado pelo Estado.

Nas lições de José Afonso da Silva,

> "os órgãos do Estado são *supremos* (constitucionais) ou *dependentes* (administrativos). Aqueles são os a quem incumbe o exercício do poder político, cujo conjunto se denomina *governo* ou órgãos governamentais. Os outros estão em plano hierárquico inferior, cujo conjunto forma a Administração Pública, considerados de natureza administrativa. Enquanto os primeiros constituem objeto do direito constitucional, os segundos são regidos pelas normas do direito administrativo. E aí se acha o cerne da diferenciação entre os dois ramos do Direito".[23]

Ocorre, porém, que as atividades administrativas encontram-se em todos os órgãos públicos, supremos e dependentes, tendo em vista que em todos eles subsistem as funções políticas e administrativas, com maior ou menor ênfase. Assim, o objeto de análise no direito constitucional é o das funções políticas, enquanto para o direito administrativo é o das funções administrativas. Isso, contudo, não faz com que os órgãos possam ser divididos em duas partes distintas, ou que existam órgãos somente com funções políticas e outros exclusivamente com funções administrativas.

Por outro lado, no estudo do direito administrativo há consenso quanto ao fato de os órgãos serem dotados de autonomia administrativa, financeira e funcional.

23. José Afonso da Silva, *Curso de Direito Constitucional Positivo*, cit., p. 107.

Além disso, não há que se falar na existência de duas partes distintas nos órgãos públicos, não sendo possível, portanto, conceber autonomia somente para o exercício da função administrativa e não concebê-la na função política, pois ou o órgão é autônomo, ou não é.

Assim, nos termos do art. 1º da Lei 10.683, de 28.5.2003, com a redação dada pela Lei 12.462, de 5.8.2011, a Presidência da República é constituída, essencialmente: pela Casa Civil; pela Secretaria-Geral; pela Secretaria de Relações Institucionais; pela Secretaria de Comunicação Social; pelo Gabinete Pessoal; pelo Gabinete de Segurança Institucional; pela Secretaria de Assuntos Estratégicos; pela Secretaria de Políticas para as Mulheres; pela Secretaria de Direitos Humanos; pela Secretaria de Políticas de Promoção da Igualdade Racial; pela Secretaria de Portos; pela Secretaria de Aviação Civil. Integram a Presidência da República, como órgãos de assessoramento imediato ao Presidente da República: o Conselho de Governo; o Conselho de Desenvolvimento Econômico e Social; o Conselho Nacional de Segurança Alimentar e Nutricional; o Conselho Nacional de Política Energética; o Conselho Nacional de Integração de Políticas de Transporte; o Advogado-Geral da União; a Assessoria Especial do Presidente da República e o Conselho de Aviação Civil.

Evidentemente, há a necessidade da operacionalização administrativa no referido órgão, que coordena as relações de gestão de pessoas, realiza as diversas contratações para a manutenção do órgão (limpeza, segurança, fornecimento de materiais de escritório etc.) – o que enseja, por consequência, a existência de verba orçamentária. Todas essas atividades são exercidas dentro da própria Presidência da República.

Para tanto, pertinente notar a existência da inscrição da Presidência da República junto ao Cadastro Nacional das Pessoas Jurídicas/CNPJ.

Dessa forma, a Presidência da República, pelo CNPJ 00.394.411-0001-09, tem sua autonomia administrativa assegurada, detendo orçamento próprio para realizar todas as atividades que se fizerem necessárias ao cumprimento de suas atribuições.

De igual forma, todos os demais órgãos, tanto no âmbito do Executivo como do Legislativo e do Judiciário (Federal, Estadual e, se for o caso, Municipal), todos também têm seu próprio CNPJ.[24]

24. Assim, no âmbito federal: Congresso Nacional, CNPJ 00.530.352-0001-59; Senado Federal, CNPJ 00.530.279/0001-15; Câmara dos Deputados Federais, CNPJ 00.530.352/0001-59. E, no âmbito do Judiciário: STF, CNPJ 00.531.640/0001-28; STJ, CNPJ 00.488.478/0001-02; etc.

Por sua implicação, cabível analisar o que é o Cadastro Nacional da Pessoa Jurídica/CNPJ. Trata-se de um número único que identifica uma *pessoa jurídica* junto ao órgão da Receita Federal, para que tenha capacidade jurídica, a fim de ser sujeito de direitos e obrigações bem como processar ou ser processada.

Como explicar, portanto, a existência de um cadastro de pessoa jurídica se os órgãos públicos não detêm personalidade jurídica? E, ainda: como explicar o fato de, mediante essa inscrição, os órgãos passarem a ter capacidade jurídica?

Apesar de todas as teorias existentes, tendentes a explicar essa natureza abstrata dos órgãos públicos, constata-se que a realidade fática não é condizente com a justificativa teórica.

Ademais, a se entender que os órgãos públicos são "unidades abstratas", "complexo de atribuições" ou "feixes de poderes funcionais" que devem ser executados pelos agentes públicos, tal caracterização enseja o entendimento de que órgãos públicos são meros executores, com absoluta ausência de autonomia, tal como uma execução mecânica, burocrática – o que também não condiz com a realidade.

Como paradigma, podem-se trazer à colação as teorias criadas para explicar a natureza jurídica dos contratos administrativos, entre elas a célebre teoria alemã de Otto Mayer, chegando até mesmo a sustentar a inexistência desses contratos em virtude, sobretudo, da ausência da liberdade da vontade por parte da Administração Pública.

Ocorre, porém, que a Administração Pública não é uma simples máquina a ser executada ou posta em funcionamento. Muito embora a liberdade desta seja inferior àquela existente no âmbito privado, não significa dizer que a mesma seja inexistente na Administração, posto que o ordenamento jurídico não estabelece "se", "quando" e "como" os atos devem ser realizados, decisões que resultam da autonomia conferida aos órgãos públicos.

Sobressai, portanto, a autonomia dos órgãos públicos, que, dentro de suas atribuições, enseja a liberdade para os agentes públicos, os quais, investidos nos respectivos cargos públicos, podem executar, da forma mais conveniente, os atos que se fizerem necessários à realização do interesse público.

Outrossim, novamente a teoria que ora é aceita para explicar a relação entre os órgãos públicos não condiz com a realidade dos fatos.

Segundo a teoria vigente, o Ministro do TCU, por exemplo, é a pessoa de direito que pode determinar a rescisão de um contrato administrativo firmado por determinado Ministério. Caso o Ministro venha a se retirar do TCU, como a relação foi pessoal, não há como obrigar o próximo Ministro, que venha a ocupar seu lugar, a dar continuidade à determinação estabelecida. Em outras palavras: se é o agente que se relaciona, de forma pessoal, seu sucessor não pode ser obrigado a dar continuidade a essa relação.

Evidentemente, o Ministro, pela investidura no cargo previsto no organograma do respectivo órgão, age em nome deste órgão; e, por essa razão, todos os atos por ele praticados continuam sendo juridicamente válidos. Poder-se-ia, no máximo, dizer que o Ministro age em nome do Estado. No entanto, reapareceria a mesma contradição: a de que o Estado não poder contrair relações jurídicas consigo mesmo.

Isso induz, necessariamente, a atribuição de personalidade jurídica ao órgão particular, restrito. O simples fato de se utilizar o nome "União Federal' em todos os atos concretizados não é suficiente para descaracterizar essa realidade.

Ademais, constata-se a existência de inúmeros contratos, convênios, termos de cooperação, firmados entre órgãos públicos pertencentes à mesma pessoa jurídica, sendo certo que são elaborados em nome do órgão, e não dos agentes públicos que os subscrevem.

Nesse sentido, a própria CF prevê o embasamento legal, conforme se depreende do seu art. 37, § 8º:

> "§ 8º. A autonomia gerencial, orçamentária e financeira dos órgãos e entidades da Administração direta e indireta poderá ser ampliada mediante contrato, a ser firmado entre seus administradores e o Poder Público, que tenha por objeto a fixação de metas de desempenho para o órgão ou entidade, cabendo à lei dispor sobre: I – o prazo de duração do contrato; II – os controles e critérios de avaliação de desempenho, direitos, obrigações e responsabilidade dos dirigentes; III – a remuneração do pessoal".

Analisando-se referido dispositivo legal, a Constituição Federal expressamente afirma a existência da autonomia dos órgãos públicos, possibilitando, inclusive, que celebrem celebrar contrato com o Poder Público para ampliar sua autonomia.

Ora, se foi conferida autonomia aos órgãos públicos, eles têm personalidade jurídica, pois somente a uma pessoa jurídica é que se pode atribuir autonomia.

Sendo pessoas jurídicas, possível será celebrarem contratos e serem sujeitos de direitos e obrigações, inclusive com o Estado ao qual pertencem e integram.

No entanto, pelas teorias consagradas, o órgão público, embora detenha competências próprias, não é sujeito autônomo; ao revés, suas atividades são atribuídas ao Estado, que é o detentor da autonomia, da soberania. Neste caso, se for possível admitir que os órgãos públicos têm personalidade jurídica, seria possível pensar que o Estado deixaria de existir, tendo em vista que tais órgãos agiriam em nome próprio, não havendo a constituição do Estado pela união de todas as suas unidades.

Não se pode esquecer, outrossim, que a teoria do órgão é um dos fundamentos da teoria da responsabilidade objetiva do Estado, que também, em princípio, restaria extinta.

Todas essas questões terminam por trilhar as mesmas teorias que se sucederam no âmbito civil, quando da análise da natureza jurídica das sociedades. Vejamos.

1.8 Teorias civilistas a respeito da natureza da pessoa jurídica

Aqui também diversas foram as teorias criadas com o intuito de explicar a natureza da pessoa jurídica, podendo ser agrupadas, fundamentalmente, em duas: a *teoria da ficção* e as *teorias da realidade*.

1.8.1 Teoria da ficção

A teoria clássica é a *teoria da ficção*, defendida por Ihering, Savigny e outros. Segundo essa concepção, enquanto a pessoa natural existe por criação da Natureza, as pessoas jurídicas são seres fictícios, frutos da imaginação, são criadas pelo direito positivo.

Segundo Venosa,

> "dizem os adeptos dessa teoria que os direitos são prerrogativas concedidas apenas ao homem nas relações com seus semelhantes. Tais prerrogativas humanas pressupõem vontade capaz de deliberar, assim como poder de ação. Por isso, só o homem pode ser titular de direitos, porque só ele tem existência real e psíquica. Quando se atribuem direitos a pessoas de outra natureza, isso se trata de *simples criação da mente humana*, constituindo-se uma ficção jurídica. Desse raciocínio infere-se que o legislador pode livremente conceder, negar ou limitar a capacidade desses entes ficticiamente criados. A capacidade das pessoas jurídicas, sendo criação ficta do legislador, é limitada na medida de seus interesses. Essa teoria tem em Savigny (*apud* Ferrara, 1958:20) seu grande defensor. A pessoa jurídica, portanto, é obra do direito positivo, restringindo seu âmbito de ação apenas às relações patrimoniais".[25]

25. Sílvio de Salvo Venosa, *Direito Civil*, 9ª ed., São Paulo, Atlas, 2009, pp. 228-229.

Adiante, Venosa menciona que

> "uma das mais séries críticas feitas a essa teoria refere-se à personalidade do próprio Estado, como sujeito de direito, isto é, como sujeito capaz de possuir, adquirir e transferir bens, de estar em juízo etc. Se o próprio Estado é uma pessoa jurídica, é de se perguntar quem o investe de tal capacidade. Respondem os adeptos dessa corrente que, como o Estado é necessidade primária e fundamental, tem existência natural. Contudo, isso não afasta a contradição da teoria".[26]

Assim, segundo referida teoria, a lei desconsidera os membros que constituem a sociedade, atribuindo ao conjunto societário uma personalidade jurídica, com capacidade para ser sujeito de direitos e obrigações.

No entendimento de Kelsen, não há distinção entre a pessoa física ou jurídica, sendo ambas construções da Ciência do Direito, e não um produto do Direito.[27] Segundo o entendimento do referido autor, as pessoas jurídicas seriam apenas "centros de imputações normativas".

Ressalte-se a semelhança desse entendimento com as teorias existentes em relação à natureza jurídica dos órgãos públicos (teoria do órgão e teoria eclética).

1.8.2 Teorias da realidade

Os adeptos das teorias da realidade consideram a pessoa jurídica como uma realidade incontestável, técnica ou social, que deve ser reconhecida pelo Direito. Nesse sentido, os entendimentos podem ser divididos em dois grupos.

1.8.2.1 Teoria da realidade orgânica

Pela *teoria orgânica*, considera-se a pessoa jurídica como algo preexistente à norma jurídica, sendo realidade incontestável que a ordem jurídica deve reconhecer.

Conforme Miguel Reale,

> "segundo a teoria organicista, quando os homens se reúnem para realizar qualquer objetivo, de natureza política, comercial, civil, estética ou religiosa, forma-se *efetivamente* uma entidade nova. Constitui-se um grupo que possui existência inconfundível com a de seus membros, tendo sido, mesmo, ob-

26. Idem, p. 229.

27. Hans Kelsen, *Teoria Pura do Direito*, 4ª ed., trad. de João Baptista Machado, São Paulo, Martins Fontes, 1994, pp. 211-212.

servado, por adeptos dessa teoria, que também nas combinações químicas o corpo composto apresenta qualidades que nem sempre são as dos elementos que o formam".[28]

1.8.2.2 Teoria da realidade técnica

Pela *teoria da realidade técnica*, a pessoa jurídica é uma "realidade técnica", e não uma ficção, devendo o Direito reconhecê-la, a fim de proteger os interesses de seus membros.

Na concepção de Venosa,

> "as pessoas jurídicas, segundo essa corrente, são *reais*, porém dentro de uma realidade que não se equipara à das pessoas naturais. Existem, como o Estado que confere personalidade às associações de demais pessoas jurídicas. O Direito deve assegurar direitos subjetivos não unicamente às pessoas naturais, mas também a esses entes criados. Não se trata, portanto, a pessoa jurídica como uma ficção, mas como uma realidade, uma *realidade técnica*. Para essa teoria, o ser humano é o centro fundamental de interesse e vontade a quem o Direito reconhece personalidade. Como o indivíduo, porém, não pode cumprir todas as atividades a que se propõe senão unindo-se a outros, o Direito deve reconhecer e proteger os interesses e a atuação do grupo social. Para tal é mister que o Direito encontre um corpo ideal coletivo com interesse unificado, diferente da vontade individual de seus membros, e com uma organização capaz de expressar a vontade coletiva".[29]

Destaque-se, ainda, o entendimento de Washington de Barros Monteiro, citado por Venosa:

> "Como acentua Washington de Barros Monteiros (2005-vol. 1:131), a 'teoria da realidade técnica' surge como teoria eclética entre a teoria da ficção e a teoria da realidade orgânica, pois reconhece traços de validade em ambas, uma vez que admite que só o homem é passível de direitos e obrigações e que a personalidade da pessoa jurídica deriva de uma criação, de uma técnica jurídica".[30]

Assim, verifica-se que a pessoa jurídica, como realidade formada por vontades humanas, teve seu reconhecimento pelo Direito, a fim de assegurar sua capacidade jurídica, sendo, por consequência, sujeito de direitos e obrigações.

1.8.3 Efeitos da personalização

Havendo o reconhecimento da pessoa jurídica pelo Direito, essa personalização gera diversos efeitos, posto que ela distancia as pessoas

28. Miguel Reale, *Lições Preliminares de Direito*, 16ª ed., São Paulo, Saraiva, 1988, pp. 230-231.

29. Sílvio de Salvo Venosa, *Direito Civil*, cit., 9ª ed., pp. 230-231.

30. *Apud* Sílvio de Salvo Venosa, *Direito Civil*, cit., 9ª ed., p. 231.

físicas de seus membros, que passam, em geral, a não mais responder pelos atos praticados por aquela.

Segundo Fábio Ulhoa Coelho,

> "na medida em que a lei estabelece a separação entre a pessoa jurídica e os membros que a compõem, consagrando o princípio da autonomia patrimonial, os sócios não podem ser considerados os titulares dos direitos ou os devedores das prestações relacionados ao exercício da atividade econômica, explorada em conjunto. Será a própria pessoa jurídica da sociedade a titular de tais direitos e a devedora dessas obrigações".[31]

Assim, segundo referido autor, podem ser citados três efeitos da personalização: as atribuições da capacidade de ser sujeito de direitos e obrigações, da titularidade processual e da autonomia patrimonial.

1.9 Personalização dos órgãos públicos

Diante de todas as teorias elencadas, observa-se a grande dificuldade de analisar juridicamente a natureza da pessoa jurídica, até mesmo a própria natureza do Estado e, de igual forma, a dos órgãos públicos.

No tocante às pessoas jurídicas de direito civil (sociedades e associações) e ao Estado, o ordenamento jurídico existente pacifica o entendimento quanto à existência das primeiras e à personalização do segundo.

Porém, no tocante aos órgãos públicos, pela ausência de normatização a respeito de sua natureza jurídica, somos levados a considerar que a ausência de sua personalidade é mais uma ficção jurídica que uma realidade técnica.

No entanto, com o advento da Lei 9.784/1999 houve a previsão legal do conceito de "órgão público", conforme se depreende do seu art. 1º, § 2º, I:

> "§ 2º. Para os fins desta Lei, consideram-se: I – órgão – unidade de atuação integrante da estrutura da Administração direta e da estrutura da Administração indireta; (...)".

Observa-se que o dispositivo legal em referência é eivado de falha técnica ao integrar os órgãos públicos também na estrutura da Administração indireta. Mas considera os órgãos como unidade de atuação da Administração direta.

31. Fábio Ulhoa Coelho, *Curso de Direito Comercial*, 13ª ed., vol. 2, São Paulo, Saraiva, 2009, p. 14.

Entretanto, nossa CF, em seu art. 37, § 8º, já mencionado, ao atribuir autonomia aos órgãos públicos, outorgando-lhes a capacidade de serem sujeitos de direitos e obrigações, nada mais fez que tornar sua personificação uma realidade jurídica.

Cabe observar que a ficção jurídica, enquanto fato preexistente ao Direito, se contrapõe à realidade jurídica, sendo certo que a previsão legal afasta a ficção jurídica.

Analisando-se os efeitos da personalização, três foram as consequências mencionadas: atribuições da capacidade de ser sujeito de direitos e obrigações, da titularidade processual e da autonomia patrimonial.

No tocante à primeira e à última consequências verifica-se que as mesmas se encontram inclusive asseguradas pela própria Constituição Federal (embora existentes, de fato, há muito tempo).

Quanto à titularidade processual dos órgãos públicos, vários são os casos assegurados pela jurisprudência. Assim, por exemplo, é o caso do mandado de segurança, passível de ser impetrado por diversos órgãos de natureza constitucional. As Assembleias Legislativas, por gozarem de independência organizacional, também têm assegurada a capacidade processual. O caso que mais se ressalta é o do Ministério Público e do Tribunal de Contas, todos considerados detentores de "personalidade judiciária", a fim de conferir-lhes capacidade processual para defenderem seus interesses em juízo.

Dessa forma, de maneira contrária, ou seja, analisando-se os efeitos, pode-se constatar a existência da personalidade jurídica dos órgãos públicos.

Partindo-se do pressuposto de que os órgãos públicos são pessoas jurídicas, evidentemente de direito público, restaria a necessidade de analisar a unidade do Estado – o que não parece ser tarefa fácil.

Contudo, é cediço que todos os órgãos têm capacidades delimitadas e devidamente direcionadas a um fim específico, que objetivam, em conjunto, os fins almejados pelo Estado.

Dessa forma, a situação assemelhar-se-ia ao que ocorre no âmbito do direito civil, sendo o Estado entidade matriz e os seus órgãos suas filiais, que agem com autonomia, mas direcionadas pela matriz.

Na realidade, nos capítulos seguintes será demonstrada a absoluta ausência de distinção entre os órgãos públicos e as entidades públicas da Administração indireta, todos detentoras de personalidade jurídica, sendo certo que a autonomia a eles conferida, em verdade, é muito relativa, quase inexistente, em razão da subordinação política de seus dirigentes perante o Chefe do Poder Executivo, para a permanência em seus cargos.

Além do mais, num Estado de Direito inexistiria a possibilidade da dispersão dos órgãos públicos em finalidades alienígenas, porquanto todos eles e seus agentes estão calcados em princípios que dão o direcionamento e a base legal para todos os seus atos, havendo, ainda, todos os sistemas de controles previstos em lei.

Nesse sentido, a responsabilidade objetiva também não restaria ameaçada de extinção, visto que, tal como no direito civil, embora as filiais tenham autonomia, quem responde por todos os atos por elas praticados sempre é a entidade matriz – que, no caso, seria o Estado.

Interessante, outrossim, verificar a paulatina aproximação das normas de direito privado e das de direito público, sendo certo que muitas regras do direito público estão sendo adotadas pelas empresas privadas e, ao mesmo tempo, a Administração Pública procura, cada vez mais, desvencilhar-se da burocracia existente nas normas de direito público.

Nessa direção, houve a previsão legal de diversos institutos, tais como as organizações sociais/OS, as organizações da sociedade civil de interesse público/OSCIPs, as agências executivas e reguladoras, ou as técnicas de contratações diferenciadas, como as parcerias público-privadas/PPPs, os consórcios públicos.

Até o presente momento constata-se grande dificuldade de obter êxito nessas criações.

De toda forma, diante do panorama existente bem como da previsão constitucional já referida, constata-se a existência, também, de uma nova natureza jurídica dos órgãos públicos.

Ainda que longe de apresentar um entendimento incontestável sobre os novos contornos jurídicos e fáticos dos órgãos públicos, o principal objetivo do presente estudo é o de realizar uma análise inicial da atual situação jurídica dos órgãos públicos, na tentativa de conciliar realidades fáticas e jurídicas.

Referências Bibliográficas

BANDEIRA DE MELLO, Celso Antônio. "Apontamentos sobre a teoria dos órgãos públicos". *RDP* abril-junho/1971. São Paulo, Ed. RT (pp. 16-30).

———. *Curso de Direito Administrativo*. 29ª ed. São Paulo, Malheiros Editores, 2012.

BANDEIRA DE MELLO, Oswaldo Aranha. *Princípios Gerais de Direito Administrativo*. vol. II. Rio de Janeiro, Forense, 1974.

CAETANO, Marcello. *Manual de Direito Administrativo*. 7ª ed. Coimbra, Coimbra Editora, 1965.

COELHO, Fábio Ulhoa. *Curso de Direito Comercial*. 13ª ed., vol. 2. São Paulo, Saraiva, 2009.

CRETELLA JR., José. *Manual de Direito Administrativo*. 7ª ed. Rio de Janeiro, Forense, 2005.

DI PIETRO, Maria Sylvia Zanella. *Direito Administrativo*. 19ª ed. São Paulo, Atlas, 2006.

GASPARINI, Diógenes. *Direito Administrativo*. 9ª ed. São Paulo, Saraiva, 2004.

KELSEN, Hans. *Teoria Pura do Direito*. 4ª ed., trad. de João Baptista Machado. São Paulo, Martins Fontes, 1994.

MEDAUAR, Odete. *Direito Administrativo Moderno*. 11ª ed. São Paulo, Ed. RT, 2007.

MEIRELLES, Hely Lopes. *Direito Administrativo Brasileiro*. 38ª ed. São Paulo, Malheiros Editores, 2012.

MOREIRA NETO, Diogo de Figueiredo. *Curso de Direito Administrativo*. 14ª ed. Rio de Janeiro, Forense, 2005.

REALE, Miguel. *Lições Preliminares de Direito*. 16ª ed. São Paulo, Saraiva, 1988.

SILVA, José Afonso da. *Curso de Direito Constitucional Positivo*. 35ª ed. São Paulo, Malheiros Editores, 2012.

VENOSA, Sílvio de Salvo. *Direito Civil*. 9ª ed. São Paulo, Atlas, 2009.

Capítulo 2

As Autarquias no Contexto da Organização da Administração Pública Brasileira

Narlon Gutierre Nogueira

2.1 Administração Pública: desconcentração, descentralização política e descentralização administrativa

De acordo com Marçal Justen Filho,

> "a expressão 'Administração Pública' abrange esses diversos centros de imputação jurídica, compreendendo as pessoas que exercitam atividade administrativa e os órgãos públicos que formam e exteriorizam a vontade delas e que, para certos efeitos, são investidos em poderes, deveres e direitos".[1]

A complexidade do Estado Moderno, resultante da multiplicação progressiva das atividades administrativas e dos serviços públicos que

1. Marçal Justen Filho, *Curso de Direito Administrativo*, 2ª ed., São Paulo, Saraiva, 2006, p. 98.

são colocados sob sua responsabilidade, impossibilita que todos os poderes e competências relacionados à sua esfera de atuação sejam mantidos de forma concentrada, em um único núcleo interno, e centralizada, em uma única pessoa jurídica – razão pela qual se tornou necessário o desenvolvimento contínuo da estrutura da Administração Pública, com a especialização de suas atividades em diferentes órgãos e entidades, para que possam ser concretizados os fins a que se destina. Essa distribuição de poderes e competências se dá por meio de dois fenômenos distintos e complementares: a *desconcentração* e a *descentralização*.

A *desconcentração* realiza a distribuição interna de competências, dentro de uma mesma pessoa jurídica, não criando uma nova pessoa e não prejudicando a estrutura monolítica do Estado, pois todos os órgãos desconcentrados permanecem ligados pelo vínculo hierárquico. Para Celso Antônio Bandeira de Mello, a desconcentração pode dar-se em razão da matéria (por exemplo: Ministério da Justiça, da Saúde, da Educação etc.), do grau de responsabilidade decisória (Departamento, Divisão, Seção, Setor) ou com base em critério territorial (Delegacia Regional da Saúde em São Paulo, Minas Gerais, Rio de Janeiro etc.).[2]

Já, a *descentralização*, por sua vez, realiza a distribuição de competências entre uma pessoa jurídica que originariamente tem a atribuição para o exercício de determinada atividade e outra pessoa à qual o desempenho dessa atividade é transferido. Conforme classificação adotada por Maria Sylvia Zanella Di Pietro, a descentralização pode ser:[3]

(a) *Descentralização política* – quando os entes descentralizados gozam da titularidade originária de competências políticas, como a capacidade legislativa, cujo fundamento se encontra na própria Constituição Federal, o que possibilita a sua auto-organização. Exemplo de descentralização política é a que ocorre em nossa Federação entre União, Estados, Distrito Federal e Municípios.

(b) *Descentralização administrativa* – é aquela na qual os entes descentralizados não têm competência política, pois seus poderes estão restritos à função administrativa. Não outorga aos entes descentralizados dela decorrentes a capacidade de auto-organização, como ocorre na descentralização política, mas, sim, de autoadministração.

2. Celso Antônio Bandeira de Mello, *Curso de Direito Administrativo*, 29ª ed., São Paulo, Malheiros Editores, 2012, p. 154.

3. Maria Sylvia Zanella Di Pietro, *Direito Administrativo*, 13ª ed., São Paulo, Atlas, 2001, pp. 342-347.

A *descentralização administrativa* pode ser de três espécies:

(a) *Descentralização territorial ou geográfica* – quando se atribui personalidade jurídica a uma entidade local, geograficamente delimitada, para capacidade administrativa genérica. É o que se observa nos Estados Unitários, como França, Portugal, Itália, Espanha e Bélgica, em relação aos seus Departamentos, Províncias e Comunas. No Brasil exemplificam essa modalidade de descentralização os Territórios Federais, previstos no art. 33 da CF mas hoje inexistentes.

(b) *Descentralização por serviços, funcional ou técnica* – verifica-se quando o Poder Público (União, Estados, Distrito Federal ou Municípios) cria uma pessoa jurídica de direito público ou privado e lhe transfere a titularidade para a execução de determinado serviço público. É essa a descentralização que dá origem à Administração indireta no Brasil (autarquias, fundações públicas, empresas públicas e sociedades de economia mista).

(c) *Descentralização por colaboração* – ocorre quando o Poder Público, por meio de contrato administrativo (concessão) ou ato administrativo unilateral (permissão), transfere a execução de determinado serviço público a uma pessoa jurídica de direito privado, conservando, porém, sua titularidade.

Portanto, as autarquias hoje encontradas na estrutura da Administração Pública brasileira são formadas a partir da descentralização administrativa por serviços, funcional ou técnica.

2.2 Etimologia e evolução histórica

O vocábulo "autarquia" tem origem grega e é formado pela justaposição dos termos *autos* (próprio) e *arquia* (comando, governo, direção), tendo, assim, o sentido etimológico de comando próprio, direção própria, autogoverno – em suma, administração própria.[4]

Segundo Maria Sylvia Zanella Di Pietro, o termo "autarquia" foi utilizado pela primeira vez em 1897, na Itália, pelo jurista Santi Romano, como referência às Províncias e Comunas, entes formados pela descentralização territorial de um Estado Unitário. Somente mais tarde, pelo desenvolvimento de outros doutrinadores italianos – como Guido Zanobini e Renato Alessi –, passou a se referir também às entidades da Administração indireta surgidas por meio de

4. José Cretella Jr., *Administração Indireta Brasileira*, 4ª ed., Rio de Janeiro, Forense, 2000, p. 138.

descentralização administrativa por serviços, que exercem serviço determinado, com as mesmas características e os mesmos efeitos da atividade administrativa do Estado.[5]

A mesma autora afirma que no Brasil já existiam entidades com natureza autárquica antes que seu conceito tivesse sido elaborado pela doutrina ou pela legislação, citando como exemplo a Caixa Econômica, instituída em 1861 – embora existam controvérsias a respeito de qual era sua natureza jurídica.

Odete Medauar cita noção formulada por Santi Romano, em obra escrita em 1908, segundo a qual a autarquia "é uma forma específica de capacidade de direito público ou, mais concretamente, a capacidade de administrar por si seus próprios interesses, embora estes se refiram também ao Estado".[6] Menciona também que muitas autarquias surgiram no Brasil durante as décadas de 1920 e 1930, sendo as primeiras obras doutrinárias dedicadas especificamente ao seu estudo datadas do final da década de 1930. Das autarquias surgidas nesse período podem ser mencionadas as primeiras universidades públicas, como a Universidade de São Paulo/USP (1934) e os Institutos de Aposentadoria e Pensões/IAPs (a partir de 1933).

O primeiro conceito legal de "autarquia" no Brasil é encontrado no Decreto-lei 6.016/1943, que tratava da imunidade tributária de seus bens, rendas e serviços e, em seu art. 2º, definia que se considerava *autarquia* "o serviço estatal descentralizado, com personalidade de direito público, explícita ou implicitamente reconhecida por lei".

Ainda em relação ao aspecto etimológico, José Cretella Jr. alerta que não se devem confundir e empregar de forma indistinta os termos "autarquia" e "autonomia" (*autos* – próprio; e *nomos* – lei), pois a autonomia é atributo das pessoas públicas políticas, que têm o atributo de se organizar juridicamente, ao passo que "autarquia" se refere às pessoas públicas administrativas, que podem apenas exercer a administração própria.[7]

No mesmo sentido, Hely Lopes Meirelles afirma que as autarquias "são *entes autônomos*, mas não são *autonomias*", uma vez que "o conceito de *autarquia* é meramente *administrativo*", enquanto o conceito "de *autonomia* é precipuamente *político*". A autarquia permanece sujeita a alguma forma de controle pelo ente estatal a que

5. Maria Sylvia Zanella Di Pietro, *Direito Administrativo*, cit., 13ª ed., p. 359.

6. Odete Medauar, *Direito Administrativo Moderno*, 7ª ed., São Paulo, Ed. RT, 2003, pp. 76-77.

7. José Cretella Jr., *Administração Indireta Brasileira*, cit., 4ª ed., pp. 140-141.

pertence, porém as autonomias não estão sujeitas a controle e se relacionam com os outros entes estatais na esfera da atuação política.[8]

Maria Sylvia Zanella Di Pietro entende que se deve evitar o termo "autonomia" em relação às autarquias, pois estas "não têm o poder de criar o próprio direito, mas apenas a capacidade de se autoadministrar a respeito das matérias específicas que lhes foram destinadas pela pessoa pública política que lhes deu vida".[9]

Em que pese a tais distinções, é usual encontrar entre os doutrinadores a referência à "autonomia" como uma das características das autarquias, provavelmente em decorrência do fato de o Decreto-lei 200/1967 se referir a elas como "serviço autônomo". Odete Medauar destaca a inadequação do conceito legal, pois poderia dar a entender que as autarquias são entes dotados da mesma natureza que os Estados ou Municípios, que têm autonomia política, razão pela qual o vocábulo "autônomo" deve ser entendido como "não subordinado hierarquicamente, dotado de mais liberdade de agir que os órgãos da Administração direta, característica, essa, dos entes resultantes de descentralização administrativa".[10]

2.3 Conceituação

O Decreto-lei 200/1967, que dispôs sobre a organização da Administração Federal e estabeleceu as diretrizes da Reforma Administrativa, dividiu-a em *Administração direta* ("serviços integrados na estrutura administrativa da Presidência da República e dos Ministérios") e *Administração indireta* (entidades "dotadas de personalidade jurídica", abrangendo as autarquias, empresas públicas, sociedades de economia mista e fundações públicas – estas acrescentadas mais tarde, pela Lei 7.596/1987).

Embora o Decreto-lei 200/1967 tenha o *status* de lei ordinária, sem ascendência hierárquica que o impeça de ser modificado por qualquer outra lei, e seja de aplicação obrigatória apenas pela Administração Pública da União, seus conceitos e princípios acabaram sendo, em regra, observados pelos Estados e Municípios, que os incorporaram na legislação que trata da estruturação dos órgãos e entidades que compõem sua Administração direta e indireta.[11]

8. Hely Lopes Meirelles, *Direito Administrativo Brasileiro*, 38ª ed., São Paulo, Malheiros Editores, 2012, pp. 366-367.

9. Maria Sylvia Zanella Di Pietro, *Direito Administrativo*, cit., 13ª ed., p. 361.

10. Odete Medauar, *Direito Administrativo Moderno*, cit., 7ª ed., p. 77.

11. Maria Sylvia Zanella Di Pietro, *Direito Administrativo*, cit., 13ª ed., p. 62.

O art. 5º, I, do Decreto-lei 200/1967 definiu autarquia como "o serviço autônomo, criado por lei, com personalidade jurídica, patrimônio e receita próprios, para executar atividades típicas da Administração Pública, que requeiram, para seu melhor funcionamento, gestão administrativa e financeira descentralizada" – definição criticada pela quase unanimidade da doutrina jurídica administrativista.

Celso Antônio Bandeira de Mello afirma:

> "Como definição, o enunciado normativo não vale nada. Sequer permite ao intérprete identificar quando a figura legalmente instaurada tem ou não natureza autárquica, pois deixou de fazer menção ao único traço que interessaria referir: a personalidade de direito público". Define, então, as *autarquias* como "pessoas jurídicas de direito público de capacidade exclusivamente administrativa", num conceito que considera sintético e preciso.[12]

Marçal Justen Filho considera a definição legal de autarquia "prolixa e defeituosa", e adota a seguinte definição, mais elaborada:

> "Autarquia é uma pessoa jurídica de direito público, instituída para desempenhar atividades administrativas sob regime de direito público, criada por lei que determina o grau de sua autonomia em face da Administração direta".[13]

Maria Sylvia Zanella Di Pietro também formula uma definição que busca evidenciar as características distintivas das autarquias:

> "(...) pessoa jurídica de direito público, criada por lei, com capacidade de autoadministração, para o desempenho de serviço público descentralizado, mediante controle administrativo exercido nos limites da lei".[14]

Para Hely Lopes Meirelles as autarquias são

> "entes administrativos autônomos, criados por lei específica, com personalidade jurídica de direito público interno, patrimônio próprio e atribuições estatais específicas".[15]

Como se observa, os conceitos e definições formulados pelos doutrinadores a respeito das autarquias apresentam diferenciações entre si. Porém, a partir desses conceitos consegue-se identificar os seus três principais elementos característicos. Assim, pode-se afirmar que a autarquia é (a) uma pessoa jurídica de direito público, (b) resultante de um processo de descentralização administrativa, (c) cuja finalidade é a execução de um serviço público ou atividade administrativa.

A autarquia é um prolongamento do Estado, e a motivação para sua criação reside no fato de se buscar destacar determinado serviço

12. Celso Antônio Bandeira de Mello, *Curso de Direito Administrativo*, cit., 29ª ed., p. 164.

13. Marçal Justen Filho, *Curso de Direito Administrativo*, cit., 2ª ed., p. 116.

14. Maria Sylvia Zanella Di Pietro, *Direito Administrativo*, cit., 13ª ed., p. 361.

15. Hely Lopes Meirelles, *Direito Administrativo Brasileiro*, cit., 38ª ed., p. 366.

público de natureza administrativa, com a finalidade de proporcionar uma maior especialização na sua execução. Nas palavras de Hely Lopes Meirelles:

> "(...) as autarquias prestam-se à realização de quaisquer serviços públicos típicos, próprios do Estado, mas são indicadas especificamente para aqueles que requeiram maior especialização ou imposição estatal e que, consequentemente, exijam organização adequada, autonomia de gestão e pessoal especializado, liberto da burocracia comum das repartições centralizadas".[16]

2.4 Criação e extinção

As autarquias são criadas por meio de lei específica, conforme estabelece o art. 37, XIX, da CF, cuja iniciativa é privativa do Chefe do Poder Executivo, na forma de seu art. 61, § 1º. Porém, há autarquias que foram criadas anteriormente ao Decreto-lei 200/1967, por meio de simples decreto emanado do Executivo – como, por exemplo, a USP, em 1934.[17]

Também a eventual criação de subsidiárias de autarquias ou sua participação em empresas privadas dependem de autorização legislativa, de acordo com o inciso XX do art. 37 da CF. Porém, uma vez que tais iniciativas normalmente estão ligadas ao exercício de atividade econômica, não nos parece provável identificar a aplicação prática desse dispositivo a autarquias, estando mais diretamente relacionado às empresas públicas e às sociedades de economia mista.[18]

A criação da autarquia decorre diretamente da lei, que de imediato lhe outorga personalidade jurídica própria, não se vinculando à necessidade de eventual registro de seus atos constitutivos em Cartório de Registro Civil das Pessoas Jurídicas – condição que se faz presente em relação às sociedades de economia mista, empresas públicas e fundações, para as quais a lei apenas autoriza sua instituição.

Devem, porém, ser adotadas junto aos órgãos competentes as providências complementares exigidas para o regular funcionamento da autarquia – como, por exemplo, a inscrição no Cadastro Nacional das Pessoas Jurídicas/CNPJ, da Secretaria da Receita Federal do Brasil.

Criada a autarquia por lei, cabe ao Poder Executivo promover seu aparelhamento técnico-jurídico, dotando-a dos recursos huma-

16. Idem, p. 369.

17. Odete Medauar, *Direito Administrativo Moderno*, cit., 7ª ed., p. 77.

18. Apesar desse entendimento, registra-se que o Anteprojeto de Lei Orgânica da Administração Pública, que será analisado na última sessão deste capítulo, prevê expressamente, em seu art. 9º, a possibilidade de serem constituídas subsidiárias das autarquias.

nos e materiais necessários à sua estruturação administrativa. Nesse processo deverão ser respeitadas aquelas matérias cuja disciplina está subordinada à reserva legal (por exemplo, a criação de cargos públicos, conforme o art. 61, § 1º, II, "a" da CF), podendo as demais ser disciplinadas mediante decreto (organização e funcionamento em geral, nos termos do art. 84, VI, "a" da CF). A inobservância da reserva legal poderá ser objeto de questionamento judicial, conforme se observa pela seguinte decisão do STF:

> "Poder Executivo – Competência legislativa – Organização da Administração Pública – Decretos ns. 26.118/2005 e 25.975/2005 – Reestruturação de autarquia e criação de cargos – Repercussão geral reconhecida (...). A Constituição da República não oferece guarida à possibilidade de o Governador do Distrito Federal criar cargos e reestruturar órgãos públicos por meio de simples decreto. Mantida a decisão do Tribunal *a quo*, que, fundado em dispositivos da Lei Orgânica do Distrito Federal, entendeu violado, na espécie, o princípio da reserva legal" (Plenário, RE 577.025, rel. Min. Ricardo Lewandowski, j. 11.12.2008, *DJe* 6.3.2009).

A extinção da autarquia somente pode ser operada por meio de lei, pois o mesmo instrumento apto a gerar o ato constitutivo deve ser utilizado para o ato desconstitutivo. Embora o art. 178 do Decreto-lei 200/1967 se refira à possibilidade de dissolução ou incorporação a outras entidades por ato do Poder Executivo, esse dispositivo não tem aplicabilidade.[19]

2.5 Regime jurídico

2.5.1 Natureza jurídica

O traço marcante da natureza jurídica das autarquias reside no fato de serem elas pessoas jurídicas de direito público. Em razão de sua personalidade, as autarquias são detentoras, em nome próprio, de bens, direitos e obrigações, poderes e deveres, prerrogativas e responsabilidades, exercem atividades que lhes são próprias e perseguem fins e interesses próprios.[20]

Entretanto – conforme adverte Marçal Justen Filho –, as autarquias não têm regime jurídico predeterminado, único e uniforme, pois caberá à lei instituidora definir seus atributos essenciais bem

19. José Cretella Jr., *Administração Indireta Brasileira*, cit., 4ª ed., p. 156.

20. Diógenes Gasparini, *Direito Administrativo*, 8ª ed., São Paulo, Saraiva, 2003, p. 287.

como estabelecer a dimensão da autonomia a elas assegurada, desde um nível mínimo, decorrente do simples fato de possuírem personalidade jurídica própria, até um nível máximo, que as impede de se tornarem imunes ao controle e tutela da Administração direta a que se vinculam.

Na opinião do autor,[21] há três ordens de fatores principais que determinam o grau de autonomia de uma autarquia: (a) a estrutura organizacional, na qual normalmente se prevê que as autoridades ocupantes de seus cargos administrativos mais elevados terão seu provimento ou dispensa realizados por decisão da Administração direta. Porém, é possível estabelecer instrumentos que assegurem a participação dos órgãos internos da autarquia na escolha dos dirigentes ou estabeleçam mandatos fixos, com o objetivo de assegurar maior independência na sua atuação;[22] (b) as competências a ela outorgadas, que poderão ser privativas, sem possibilidade de interferência da Administração direta, ou passíveis de revisão e alteração; (c) os recursos orçamentários, pois a autarquia poderá ter assegurados recursos próprios – por exemplo, aqueles decorrentes da vinculação de tributo específico às atividades por ela exercidas – ou depender do repasse de parcelas dos recursos orçamentários da entidade que a criou.

Não é demais destacar novamente a cautela a ser aplicada na compreensão do termo "autonomia" em relação às autarquias, conforme já foi anteriormente assinalado, pois sempre que aqui referido deverá ser entendido como capacidade de autoadministração, e não como capacidade política de criação do próprio direito.

2.5.2 Controle e tutela

Embora todas as autarquias gozem de relativa autonomia, não estão elas fora da esfera de controle da Administração Pública a que pertencem, dentro dos limites estabelecidos pela lei que as criou. Segundo Celso Antônio Bandeira de Mello, o controle das autarquias, também designado como *tutela*, é o poder "de influir sobre elas com o propósito de conformá-las ao cumprimento dos objetivos públicos em vista dos quais foram criadas, harmonizando-as com a atuação administrativa global do Estado".[23]

21. Marçal Justen Filho, *Curso de Direito Administrativo*, cit., 2ª ed., pp. 118-119.

22. José Cretella Jr., *Administração Indireta Brasileira*, cit., 4ª ed., p. 157.

23. Celso Antônio Bandeira de Mello, *Curso de Direito Administrativo*, cit., 29ª ed., p. 167.

Na esfera federal, o Decreto-lei 200/1967 denomina esse controle como "supervisão ministerial", tendo por finalidades, nos termos de seu art. 26: a realização dos objetivos fixados nos atos de constituição da entidade; a harmonia com a política e a programação do governo no setor de atuação da entidade; a eficiência administrativa e a autonomia administrativa, operacional e financeira da entidade.[24]

O controle exercido pela Administração direta sobre as autarquias não caracteriza exercício do poder hierárquico, pois não existe hierarquia entre a autarquia e a entidade à qual ela se encontra vinculada. Dessa forma, não é cabível o denominado *recurso hierárquico próprio* (recurso contra ato de dirigente da autarquia, dirigido a uma autoridade da Administração direta a que pertence), exceto quando este recurso estiver previsto de forma expressa na lei de criação da autarquia.[25]

Segundo Diógenes Gasparini, a tutela pode ser ordinária ou extraordinária, preventiva ou repressiva.[26] A *tutela ordinária preventiva* pode ser exercida antes da prática do ato, ou ainda após sua prática mas antes da produção de seus efeitos, e se manifesta pelos atos de autorização, aprovação ou homologação. A *tutela ordinária repressiva* ocorre após a produção de efeitos pelo ato e materializa-se pelos instrumentos da revogação, modificação ou invalidação. A *tutela extraordinária* poderá ocorrer, ainda que não prevista em lei, quando houver ato extremamente grave envolvendo a autarquia – hipótese em que poderá resultar em intervenção administrativa ou destituição dos dirigentes da autarquia.

Tanto a tutela ordinária preventiva como a repressiva podem ter por objeto o controle de legalidade (prevenir atuação ilegal da autarquia) como o controle de mérito (impedir ato contrário aos interesses da Administração Pública, no que se refere à conveniência e oportunidade).

Além desse controle encontrado no âmbito da própria Administração Pública, as autarquias sujeitam-se ao controle decorrente da

24. O Anteprojeto de Lei Orgânica da Administração Pública denomina como "supervisão por vinculação" aquela exercida sobre as entidades da Administração indireta (art. 47), distinguindo-a da supervisão hierárquica (art. 46), além de dedicar uma seção (arts. 50 a 67) ao controle dos órgãos e entidades estatais, sob diversas formas (autocontrole, controle externo e controle social).

25. Celso Antônio Bandeira de Mello, *Curso de Direito Administrativo*, cit., 29ª ed., p. 167.

26. Diógenes Gasparini, *Direito Administrativo*, cit., 8ª ed., p. 290.

fiscalização contábil, financeira e orçamentária, previsto nos arts. 70 e 71 da CF e exercido pelo Poder Legislativo de cada ente federativo, com o auxílio dos Tribunais de Contas (TCU, Tribunais de Contas dos Estados ou Tribunais de Contas dos Municípios).

As autarquias submetem-se ao controle jurisdicional, relativo à legalidade de seus atos, e podem igualmente propor medida judicial contrária a atos de tutela praticados pela Administração Pública à qual estão vinculadas e com os quais elas não se conformem, por considerá-los abusivos.

Outro controle que pode ser mencionando, pelo qual as autarquias são também alcançadas, é aquele encontrado no art. 5º, LXXIII, da CF, segundo o qual todo cidadão é parte legítima para propor ação popular com a finalidade de anular ato lesivo ao patrimônio público.

As autarquias estão sujeitas à observância das normas de contabilidade pública, orçamento e finanças públicas estabelecidas pela Lei 4.320/1964 e pela Lei Complementar 101/2000 (Lei de Responsabilidade Fiscal).

2.5.3 Regime funcional dos servidores

Os servidores públicos das autarquias deverão ser submetidos ao mesmo regime jurídico de trabalho adotado pelo ente federativo para o pessoal da Administração direta. Assim, no caso da União aplica-se o Estatuto dos Funcionários Públicos, estabelecido pela Lei 8.112/1990.

Com a supressão da obrigatoriedade do Regime Jurídico Único, a partir da Emenda Constitucional 19/1998, abriu-se a possibilidade de cada ente federativo dispor sobre a forma de contratação de seus servidores, seja pelo regime estatutário, pelo regime trabalhista ou por ambos os regimes. Entretanto, em julgamento proferido no dia 2.8.2007, na ADI 2.135, em sede de medida cautelar, o STF decidiu que a votação que alterou o *caput* do art. 39 da CF não obteve o quórum mínimo necessário de três quintos dos membros da Câmara dos Deputados (308 votos), razão pela qual suspendeu a eficácia da alteração e restabeleceu a redação original, com a exigência do Regime Jurídico Único. Porém, ficou ressalvado que os efeitos da decisão seriam *ex nunc*, subsistindo, até o julgamento definitivo da ação, a validade dos atos anteriormente praticados com base em legislação editada durante a vigência do dispositivo suspenso. O acórdão menciona ainda que o Regime Jurídico Único é incompatível com a figura do emprego público, razão pela qual entendemos que o regime que irá se consolidar para a contratação dos servidores da Administração direta e das autarquias será o estatutário.

Algumas autarquias têm estatutos diferenciados para seus servidores, que deixam de ser regidos pelo estatuto geral dos servidores da Administração direta. Como exemplo citam-se as universidades paulistas (USP, UNICAMP, UNESP e Paula Souza), cujos estatutos dos servidores foram aprovados por atos infralegais (portarias ou resoluções). Entretanto, o STF já se pronunciou contrariamente a essa prática:

> "O fato de gozarem as universidades da autonomia que lhes é constitucionalmente garantida não retira das autarquias dedicadas a esse mister a qualidade de integrantes da Administração indireta, nem afasta, em consequência, a aplicação, a seus servidores, do regime jurídico comum a todo o funcionalismo, inclusive as regras remuneratórias" (1ª Turma, RE 331.285, rel. Min. Ilmar Galvão, j. 25.3.2003, *DJU* 2.5.2003).

A contratação dos servidores das autarquias, seja para cargos efetivos (regime estatutário) ou emprego público (regime celetista), está sujeita a concurso público, ressalvadas as nomeações para cargo em comissão declarado em lei de livre nomeação e exoneração, na forma do art. 37, II, da CF, admitida a contratação por tempo determinado para atender a necessidade temporária de excepcional interesse público, nos termos do art. 37, IX, da CF. A esse respeito:

> "A acessibilidade aos cargos públicos a todos os brasileiros, nos termos da lei e mediante concurso público, é princípio constitucional explícito, desde 1934, art. 168. (...). Pela vigente ordem constitucional, em regra, o acesso aos empregos públicos opera-se mediante concurso público, que pode não ser de igual conteúdo, mas há de ser público. As autarquias, empresas públicas ou sociedades de economia mista estão sujeitas à regra, que envolve a Administração direta, indireta ou fundacional, de qualquer dos Poderes da União, dos Estados, do Distrito Federal e dos Municípios. Sociedade de economia mista destinada a explorar atividade econômica está igualmente sujeita a esse princípio, que não colide com o expresso no art. 173, § 1º. Exceções ao princípio, se existem, estão na própria Constituição" (Plenário, MS 21.322, rel. Min. Paulo Brossard, j. 3.12.1992, *DJU* 23.4.1993. No mesmo sentido: 2ª Turma, RE/AgR 558.833, rela. Min. Ellen Gracie, j. 8.9.2009, *DJe* 25.9.2009).

Caso o ente federativo tenha instituído regime próprio de previdência social para seus servidores, na forma do art. 40 da CF, esse regime será aplicado também aos servidores titulares de cargos efetivos das autarquias, que para ele recolherão suas contribuições e dele receberão os benefícios previdenciários.

2.5.4 Atos e contratos

Os atos praticados pelas autarquias são atos administrativos, revestidos de seus atributos de presunção de legitimidade, exigibilidade e executoriedade.

Igualmente, os contratos por elas celebrados são contratos administrativos, devem ser precedidos de licitação, nos termos do art. 37, XXI, da CF, observados os procedimentos estabelecidos pela Lei 8.666/1993.

2.5.5 Patrimônio

O patrimônio da autarquia é formado pela transferência para sua titularidade de bens móveis, bens imóveis e direitos oriundos do ente federativo, na forma estabelecida pela lei criadora. Os bens da autarquia são inalienáveis, impenhoráveis e imprescritíveis. Sua alienação deve ser precedida da verificação da existência de interesse público, avaliação, autorização legislativa e concorrência pública, na forma do art. 17 da Lei 8.666/1993.

2.5.6 Responsabilidade

A autarquia, pelo fato de ser dotada de personalidade jurídica, responde diretamente pelas suas obrigações ou pelos danos causados a terceiros, na forma do art. 37, § 6º, da CF, não existindo responsabilidade solidária do ente federativo que a criou. Entretanto, poderá existir responsabilidade subsidiária caso o patrimônio da autarquia se torne insuficiente para quitar todas as suas obrigações.

De forma semelhante, entendeu o STF que não pode o ente público ser penalizado pelo descumprimento de obrigações legais cuja responsabilidade seja de atribuição exclusiva da autarquia:

> "O postulado da intranscendência impede que sanções e restrições de ordem jurídica superem a dimensão estritamente pessoal do infrator. Em virtude desse princípio, as limitações jurídicas que derivam da inscrição, no CAUC, das autarquias, das empresas governamentais ou das entidades paraestatais não podem atingir os Estados-membros ou o Distrito Federal, projetando, sobre estes, consequências jurídicas desfavoráveis e gravosas, pois o inadimplemento obrigacional – por revelar-se unicamente imputável aos entes menores integrantes da Administração descentralizada – só a estes pode afetar. Os Estados-membros e o Distrito Federal, em consequência, não podem

sofrer limitações em sua esfera jurídica motivadas pelo só fato de se acharem administrativamente vinculadas, a eles, as autarquias, as entidades paraestatais, as sociedades sujeitas a seu poder de controle e as empresas governamentais alegadamente inadimplentes e que, por tal motivo, hajam sido incluídas em cadastros federais (CAUC, SIAFI, CADIN – *v.g.*)" (Plenário, ACi/AgR/QO 1.033, rel. Min. Celso de Mello, j. 25.5.2006, *DJU* 16.6.2006. No mesmo sentido: Plenário, ACO 970/Tutela Antecipada, rel. Min. Gilmar Mendes, j. 17.5.2007, *DJU* 19.12.2007).

2.5.7 Privilégios

Em razão de serem uma extensão do próprio Estado, as autarquias gozam de todos os privilégios a ele reconhecidos, dentre os quais podem ser mencionados os seguintes, conforme relação elaborada por Diógenes Gasparini:[27] (a) imunidade de impostos sobre seu patrimônio, renda e serviços (art. 150, § 2º, da CF); (b) prescrição quinquenal de suas dívidas (Decreto-lei 4.597/1942); (c) execução fiscal de seus créditos (art. 578 do CPC); (d) direto de regresso contra seus servidores (art. 37, § 6º, da CF); (e) impenhorabilidade de seus bens e rendas (art. 100 da CF); (f) prazo em quádruplo para contestar e em dobro para responder (art. 188 do CPC e Decreto-lei 7.659/1945); (g) presunção de legalidade dos atos administrativos e presunção de legitimidade dos ajustes para extinção de contrato de trabalho, na forma do Decreto-lei 779/1969; (h) dispensa de juntada em juízo, pelo seu procurador, do competente mandato; (i) pagamento de custas, se vencidas, ao final, exceto os honorários de perito (art. 27 do CPC); (j) proteção de seus bens contra usucapião (arts. 183, § 3º, e 191, parágrafo único, da CF).

2.6 Classificação e espécies

Tomando por base a tipologia apresentada por Maria Sylvia Zanella Di Pietro,[28] as autarquias podem ser classificadas pela observância dos seguintes critérios distintivos:

(a) De acordo com seu *âmbito de atuação*, determinado pela esfera do ente estatal responsável pela sua criação, as autarquias podem ser *federais*, *estaduais* ou *municipais*.

27. Diógenes Gasparini, *Direito Administrativo*, cit., 8ª ed., p. 294.

28. Maria Sylvia Zanella Di Pietro, *Direito Administrativo*, cit., 13ª ed., pp. 362-364.

(b) Conforme a *estrutura* adotada, as autarquias serão *corporativas* ou *fundacionais*. As autarquias corporativas assemelham-se às associações privadas e têm como elemento essencial a existência de uma pessoa constituída com a finalidade de perseguir um interesse público. Nas autarquias fundacionais o elemento principal é a vinculação de um patrimônio a uma finalidade pública (fundações públicas).[29]

(c) Pelo critério da *capacidade administrativa*, encontram-se as autarquias *geográficas ou territoriais* e as autarquias *de serviço ou institucionais*. As primeiras (Departamentos, Regiões, Províncias, Comunas, Territórios) têm capacidade administrativa genérica e exercem múltiplas atividades dentro de seu território, à semelhança dos Estados e Municípios, distinguindo-se deles pela ausência de capacidade política. As autarquias institucionais, típicas do direito administrativo brasileiro, têm capacidade administrativa específica, limitada aos serviços determinados que lhes sejam atribuídos por lei.

(d) Conforme o *tipo de atividade*, as autarquias podem ser *econômicas*, *de crédito*, *industriais*, *de previdência e assistência*, *profissionais* e *culturais ou de ensino*. Porém, a própria autora adverte que essa classificação não tem relevância científica, tendo em vista que o tipo de atividade não altera o regime jurídico e pela possibilidade de que sempre surjam autarquias com novas funções que não se enquadrem em qualquer dessas categorias.

Não se dispõe de um levantamento do número de autarquias existentes no Brasil, mas certamente trata-se da entidade encontrada em maior número na Administração indireta. A título meramente exemplificativo – e como curiosidade sobre a diversidade de áreas em que as autarquias atuam –, podem ser citadas:

(a) Na União (dentre algumas dezenas) – Agência Espacial Brasileira/AEB; Banco Central do Brasil; Comissão de Valores Mobiliários/CVM; Departamento Nacional de Infraestrutura de Transportes/DNIT; Instituto Nacional de Colonização e Reforma Agrária/INCRA; Instituto Nacional do Seguro Social/INSS.

(b) No Estado de São Paulo – Departamento de Águas e Energia Elétrica/DAEE; Departamento Aeroviário do Estado/DAESP; De-

29. Muito se discutiu a respeito da natureza pública ou privada das fundações instituídas pelo Poder Público, com diferentes posições na doutrina. Embora as fundações públicas sejam objeto de análise mais detalhada em outro capítulo deste livro, menciona-se aqui que, segundo entendimento majoritário, aquelas para as quais tenha sido atribuída personalidade jurídica de direito público são espécies de autarquias – solução esta também adotada pelo Anteprojeto de Lei Orgânica da Administração Pública, conforme o parágrafo único de seu art. 11.

partamento de Estradas de Rodagem/DER; Instituto de Assistência Médica ao Servidor Público Estadual/IAMSPE; Superintendência de Controle de Endemias/SUCEN.

(c) Nos Municípios as autarquias mais comuns são os Departamento (ou Serviços) Autônomos de Água e Esgoto e os Institutos de Previdência Municipal.[30] Há também instituições de ensino superior (faculdades, centros universitários) constituídas sob a forma de autarquias municipais.[31]

2.7 *Autarquias de regime especial*

Outra divisão que se pode adotar para a classificação das autarquias diz respeito ao *grau de "autonomia"* de que desfrutam, dividindo-se, então, entre as autarquias *simples ou comuns* e as autarquias *de regime especial*. Por falta de definição legal, a expressão "autarquias especiais" contempla múltiplos significados e alcança autarquias com peculiaridades bem diversas, dentre as quais se encontram: as autarquias universitárias e as autarquias reguladoras de atividades profissionais, que serão analisadas a seguir; as agências reguladoras e as agências executivas, a serem estudadas em capítulos específicos deste livro; além de outras autarquias que tenham recebido essa qualificação pela lei instituidora.

A doutrina conceitua *autarquia de regime especial* como

> "toda aquela a que a lei instituidora conferir privilégios específicos e aumentar sua autonomia comparativamente com as autarquias comuns",[32]

30. Dentre os 5.564 Municípios brasileiros, quase 2.000 têm Regime Próprio de Previdência Social/RPPS para seus servidores, instituído na forma do art. 40 da CF. Esses RPPS têm uma unidade gestora, normalmente constituída sob a forma de fundo especial, sem personalidade jurídica (órgão da Administração direta, vinculado à Secretaria de Administração ou à Secretaria de Finanças) ou como autarquia. Gradualmente os Fundos Municipais de Previdência (órgãos públicos) vêm sendo transformados em Institutos Municipais de Previdência (autarquias), cuja vantagem se expressa pela maior independência em relação ao Poder Executivo, conferindo mais estabilidade à gestão da política previdenciária. Não foi possível realizar um levantamento do número exato, mas existem algumas centenas dessas autarquias.

31. Em muitas dessas instituições de ensino superior constituídas como autarquias municipais os cursos oferecidos não são gratuitos e elas atuam em concorrência com outras instituições privadas. Nesses casos seria possível questionar a eventual caracterização de exploração de atividade econômica, e não mera prestação de serviço público – o que resultaria em inadequação da forma autárquica, diante dos privilégios que ela proporciona.

32. Hely Lopes Meirelles, *Direito Administrativo Brasileiro*, cit., 38ª ed., p. 375.

ou simplesmente aquela que "possui maiores privilégios que as autarquias comuns".[33]

Conforme Odete Medauar, a Lei de Diretrizes e Bases da Educação Nacional (Lei 4.024/1961) conferiu autonomia didática, administrativa, financeira e disciplinar às universidades e instituições oficiais de ensino superior, que deveriam ser criadas sob a forma de autarquias ou fundações de direito público. Posteriormente, a Lei 5.540/1968, que dispôs sobre organização e funcionamento do ensino superior, reiterou essas disposições e utilizou pela primeira vez a expressão "autarquias de regime especial" para se referir à forma de constituição das universidades e instituições públicas de ensino superior. A atual Lei de Diretrizes e Bases da Educação Nacional (Lei 9.394/1996) não estabelece como deverão ser constituídas as universidades, porém reitera sua autonomia, que se encontra também assegurada pelo art. 207 da CF ("As universidades gozam de autonomia didático-científica, administrativa e de gestão financeira e patrimonial...").[34]

Algumas consequências práticas da maior independência de que desfrutam as autarquias universitárias são:[35] (a) escolha do Reitor pela comunidade universitária ou nomeação pelo Chefe do Poder Executivo a partir de lista apresentada pela própria universidade; (b) mandato definido para o Reitor, que não pode ser dele destituído, de forma imotivada, pelo Presidente ou Governador (Súmula 47 do STF); (c) normas de organização e funcionamento estabelecidas em estatuto ou regimento próprios; (d) existência de órgãos colegiados de administração, com participação de membros do corpo docente e discente; (e) carreira específica para o pessoal docente, com progressão ligada à obtenção de graus acadêmicos;[36] (f) liberdade para deliberar sobre o destino de seus recursos orçamentários.[37]

Diante da ausência de uma posição mais adequada para sua classificação, serão aqui tratadas, juntamente com as autarquias especiais, as autarquias de regulação das categorias profissionais, dentre as quais se incluem a Ordem dos Advogados do Brasil/OAB e os Conselhos Federais e Regionais de profissões regulamentadas (Medicina, Odontologia, Economia, Administração etc.).

33. Diógenes Gasparini, *Direito Administrativo*, cit., 8ª ed., p. 295.

34. Odete Medauar, *Direito Administrativo Moderno*, cit., 7ª ed., pp. 80-81.

35. Idem, p. 81.

36. O que não afasta a aplicação, aos seus servidores, do regime jurídico comum a que se encontram submetidos os demais servidores, conforme decidiu o STF no julgamento do RE 331.285, anteriormente mencionado.

37. Marçal Justen Filho, *Curso de Direito Administrativo*, cit., 2ª ed., p. 120.

Marçal Justen Filho afirma que

> "essas entidades não são propriamente integrantes da estrutura administrativa estatal, mas manifestações da própria sociedade civil", e, no entanto, "exercitam competências tipicamente estatais, especialmente no tocante ao poder de polícia, a que corresponde a cobrança compulsória de contribuições".[38]

Embora qualificadas como autarquias federais, tais entidades são tipicamente *sui generis*: não estão sujeitas a interferência estatal; seus administradores são eleitos pelos integrantes da categoria e não podem ser destituídos pelo Governo Federal; gozam dos privilégios concedidos às autarquias, porém não estão vinculadas à maior parte das exigências a que se subordinam os entes da Administração Pública.

Para exemplificar a dificuldade encontrada para a adequada caracterização dessas entidades, vejam-se os seguintes julgados do STF, todos relativamente recentes, relacionados à OAB (o primeiro a qualifica como autarquia federal de regime especial; o segundo lhe reconhece a imunidade tributária recíproca aplicável aos entes federativos e a suas autarquias e fundações; o último afirma categoricamente que ela não é entidade da Administração indireta):

> "Presente a OAB – autarquia federal de regime especial – no polo ativo de mandado de segurança coletivo impetrado em favor de seus membros, a competência para julgá-lo é da Justiça Federal, a despeito de a autora não postular direito próprio" (2ª Turma, RE/AgR 266.689, rela. Min. Ellen Gracie, j. 17.8.2004, *DJe* 3.9.2004.).

> "A imunidade tributária gozada pela OAB é da espécie recíproca (art. 150, VI, 'a', da Constituição), na medida em que a OAB desempenha atividade própria de Estado (defesa da Constituição, da ordem jurídica do Estado Democrático de Direito, dos direitos humanos, da justiça social, bem como a seleção e controle disciplinar dos advogados). A imunidade tributária recíproca alcança apenas as finalidades essenciais da entidade protegida. O reconhecimento da imunidade tributária às operações financeiras não impede a autoridade fiscal de examinar a correção do procedimento adotado pela entidade imune. Constatado desvio de finalidade, a autoridade fiscal tem o poder-dever de constituir o crédito tributário e de tomar as demais medidas legais cabíveis – Natureza plenamente vinculada do lançamento tributário, que não admite excesso de carga" (2ª Turma, RE/AgR 259.976, rel. Min. Joaquim Barbosa, j. 23.3.2010, *DJe* 30.4.2010. V.: 2ª Turma, RE 233.843, rel. Min. Joaquim Barbosa, j. 1.12.2009, *DJe* 18.12.2009).

> "Não procede a alegação de que a OAB sujeita-se aos ditames impostos à Administração Pública direta e indireta. A OAB não é uma entidade da Administração indireta da União. A Ordem é um serviço público independente, categoria ímpar no elenco das personalidades jurídicas existentes no Direito Brasileiro. A OAB não está incluída na categoria na qual se inserem essas que se têm referido como 'autarquias especiais' para pretender-se afirmar equi-

38. Idem, p. 121.

vocada independência das hoje chamadas 'agências'. Por não consubstanciar uma entidade da Administração indireta, a OAB não está sujeita a controle da Administração, nem a qualquer das suas partes está vinculada. (...). Improcede o pedido do requerente no sentido de que se dê interpretação conforme o art. 37, II, da Constituição do Brasil ao *caput* do art. 79 da Lei n. 8.906, que determina a aplicação do regime trabalhista aos servidores da OAB – Incabível a exigência de concurso público para admissão dos contratados sob o regime trabalhista pela OAB – Princípio da moralidade – Ética da legalidade e moralidade – Confinamento do princípio da moralidade ao âmbito da ética da legalidade, que não pode ser ultrapassada, sob pena de dissolução do próprio sistema – Desvio de poder ou de finalidade" (Plenário, ADI 3.026, rel. Min. Eros Grau, j. 8.6.2006, *DJU* 29.9.2006).

O Anteprojeto de Lei Orgânica da Administração Pública, que será melhor detalhado na última sessão deste capítulo, tenta equacionar a situação dessas autarquias de regulação das categorias profissionais, que passam a ser denominadas "corporações profissionais" e qualificadas como "entidades paraestatais", juntamente com os serviços sociais autônomos.

2.8 Descentralização administrativa nos Poderes Legislativo e Judiciário

O instituto da descentralização administrativa, e, de forma mais específica, a descentralização por serviços, que dá origem às autarquias e outras entidades da Administração indireta, tem sua utilização restrita ao Poder Executivo ou pode ser adotado pelo Poder Judiciário e pelo Poder Legislativo? Nesta seção são apresentadas algumas considerações a esse respeito, a partir de um caso peculiar.

Por meio da Lei estadual 4.384/1984 foi criada no Estado da Bahia a autarquia denominada "Instituto Pedro Ribeiro de Administração Judiciária/IPRAJ", vinculada ao Tribunal de Justiça do Estado, com a finalidade de "planejar, coordenar, dirigir, executar e controlar as atividades de apoio administrativo em matéria financeira, de pessoal, de suprimento, de desenvolvimento de recursos humanos e organizacionais, assistência e previdência social", sendo para isso dotada de bens, quadro de pessoal e receitas e autorizada a celebrar convênios, contratos, acordos e ajustes. Em resumo, foi atribuída à autarquia IPRAJ a competência para executar todas as atividades relacionadas à gestão administrativa e financeira do Poder Judiciário do Estado da Bahia.

No início de agosto/2009 a Corregedoria do Conselho Nacional de Justiça/CNJ, em despacho assinado pelo Min. Gilson Dipp, Corregedor, aprovado pelo Min. Gilmar Mendes, Presidente, manifestou--se pela inadequação constitucional da existência do IPRAJ, pois as atividades de natureza administrativa dos tribunais devem ser executadas pelo próprio tribunal, apontando, ainda, a existência da prática de atos contrários à Lei de Responsabilidade Fiscal – razão pela qual propôs a cessação de atividades do IPRAJ e a tomada de contas de seus dirigentes.

A partir desse despacho do CNJ, o Procurador-Geral da República, Roberto Monteiro Gurgel Santos, ajuizou, em março/2010, a ADPF 207, na qual se pleiteou a declaração de incompatibilidade dos dispositivos da Lei estadual 4.384/1984 com a Constituição Federal, em virtude de ofensa ao princípio da autonomia administrativa e financeira do Poder Judiciário, estabelecido no art. 96, I, da CF. A ADPF 207 foi distribuída para a Min.-Relatora Ellen Gracie, que solicitou informações aos envolvidos. O Advogado-Geral da União manifestou-se pela procedência da ação.

No dia 16.6.2010 o Governador Jaques Wagner sancionou a Lei estadual 11.918/2010, que extinguiu o IPRAJ e transferiu para o TJBA todas as suas atribuições, bens, direitos e obrigações. Em seguida, a Assembleia Legislativa do Estado da Bahia peticionou ao STF solicitando a extinção da ADPF 207, por perda de seu objeto.

Ainda que a arguição de descumprimento de preceito fundamental venha a ser extinta sem julgamento de mérito, fica a questão: é possível que o Judiciário e o Legislativo se valham da descentralização administrativa por serviços para a criação de autarquias, com a finalidade de executarem sua gestão administrativa e financeira?

Em trecho do despacho assinado pelo Corregedor do CNJ consta a seguinte manifestação:

> "(...) a existência de uma autarquia judiciária, mesmo criada por lei, tecnicamente constitui um equívoco, posto que essa modalidade de instituição pública tem perfil de agente de execução da atividade -fim da Administração. Ou, em outros termos, é pessoa jurídica de direito público distinta do ente criador, com finalidade e objeto próprios, ainda quando complementar ou convergente daqueles objetivos do interesse público.
>
> "Ora, o IPRAJ (...) não passa de órgão de apoio administrativo, sem finalidade efetiva de execução de serviço público, o que faz a sua forma autárquica desajustada ao propósito."

José Cretella Jr. também apresenta firme posição contrária a essa possibilidade e critica a expressão "Administração Pública direta e indireta de qualquer dos Poderes", constante do caput do art. 37 da CF, afirmando:

> "A leitura deste artigo leva o intérprete desavisado ou principiante a pensar que existe 'Administração direta' nos três Poderes, o que é absurdo, em 'desacordo com a natureza das coisas', já que apenas o Poder Executivo, nas

várias esferas – federal, estadual, municipal e distrital –, é que apresenta, em sua estrutura, o 'centro', o Chefe do Executivo e seus auxiliares; e a 'periferia', a Administração indireta, o conjunto de entidades, de criação do centro, as autarquias, por exemplo, que não se confundem, pois, com o centro".[39]

O autor desenvolve sua análise, e mais à frente conclui que:

"a Administração Pública, direta, indireta ou fundacional, não ocorre, em qualquer dos dois Poderes, mas existe, como sempre existiu, apenas no âmbito do Poder Executivo", pelos seguintes motivos: "(...) (a) que Administração ou Administração Pública é 'gestão de serviços públicos administrativos', tão só; (b) que serviços públicos administrativos são prestações fornecidas pelo Poder Executivo, em quantidade máxima, direta ou indiretamente; (c) que atos e serviços administrativos, no âmbito do Judiciário e do Legislativo, são de tal modo reduzidos que o próprio 'centro' pode desempenhá-los; (d) que as denominações 'direta' e 'indireta' somente se empregam quando se trata de relação centro/periferia, isto é, relação entre pessoa jurídica pública política e pessoa que com ela colabora, na tarefa descentralizadora; (e) que o Judiciário, por excelência, e normalmente, exerce jurisdição, e apenas por exceção administra; (f) que, do mesmo modo, o Legislativo elabora a legislação, e apenas por exceção administra; (g) que, desse modo, dos três Poderes, apenas o Poder Executivo é que desempenha serviços públicos, no exercício de sua plena capacidade genérica, e, no exercício de sua capacidade específica, cria autarquias e outras entidades para o desempenho de serviços públicos administrativos; (h) que são indelegáveis os serviços de jurisdição e de legislação, que, por isso, só se desempenham 'pelo centro' (...)".[40]

Os argumentos apresentados têm coerência e são convincentes, pois a criação de entidades da Administração indireta deve ser motivada pela realização de atividade-fim da Administração Pública (prestação de serviço público, atividade administrativa específica ou, eventualmente, exploração de atividade econômica), e não ocorrer por mero desmembramento de atividade-meio. As atividades auxiliares no âmbito do Poder Judiciário e do Poder Legislativo devem ser executadas pelos seus próprios órgãos administrativos, uma vez que não requerem nível de especialização que justifique a criação de autarquias com essa finalidade.

2.9 Anteprojeto de Lei Orgânica da Administração Pública

Por meio da Portaria 426/2007, o Ministério do Planejamento, Orçamento e Gestão/MPOG constituiu uma Comissão de Juristas[41]

39. José Cretella Jr., *Administração Indireta Brasileira*, cit., 4ª ed., p. 23.

40. Idem, p. 27.

41. Participaram da Comissão os seguintes juristas: Almiro do Couto e Silva, Carlos Ari Sundfeld, Floriano de Azevedo Marques Neto, Maria Coeli Simões Pires, Maria Sylvia Zanella Di Pietro, Paulo Eduardo Garrido Modesto e Sérgio de Andréa Ferreira.

com a finalidade de elaborar um Anteprojeto de Lei Orgânica da Administração Pública Federal e Entes de Colaboração. Essa Comissão apresentou o resultado final de seus trabalhos ao Min. Paulo Bernardo, por meio de documento entregue no dia 16.7.2009. Embora se trate de trabalho que ainda passará por longo processo de discussão, é interessante apresentar aqui, em linhas gerais, seus principais dispositivos.[42]

Da "Exposição de Motivos" e da "Minuta do Anteprojeto de Lei Orgânica" apresentados,[43] destacam-se os seguintes pontos:

(a) A Comissão abandonou a ideia de elaborar uma simples Lei Orgânica para a Administração Pública Federal, por entender ser necessária a elaboração de uma norma de âmbito nacional, que redefinisse os parâmetros da Administração indireta para todos os entes federados.

(b) O trabalho buscou tratar de forma sistematizada os entes que atuam paralelamente ou em parceria com o Estado – as entidades paraestatais e as entidades de colaboração – e definir suas relações com o Poder Público.

(c) O trabalho reconhece as insuficiências, contradições e imprecisões conceituais do Decreto-lei 200/1967 e a necessidade de tratamento mais adequado de vários institutos surgidos ou tornados mais complexos posteriormente a ele, tais como: atividades de supervisão e controle; controle social da Administração; subsidiárias e empresas com participação do Estado; vínculo com entidades de colaboração e parceria com o Terceiro Setor; contrato de autonomia do art. 37, § 8º, da CF.

Especificamente em relação às autarquias – tema objeto deste capítulo –, o Anteprojeto de Lei Orgânica (a) define sua natureza de pessoa jurídica de direito público, submetendo-se ao mesmo regime jurídico da Administração direta; (b) reconhece como autarquias as fundações constituídas com personalidade jurídica de direito público e trata como pessoa jurídica de direito privado as demais fundações

42. Para consultas, ver *http://www.gespublica.gov.br/anteprojeto-de-lei-organica/consulta-publica-sobre-o-anteprojeto-de-lei-organica*, acesso em 11.1.2012.

43. Brasil, Ministério do Planejamento, Orçamento e Gestão, *Anteprojeto de Lei Orgânica da Administração Pública Federal e Entes de Colaboração*, autoria da Comissão de Juristas constituída pela Portaria MPOG-426/2007 (disponível em *http://www.planejamento.gov.br/secretarias/upload/Arquivos/seges/comissao_jur/arquivos/090729_seges_Arq_leiOrganica.pdf*, acesso em 28.6.2010).

estatais; (c) considera como autarquias especiais aquelas a que for atribuído maior grau de autonomia, como a garantia de mandato fixo e estabilidade a seus dirigentes, e a impossibilidade de revisão administrativa de seus atos, além das autarquias regionais e dos consórcios públicos sob a forma de associação pública.

A seguir são reproduzidos os arts. 11 a 14 do Anteprojeto de Lei Orgânica, que tratam das autarquias:

"Art. 11. Autarquia é a pessoa jurídica de direito público, criada por lei específica, para prestar serviço público ou exercer outra atividade administrativa que implique poderes próprios do Estado.

"Parágrafo único. Considera-se autarquia, para todos os fins, a entidade estatal que a lei tenha denominado fundação ou fundação pública e cujas competências sejam de natureza incompatível com a personalidade de direito privado, não se sujeitando às normas da legislação civil e processual civil relativas a fundações nem às normas desta Lei relativas a fundações estatais.

"Art. 12. A autarquia submete-se ao regime jurídico de gestão da Administração direta, inclusive quanto a atos e processos administrativos, licitações, contratações, bens, servidores públicos, responsabilização, prestação de contas, imunidade tributária e prerrogativas processuais.

"Parágrafo único. A lei pode, sem prejuízo do disposto nesta Lei, estabelecer normas especiais para determinada autarquia ou categoria de autarquias.

"Art. 13. Respeitados os limites da Constituição e da lei, a autarquia é dotada de capacidade de auto-organização, podendo dispor sobre sua estruturação interna.

"§ 1º. A nomeação do dirigente máximo ou dos integrantes dos órgãos colegiados de direção superior cabe ao chefe do Poder a que esteja vinculada a entidade, observadas as condições constantes de norma constitucional ou legal específica.

"§ 2º. A nomeação dos demais dirigentes e dos servidores deve ser feita na forma da lei específica ou, na omissão desta, do regulamento.

"§ 3º. O dirigente que, reiteradamente, deixar de observar as proibições e deveres de seu cargo, especialmente os relativos à realização dos fins da entidade e das diretrizes governamentais, ficará sujeito: I – a afastamento preventivo, por decisão motivada da autoridade supervisora; II – a destituição, mediante processo administrativo, assegurados o contraditório e a ampla defesa, com inabilitação para o exercício de cargo em comissão ou função de confiança pelo prazo de 1 (um) a 5 (cinco) anos, sem prejuízo de pena mais grave prevista em lei.

"Art. 14. São autarquias de regime especial: I – as autarquias regionais, instituídas pelas pessoas político-administrativas para atuação isolada ou conjugada em determinado complexo geoeconômico e social; II – aquelas a que a Constituição ou a lei atribui maior grau de autonomia, por meio, entre outros, da garantia de mandato fixo e estabilidade a seus dirigentes e da impossibilidade de revisão de seus atos, salvo pelo Poder Judiciário; III – o consórcio público constituído sob a forma de associação pública."

No que se refere às entidades de regulação das categorias profissionais, hoje consideradas autarquias federais de regime especial,[44] no Anteprojeto de Lei Orgânica elas são denominadas "corporações profissionais", com personalidade jurídica de direito público, incluídas entre as entidades paraestatais, ao lado dos serviços sociais autônomos, cuja personalidade jurídica é de direito privado.

Essas corporações profissionais estarão sujeitas aos princípios gerais que regem a Administração Pública, apesar de não se subordinarem às normas relativas a contratação administrativa e admissão de servidores públicos, estando, porém, sujeitas ao dever de prestação de contas ao TCU. Seu regime será híbrido: de direito público no exercício do poder fiscalizador, regulador e sancionador; de direito privado e do trabalho, em relação ao restante.

São reproduzidos a seguir os arts. 68 a 72, que disciplinam as entidades paraestatais:

> "Art. 68. São entidades paraestatais: I – as corporações profissionais, com personalidade jurídica de direito público; II – os serviços sociais autônomos, com personalidade jurídica de direito privado.
>
> "(...).
>
> "Art. 70. As corporações profissionais são as entidades previstas em lei federal, de natureza associativa, que têm por objeto: I – a regulação, a fiscalização e a disciplina do exercício profissional; II – a defesa dos direitos e interesses coletivos e individuais homogêneos de seus associados; e III – outras competências asseguradas pela Constituição e por seu estatuto profissional definido em lei.
>
> "Art. 71. Serviços sociais autônomos são pessoas jurídicas criadas ou previstas por lei federal como entidades privadas de serviço social e de formação profissional vinculadas ao sistema sindical e sujeitas ao disposto no art. 240 da Constituição.
>
> "Art. 72. As entidades paraestatais devem observar os princípios de legalidade, legitimidade, moralidade, eficiência, interesse público e social, razoabilidade, impessoalidade, economicidade e publicidade, e atender às normas constitucionais, legais, regulamentares, estatutárias e regimentais aplicáveis.
>
> "§ 1º. As entidades paraestatais não se submetem às normas das entidades estatais sobre contratação administrativa e servidores públicos, devendo adotar procedimentos próprios de gestão financeira, contratação e seleção de pessoal que assegurem a eficiência e a probidade na aplicação de seus recursos, publicando anualmente suas demonstrações financeiras e prestando contas nos termos do parágrafo único do art. 70 da Constituição, as quais devem ser apreciadas, pelo Tribunal de Contas da União, dentro dos limites determinados pelo respeito à autonomia que lhes foi conferida por lei.

44. Em que pese a posicionamentos contrários.

"§ 2º. As corporações profissionais submetem-se ao direito público no exercício do seu poder fiscalizador, regulador e sancionador, regendo-se, quanto ao mais, pelo direito privado e do trabalho."

Referências Bibliográficas

BANDEIRA DE MELLO, Celso Antônio. *Curso de Direito Administrativo*. 29ª ed. São Paulo, Malheiros Editores, 2012.

BRASIL. Ministério do Planejamento, Orçamento e Gestão/Comissão de Juristas constituída pela Portaria MPOG-426/2007. *Anteprojeto de Lei Orgânica da Administração Pública Federal e Entes de Colaboração*. Disponível em *http://www.planejamento.gov.br/secretarias/upload/Arquivos/seges/comissao_jur/arquivos/090729_seges_Arq_leiOrganica.pdf* (acesso em 28.6.2010).

CRETELLA JR., José. *Administração Indireta Brasileira*. 4ª ed. Rio de Janeiro, Forense, 2000.

DI PIETRO, Maria Sylvia Zanella. *Direito Administrativo*. 13ª ed. São Paulo, Atlas, 2001.

GASPARINI, Diógenes. *Direito Administrativo*. 8ª ed. São Paulo, Saraiva, 2003.

JUSTEN FILHO, Marçal. *Curso de Direito Administrativo*. 2ª ed. São Paulo, Saraiva, 2006.

MEDAUAR, Odete. *Direito Administrativo Moderno*. 7ª ed. São Paulo, Ed. RT, 2003.

MEIRELLES, Hely Lopes. *Direito Administrativo Brasileiro*. 38ª ed. São Paulo, Malheiros Editores, 2012.

Capítulo 3

Fundações Públicas de Direito Privado, Fundações Públicas de Direito Público e Fundações de Direito Privado

Flávio Luiz Damato Rocha de Souza

3.1 Considerações iniciais

A Constituição Federal vigente (CF/1988) prevê que as fundações públicas somente podem ser criadas por força de lei autorizadora específica da União, Estados-membros, Distrito Federal e Municípios, cabendo à lei complementar definir as respectivas áreas de atuação (art. 37, XIX). Além disso, cabe à lei de cada ente político disciplinar o Regime Jurídico Único e planos de carreira para os servidores de tais pessoas jurídicas (art. 39, *caput*), assim como disciplinar a aplicação de recursos orçamentários provenientes da economia com despesas correntes em cada uma delas (art. 39, § 7º).

A Constituição Federal/1988 não traz delimitação clara sobre a natureza das fundações criadas pelo Poder Público (se de direito privado ou público). No entanto, após o longo debate que já se travou em torno deste tema, a doutrina e a jurisprudência admitem ambas as modalidades.[1]

No plano infraconstitucional as fundações públicas estão previstas no Decreto-lei 200, de 25.2.1967, com as alterações introduzidas pelos Decretos-leis 900, de 29.9.1969, e 2.299, de 21.11.1986, e pela Lei 7.596, de 10.4.1987.

Além das fundações de direito público, há uma outra modalidade de fundações reconhecida por nosso Direito (que precede às demais), e de que trataremos brevemente neste capítulo – qual seja: aquela instituída no âmbito essencialmente privado, regida pelos arts. 62 a 69 do CC/2002.

A distinção entre as três modalidades das quais trataremos, em nosso sistema jurídico, é tarefa difícil, posto que seus limites não são bem esclarecidos pela lei e também pelo fato de que carecemos ainda de um Código Administrativo que sistematize precisamente os conceitos nesta matéria. Apesar de tal dificuldade, a definição acerca do regime jurídico incidente sobre as fundações instituídas pelo Poder Público é fundamental, em razão dos diversos efeitos que decorrem de se incluir determinada pessoa jurídica no regime do direito público ou do direito privado.[2]

Ante a falta de melhor sistematização legislativa, as diferenças entre umas e outras vão sendo estabelecidas pela doutrina e pela jurisprudência, conforme passamos a analisar.

3.2 Características das fundações no Direito Brasileiro

Segundo a doutrina de Cretella Jr., pode-se definir *fundação* como "*patrimônio personalizado afetado a um fim*",[3] sendo este um

1. Neste sentido, afirma Francisco de Assis Alves: "De fato, no passado, todas as fundações eram regidas pelo direito privado. Hoje em dia, no entanto, não se pode olvidar que as há, também, de natureza pública" (*Fundações, Organizações Sociais, Agências Executivas, Organizações da Sociedade Civil de Interesse Público e Outras Modalidades de Prestação de Serviços Públicos*, São Paulo, LTr, 2000, p. 55).

2. Aqui, podemos lembrar, por exemplo, de Alexandre Santos de Aragão: "As controvérsias sobre as quais o novo Código Civil traz novos elementos são de grande importância, não apenas teórica, como prática, inclusive no que toca à execução por precatórios (exclusiva da Fazenda *Pública*), às prerrogativas processuais da Fazenda *Pública* (exemplo: prazos maiores para contestar e recorrer) e ao juízo competente (exemplo: as Varas de Fazenda *Pública* da Justiça Estadual)" ("As fundações públicas e o novo Código Civil", *RDA* 231/313-330, Rio de Janeiro, Renovar/FGV, janeiro-março/2003 – p. 321).

3. José Cretella Jr., *Fundações de Direito Público*, Rio de Janeiro, Forense, 1976, p. 13. Complementa, ainda, o autor: "Com esta tríplice conotação, o *instituto fundacional*

conceito genérico, aplicável tanto para o ramo privado quanto para o público.

Maria Sylvia Zanella Di Pietro trata de esclarecer que a destinação de um patrimônio a determinado fim é característica que distingue as fundações, por exemplo, das associações, uma vez que, "na fundação, o elemento essencial é o patrimônio destinado à realização de certos fins que ultrapassam o âmbito da própria entidade, indo beneficiar terceiros estranhos a ela".[4]

A concepção de *fundação*, portanto, está assentada sobre a constituição de patrimônio, a constituição de sua personalidade jurídica e o estabelecimento do fim a que se destina.

Nesse sentido, surge a concepção de que as fundações podem ser criadas por particulares, para concretizar desejos e finalidades específicas, ou pelo próprio Estado, para destinar esforços e recursos públicos a uma instituição especializada na execução de determinada atividade inerente às funções públicas.

A abalizar esta última possibilidade, vale, aqui, lembrar a opinião do Min. Carlos Britto proferida por ocasião do julgamento da ADI 191-RS, no STF, na qual esclarece, de certa forma, o porquê da dificuldade de se distinguir as fundações públicas de direito público das de direito privado (com a advertência dada pelo autor de que sua manifestação não está em consonância com o que diz a maioria da doutrina):

> "(...) o Estado somente pode instituir fundação para prestar atividade que constitua dever do Estado; dever dele, Estado instituidor. E o campo próprio, propício, adequado, para o Estado atuar fundacionalmente é o da saúde, da educação e da cultura, ou seja, nesses três campos constitutivos de deveres estatais, porém franqueados à iniciativa privada, porque são atividades mistamente públicas e privadas: saúde, educação e cultura. Nesses campos mistamente públicos e privados, o Estado se faz presente não pelas suas autarquias, mas pelas suas fundações".[5]

ingressa no mundo jurídico, desvinculado de qualquer ramo, ultrapassando os diversos sistemas de Direito, porque se trata de uma categoria, *nunc et semper*, matizada em seus elementos acessórios pelas exigências locais do direito positivo, no setor público ou privado, nunca, porém, afetado em sua substância, que, modificada esta, estaria desfigurado o instituto em questão" (ob. cit., pp. 13-14).

4. Maria Sylvia Zanella Di Pietro, "Fundações públicas", *Revista de Informação Legislativa* 101/174, Ano 26, janeiro-março/1989. É importante lembrar, aqui, que a autora faz essa afirmação para distinguir *fundação* de *associação*. Nesta, há união de pessoas para atingir um fim que beneficia a elas mesmas.

5. Disponível em *http://redir.stf.jus.br/paginador/paginador.jsp?docTP=AC&docID=513617* (acesso em 11.7.2010).

Passaremos a tratar, agora, das fundações públicas.

3.3 Fundações públicas

Se as fundações em geral são essencialmente constituídas de patrimônio, as fundações públicas são – como afirma também Cretella Jr. – constituídas de: "(a) *patrimônio público*, (b) personalizado no momento da publicação da lei que lhe dá nascimento (c) e afetado a determinado fim"[6] (grifos nossos).

O Decreto-lei 200/1967 prevê que as fundações são regidas pelo direito privado. No entanto, como esclarece Di Pietro:

> "nada impede que a lei instituidora adote regime jurídico publicístico, derrogando, no caso concreto, as normas gerais estabelecidas pelo Decreto-lei 200/1967 (...)".[7] Isto porque – conforme esclarece, adiante, a mesma autora – "todas as fundações governamentais, ainda que não integrando a Administração Pública, submetem-se, sob um ou outro aspecto, ao direito público".[8]

A mesma autora esclarece, porém que:

> "quando a Administração Pública cria fundação de direito privado, ela se submete ao direito comum em tudo aquilo que não for expressamente derrogado por normas de direito público, podendo essas normas derrogatórias constar da própria Constituição, de leis ordinárias e complementares federais e da própria lei singular, também federal, que instituiu a entidade. Na esfera estadual somente são cabíveis as derrogações que tenham fundamento na Constituição e nas leis federais, já que os Estados, não podendo legislar sobre direito civil, não podem estabelecer normas que o derroguem".[9]

O regime jurídico das fundações públicas segue, *a priori*, as normas do direito privado, somente passando a reger-se pelo direito público aquilo que a lei posterior e específica vier a estabelecer nesse sentido.

Odete Medauar lembra também que as fundações públicas

> "devem ter sua instituição autorizada por lei específica, segundo determina o inciso XIX do art. 37 da CF". Além disso, no mesmo sentido de Di Pietro, para a autora as fundações públicas "são dotadas de personalidade jurídica de direito privado (...) embora possa haver fundação pública criada como pessoa jurídica de direito público (...)". Prossegue, em seguida, afirmando que "outro aspecto de sua caracterização encontra-se na autonomia administrativa". Por

6. José Cretella Jr., *Fundações de Direito Público*, cit., p. 30.

7. Maria Sylvia Zanella Di Pietro, "Fundações públicas", cit., *Revista de Informação Legislativa* 101/175.

8. Idem, p. 176.

9. Maria Sylvia Zanella Di Pietro, *Direito Administrativo*, 23ª ed., São Paulo, Atlas, 2009, p. 440.

fim, a autora ressalta, ainda, outros pontos importantes, como o fato de que as fundações públicas "possuem patrimônio próprio e têm seu funcionamento custeado por recursos da entidade matriz a que se vinculam (União, Estado, Município ou Distrito Federal) ou oriundo de outras fontes" e o fato de que "a fundação pública deve ser criada sem fins lucrativos".[10]

Além das considerações feitas por Odete Medauar e Di Pietro, acima descritas, é possível atribuir às fundações públicas as seguintes características: (a) submissão a teto remuneratório constitucional (art. 37, VI);[11] (b) necessária observância de procedimentos licitatórios (CF/1988, art. 22, XXVII); (c) o ato de sua criação não é irrevogável, podendo o Estado alterar a lei que as criou ou, mesmo, extingui-las;[12] (d) não devem se subordinar ao controle do Ministério Público, mas da própria Administração direta e do Tribunal de Contas (CF/1988, art. 71).[13]

Passaremos a analisar, agora, as distinções possíveis no gênero fundações públicas, dentro do qual há fundações de direito privado e de direito público.

3.3.1 Fundações públicas de direito privado

As fundações públicas de direito privado são mais facilmente aceitas pela doutrina em geral, especialmente em razão da definição que está positivada em nosso ordenamento jurídico por meio do Decreto-lei 200/1967, ao dispor, em seu art. 5º, IV, que *fundação pública* é "entidade dotada de personalidade jurídica de direito privado".

Alexandre Santos de Aragão assim define as principais características dessa modalidade de fundação:

> "As fundações instituídas pelo Poder Público que forem de direito privado têm apenas as características privatísticas que não decorram do Código Civil: os seus bens são penhoráveis, ressalvados os afetados a serviços públicos; a

10. Odete Medauar, *Direito Administrativo Moderno*, 9ª ed., São Paulo, Ed. RT, 2005, p. 92.

11. Celso Antônio Bandeira de Mello esclarece que o teto são os subsídios dos Ministros do STF (*Curso de Direito Administrativo*, 29ª ed., São Paulo, Malheiros Editores, 2012, p. 279).

12. Neste sentido, Maria Sylvia Zanella Di Pietro: "O ato do Poder Público – como instituidor – não é irrevogável, ao contrário do que ocorre com a fundação instituída por particular; o Poder Público pode extingui-la a qualquer momento, como, aliás, está previsto pelo art. 178 do Decreto-lei 200, com a redação dada pelo Decreto-lei 2.299, de 21.11.1986" ("Fundações públicas", cit., *Revista de Informação Legislativa* 101/177).

13. Maria Sylvia Zanella Di Pietro "Fundações públicas", cit., *Revista de Informação Legislativa* 101/177-178.

sua responsabilidade não é objetiva, salvo se for prestadora de serviços públicos; e o seu pessoal será necessariamente regido pela Consolidação das Leis do Trabalho".[14]

Aqui, cabe lembrar as características apontadas por José Eduardo Sabo Paes, dentre as quais destacamos:

(a) "criação pela vontade do Poder Público expressa mediante autorização em lei"; (b) "impossibilidade de extinção por sua própria vontade"; (c) "controle, subordinação e fiscalização pelo Poder Executivo, pelo Tribunal de Contas e pelo Ministério Público"; (d) "sujeição de seus empregados ao regime jurídico e planos de carreira estabelecidos de modo uniforme para os servidores da Administração direta e autarquias (CF, art. 39), mediante concurso público (art. 37, II, da CF) (...)"; (e) "imunidade tributária referente aos impostos sobre o patrimônio, a renda e os serviços vinculados às suas finalidades essenciais ou delas decorrentes (art. 150, § 2º, da CF); (f) "submissão à Lei 8666, de 21.6.1993, para a realização de licitação (...)".[15]

Maria Sylvia Zanella Di Pietro aponta como características desta modalidade de fundação a equiparação dos funcionários aos servidores públicos e a imunidade tributária, nos seguintes termos:

"(...) equiparação dos seus empregados aos funcionários públicos para os fins previstos no art. 37 da Constituição, inclusive acumulação de cargos para fins criminais (art. 327 do CP) e para fins de improbidade administrativa (arts. 1º e 2º da Lei 8.429, de 2.6.1992).

"(...).

"(...) imunidade tributária referente ao imposto sobre o patrimônio, a renda ou serviços vinculados a suas finalidades essenciais ou às delas decorrentes (art. 150, § 2º, da Constituição)."[16]

Cabe, ainda, complementar que os servidores desse tipo de fundação não estão amparados pela estabilidade prevista pelo art. 19 do Ato das Disposições Constitucionais Transitórias/ADCT, conforme se decidiu, por unanimidade, no julgamento do REsp 686.494-RS, apoiando-se em precedentes da própria Corte.[17]

Ainda no âmbito das fundações públicas de direito privado, Odete Medauar esclarece uma situação peculiar, nos seguintes termos:

"Fundações podem existir, com alguma atuação do Poder Público na instituição, manutenção ou controle, cujas características não correspondem

14. Alexandre Santos de Aragão, "As fundações públicas e o novo Código Civil", cit., *RDA* 231/325.

15. José Eduardo Sabo Paes, *Fundações, Associações e Entidades de Interesse Social: Aspectos Jurídicos, Administrativos, Contábeis, Trabalhistas e Tributários*, 6ª ed., Brasília, Brasília Jurídica, 2006, pp. 213-215.

16. Maria Sylvia Zanella Di Pietro, *Direito Administrativo*, cit., 23ª ed., p. 442.

17. Disponível em *https://ww2.stj.jus.br/revistaeletronica/ita.asp?registro=200401162337&dt_publicacao=21/11/2005* (acesso em 28.6.2010).

ao modelo traçado no referido art. 5º, IV, do Decreto-lei 200/1967. Nesse caso tais fundações não integram a Administração indireta e têm seu regime jurídico determinado pelo ato que as cria ou autoriza sua criação, podendo ser regidas pelo direito privado".[18]

Neste último caso, apontado por Medauar, fica caracterizado que, se houver fundação constituída fora dos moldes do Decreto-lei 200/1967, o regime que deve regê-la é o do Código Civil, e a fundação deixará, inclusive, de ser considerada como parte integrante da Administração indireta. Para que a fundação pública se submeta ao regime do direito público é preciso que o Poder Público não apenas autorize sua instituição, mas que haja vinculação direta entre o Poder Público e a fundação, durante sua existência, e que a lei instituidora delimite expressamente o regime jurídico que lhe será aplicável.

3.3.1.1 *Fundações de apoio*

As fundações de apoio podem ser consideradas uma modalidade de fundações públicas de direito privado. Para Francisco de Assis Alves as fundações de apoio

> "são fundações especiais que dão auxílio e fomento a destinatários específicos (unidades, órgãos, departamentos, hospitais universitários)".[19] Além disso, esta modalidade de fundação tem como características: (a) criação obrigatória por lei, assim como as demais fundações públicas;[20] (b) ser instituída nos moldes do Código Civil/2002;[21] (c) desvinculação do Poder Público, no sentido de não ser mantida por este;[22] (d) não está sujeita ao Tribunal de Contas quando não há destinação de recurso público à formação de seu patrimônio;[23] (e) não realiza

18. Odete Medauar, *Direito Administrativo Moderno*, cit., 9ª ed., p. 90.

19. Francisco de Assis Alves, *Fundações, Organizações Sociais, Agências Executivas, Organizações da Sociedade Civil de Interesse Público e Outras Modalidades de Prestação de Serviços Públicos*, cit., p. 65.

20. Idem, p. 61.

21. Idem, p. 65.

22. Idem, ibidem. Mais adiante afirma, ainda, o autor: "*Ser mantida* (...) significa receber o aporte de recursos sem qualquer outra finalidade que não a de manter-se. Significa, *grosso modo*, viver às custas do Poder Público. (...). O fato de algumas dessas fundações receberem de suas aliadas, por exemplo, recursos do Sistema Único de Saúde/SUS (...) de forma alguma configura hipótese de mantença dessas fundações pelo Poder Público (...). Essas fundações recebem os recursos de seus aliados com a destinação certa e imodificável para serviços ou atividades de interesse coletivo" (Francisco de Assis Alves, *Fundações, Organizações Sociais, Agências Executivas, Organizações da Sociedade Civil de Interesse Público e Outras Modalidades de Prestação de Serviços Públicos*, cit., pp. 79-80).

23. Francisco de Assis Alves, *Fundações, Organizações Sociais, Agências Executivas, Organizações da Sociedade Civil de Interesse Público e Outras Modalidades de Prestação de Serviços Públicos*, cit., p. 69.

concurso público para contratação de empregados;[24] (f) tem imunidade tributária, nos termos do art. 14 do CTN.[25] Além dessas características gerais, também podemos lembrar que as fundações de apoio são registradas e credenciadas perante o Conselho Nacional de Desenvolvimento Científico e Tecnológico (Lei 8.010, de 29.3.1990) ou no Ministério da Educação e do Desporto e no Ministério da Ciência e Tecnologia (Lei 8.958, de 20.12.1994).[26]

3.3.2 Fundações públicas de direito público

Esta modalidade de fundação é considerada por alguns como uma subcategoria de autarquia, em razão da forte identificação que existe entre as fundações e o direito civil. Em outras palavras, os autores que vinculam fortemente as fundações ao ramo privado não entendem possível a existência de fundação no ramo público, tendendo, portanto, a aproximar as fundações que atendem à denominação de "fundações públicas" às autarquias.

Parece-nos, porém – como já tem assentado a doutrina –, plenamente possível que o Estado constitua fundação pública de direito público para exercer atividades a ele inerentes.

São características gerais dessa espécie de fundação aquelas apontadas por José Eduardo Sabo Paes, quais sejam:

> (a) "inexigibilidade de inscrição de seus atos constitutivos no Registro Civil das Pessoas Jurídicas; porque a sua personalidade jurídica já decorre da lei"; (b) "não submissão à fiscalização do Ministério Público"; (c) "impenhorabilidade de seus bens e sujeição ao processo especial de execução estabelecido pelo art. 100 da CF".[27]

Além das características tratadas no tópico anterior, podemos mencionar aqui que a jurisprudência reconhece pacificamente como característica das fundações públicas de direito público a impenhorabilidade de bens. Neste sentido é o acórdão no REsp 207.767-SP, no qual se decidiu que a Fundação Instituto Tecnológico de Osasco, "criada por lei para a prestação de serviços essencialmente públicos e mantida, primordialmente, por dotações orçamentárias", é fundação de direito público e seus bens são impenhoráveis.[28]

24. Idem, ibidem.

25. Francisco de Assis Alves, *Fundações, Organizações Sociais, Agências Executivas, Organizações da Sociedade Civil de Interesse Público e Outras Modalidades de Prestação de Serviços Públicos*, cit., p. 73.

26. Idem, p. 81.

27. José Eduardo Sabo Paes, *Fundações, Associações e Entidades de Interesse Social: Aspectos Jurídicos, Administrativos, Contábeis, Trabalhistas e Tributários*, cit., 6ª ed., p. 217.

28. Disponível em *https://ww2.stj.jus.br/revistaeletronica/ita.asp?registro=19990023489&dt_publicacao=12/12/2008* (acesso em 28.6.2010).

Podem ser mencionadas como exemplos dessa categoria a "Fundação Memorial da América Latina, do Estado de São Paulo (Lei estadual 6.472, de 28.6.1989, e Decreto 30.233, de 8.8.1989), e a Fundação Instituto das Terras do Estado de São Paulo (Lei estadual 10.207, de 8.1.1999)", conforme esclarece Odete Medauar.[29]

Maria Sylvia Zanella Di Pietro atribui também a essa modalidade de fundação, além das características apontadas para as de direito privado (imunidade tributária e equiparação dos servidores aos servidores públicos, dentre outras), "a impenhorabilidade dos seus bens e sujeição ao processo especial de execução estabelecido pelo art. 100 da Constituição".[30]

3.3.2.1 *Jurisprudência*

Passamos, agora, a analisar importantes precedentes jurisprudenciais relativos ao nosso tema.

3.3.2.1.1 Regime dos servidores

Em 2007 o STF julgou a ADI 191-4-RS, proposta pelo Governador do Estado para impugnar artigo da Constituição Estadual daquela Unidade da Federação que assim dispunha:

> "Art. 28. Aos servidores das fundações instituídas e mantidas pelo Estado são assegurados os mesmos direitos daqueles das fundações públicas, observado o respectivo regime jurídico".[31]

Caso prevalecesse, a lei gaúcha faria com que todos os servidores das fundações instituídas pelo Estado se beneficiassem das prerrogativas dos servidores públicos, tornando indistinta a natureza da fundação (se de direito público ou privado). A Ministra-Relatora apontou a ofensa ao princípio da isonomia causada pelo texto constitucional gaúcho, no que foi acompanhada pelos demais Ministros.

Nem toda fundação de direito público pode admitir, portanto, estabilidade de seus servidores, sob pena de se igualarem a Administração direta e a indireta, anulando a possibilidade de distinção entre elas. Os servidores dessa modalidade de fundação devem submeter-se

29. Odete Medauar, *Direito Administrativo Moderno*, cit., 9ª ed., p. 89.

30. Maria Sylvia Zanella Di Pietro, *Direito Administrativo*, cit., 23ª ed., p. 442.

31. Disponível em *http://redir.stf.jus.br/paginador/paginador.jsp?docTP=AC&docID=513617* (acesso em 11.7.2010).

ao regime da Consolidação das Leis do Trabalho, salvo na hipótese de realização de contratação por concurso público.

3.3.2.1.2 Regime tributário

No que se refere à imunidade tributária, podemos mencionar o acórdão na ACi 507.435, proferido no Processo 1999.03.99.063519-8, em 10.9.2003, pelo TRF-3ª Região.

No referido acórdão decidiu-se que a fundação de direito privado, quando instituída e mantida pelo Poder Público, está imune ao IPI, assim dispondo parte de sua ementa:

> "Tratando-se de produtos importados pela embargante para o fim de fazer operar suas emissoras educativas, é certo que a operação que ensejou a incidência do IPI encontra-se intrinsecamente ligada com suas finalidades essenciais".[32]

No mesmo sentido está o julgado que o precedeu, a ACi 664.710, proferido pela mesma Corte no Processo 2001.03.99.0055937-8.[33]

Admite-se, portanto, imunidade tributária às fundações públicas, ainda que de direito privado e em situações delimitadas, estendendo-se a elas o benefício dos arts. 9º, IV, "c", e 14, *caput* e incisos, do CTN.

3.3.2.1.3 Penhorabilidade de bens

No que se refere à penhorabilidade de bens, é imprescindível mencionar o acórdão prolatado na Apelação Cível 2001.02.01.000138-4 pelo TRF-2ª Região, em processo no qual eram partes o Instituto Nacional do Seguro Social/INSS e a Fundação Educacional de Volta Redonda. No correr dos debates mais uma vez reforçou-se a posição de que o Estado pode instituir fundações de direito público ou de direito privado. No entanto, sendo fundação de direito privado, embora o regime a que se submete não seja o essencialmente privado, este tipo de fundação está sujeito à penhorabilidade de seus bens (nesse aspecto equipara-se, portanto, às fundações de direito privado).[34]

32. Disponível em *http://www.trf3.jus.br/NXT/Gateway.dll?f=templates&fn=default.htm&vid=trf3e:trf3ve* (acesso em 11.7.2010).

33. Disponível em *http://www.trf3.jus.br/NXT/Gateway.dll?f=templates&fn=default.htm&vid=trf3e:trf3ve* (acesso em 11.7.2010).

34. Disponível em *http://www2.trf2.gov.br/NXT/gateway.dll?f=templates&fn=default.htm&vid=base_iteor:v_it* (acesso em 11.7.2010).

Em sentido contrário, porém, podemos mencionar o acórdão proferido pelo TRF-1ª Região no REO 2001.01.00.023998-2-DF, em que julgava a impossibilidade de penhora de bens da Fundação Habitacional do Exército.

A lei que instituiu a Fundação Habitacional do Exército (Lei 6.855, de 18.11.1980) prevê, em seu art. 1º, que a Fundação tem personalidade de direito privado. Com isso, deveria submeter-se essencialmente ao regime privado. No entanto, em seu art. 31 consta derrogação expressa das leis civis aplicáveis às fundações privadas, na medida em que dispõe:

> "O patrimônio, a renda e os serviços vinculados às finalidades essenciais da Fundação Habitacional do Exército – FHE, ou delas decorrentes, pela sua origem e natureza, gozam dos privilégios próprios da Fazenda Pública, quanto à imunidade tributária, prazos prescricionais, impenhorabilidade, foro, prazos e custas processuais".

A partir de mencionado dispositivo, entendeu a Corte pela impenhorabilidade de seus bens. Neste caso a controvérsia maior se trava em torno do teor da própria lei que instituiu formalmente Fundação pública de direito privado mas a equiparou à Fazenda Pública, tornando-a essencialmente pública.

3.3.3 Fundações de direito privado

As fundações de direito privado distanciam-se das fundações públicas na medida em que quando instituídas por particulares, no âmbito civil, são completamente regidas pelo regime do Código Civil/2002. Além disso, o próprio art. 5º, § 3º, do Decreto-lei 200/1967, com as alterações posteriores, dispõe que as fundações instituídas pelo Poder Público não são regidas pela legislação civil (o que causa perplexidade, uma vez que a própria definição de fundação pública, do mesmo art. 5º, a inclui no âmbito do direito privado).

Mesmo assim, há casos em que o Poder Público institui fundação mas essa vem a ter caráter essencialmente privado, aplicando-se-lhe o regime de direito privado. Como exemplo podemos mencionar a discussão acerca da imunidade tributária das fundações de direito privado. É o que se verifica no julgamento do REsp 1.010.430-DF, no qual era parte a Fundação Cesgranrio. Esta instituição foi considerada como fundação de direito privado, não obstante tenha nascido a partir de convênio por instituições universitárias e o Ministério da Educação e Cultura.[35] O STJ, ao julgar o recurso acima mencionado, decidiu

35. A informação sobre o convênio está no próprio *website* da instituição (disponível em *http://www.cesgranrio.org.br/institucional/historico.html*, acesso em 28.6.2010).

que a Fundação interessada era de direito privado, não fazendo jus, portanto, ao benefício do art. 150, VI, "c", da CF/1988 e do art. 14 do CTN, estando, assim, sujeita ao recolhimento do ISS.

3.4 Considerações finais

As fundações públicas são criação relativamente recente em relação ao instituto das fundações privadas, uma vez que a concepção destas últimas remonta ao período do Direito Romano.

A possibilidade de criação de fundações pelo Poder Público é motivo de muita perplexidade na doutrina e na jurisprudência, pois são muitos os aspectos de difícil separação entre o regime de direito público e o de direito privado nessa área.

As principais questões relacionadas às fundações, no que se refere à distinção do regime aplicável, ainda oferecem diversos desafios ao operador do Direito e nos levam a questionar a própria lógica da sistemática legislativa vigente.

A própria razão de ser das fundações privadas e públicas, no âmbito do Poder Público, é bastante dificultosa, não sendo nítidas as situações cabíveis para criação de uma ou outra.

Dentre as fundações já existentes, as incertezas da doutrina e da jurisprudência levam a uma inevitável aproximação das fundações públicas de direito privado às fundações públicas de direito público, em razão do reconhecimento, em certos casos, da imunidade tributária e impenhorabilidade de bens de ambas e das dúvidas em torno da equiparação entre os regimes de servidores.

Tais dificuldades, impostas muitas vezes pelo próprio Poder Legislativo (Federal ou Estadual), que não consegue distinguir entre uma ou outra modalidade, têm impedido melhor aproveitamento dos institutos desenvolvidos para permitir a descentralização da Administração Pública.

Referências Bibliográficas

ALVES, Francisco de Assis. *Fundações, Organizações Sociais, Agências Executivas. Organizações da Sociedade Civil de Interesse Público e Outras Modalidades de Prestação de Serviços Públicos*. São Paulo, LTr, 2000.

ARAGÃO, Alexandre Santos de. "As fundações públicas e o novo Código Civil". *RDA* 231/313-330. Rio de Janeiro, Renovar/FGV, janeiro-março/2003.

BANDEIRA DE MELLO, Celso Antônio. *Curso de Direito Administrativo*. 29ª ed. São Paulo, Malheiros Editores, 2012.

CRETELLA JR., José. *Fundações de Direito Público*. Rio de Janeiro, Forense, 1976.

DI PIETRO, Maria Sylvia Zanella. *Direito Administrativo*. 23ª ed. São Paulo, Atlas, 2009.

————. "Fundações públicas". *Revista de Informação Legislativa* 101. Ano 26. Janeiro-março/1989.

FERREIRA, Sérgio de Andréa. *As Fundações de Direito Privado Instituídas pelo Estado*. Rio de Janeiro, Ed. Rio, 1973.

MEDAUAR, Odete. *Direito Administrativo Moderno*. 9ª ed. São Paulo, Ed. RT, 2005.

PAES, José Eduardo Sabo. *Fundações, Associações e Entidades de Interesse Social: Aspectos Jurídicos, Administrativos, Contábeis, Trabalhistas e Tributários*. 6ª ed. Brasília, Brasília Jurídica, 2006.

————. "Fundações: origem e evolução histórica". *Revista de Informação Legislativa* 140. Ano 35. Outubro-dezembro/1998.

PANTALEÃO, Leonardo (coord.). *Fundações Educacionais*. São Paulo, Atlas, 2003.

***Websites* Consultados**

Fundação Cesgranrio: *http://www.cesgranrio.org.br/institucional/historico.html*

STJ: *https://ww2.stj.jus.br*

TRF-3ª Região: *http://www.trf3.jus.br*

Capítulo 4

Empresas Públicas

Daniela Gil Rios

4.1 Introdução

A Administração Pública tem como princípios básicos a legalidade, a impessoalidade, a moralidade, a publicidade e a eficiência, de modo que para que qualquer forma de atuação se dê de maneira lícita é imprescindível que o ato praticado esteja em estrito cumprimento a estes requisitos mínimos.

A atuação da Administração Pública pode se dar de forma direta através de seus órgãos públicos, ou ainda de forma indireta (por pessoas distintas de seu instituidor), por meio da descentralização administrativa, pelas entidades públicas: autarquias, fundações, sociedades de economia mista e empresas públicas.

Além destas, há também as fundações de apoio, que não pertencem nem à Administração direta nem à indireta, mas sim ao denominado Terceiro Setor.

Existe ainda a descentralização por colaboração, em que estão localizadas as contratações, as parcerias público-privadas/PPPs e os consórcios públicos.

Situados os entes que compõem a Administração Pública, seus pressupostos basilares, e entendendo que a finalidade precípua da Administração encontra-se na satisfação do interesse coletivo (público), passemos à verificação das empresas públicas.

4.2 Empresas estatais

Conforme verificado alhures, uma forma de o Estado atuar é por meio da descentralização administrativa; vale dizer que em alguns casos o Estado poderá atuar por meio de descentralização de modo bastante peculiar, posto que poderá ter sua atuação voltada para a realização de atividades vinculadas à prestação de serviço público (ou responsáveis por obras ou atividades púbicas) ou, ainda, para aquelas que tenham natureza econômica.

Fundamental dizer que a terminologia "empresa pública" jamais poderá ser confundida com "empresa estatal" ou "governamental", já que estas últimas são o gênero das quais fazem parte a empresa pública e a sociedade de economia mista.

Maria Sylvia Zanella Di Pietro define esse gênero da seguinte forma:

> "Com a expressão 'empresa estatal' ou 'governamental' designamos todas as sociedades, civis ou comerciais, de que o Estado tenha o controle acionário, abrangendo a empresa pública, a sociedade de economia mista e outras empresas que não tenham essa natureza e às quais a Constituição faz referência em vários dispositivos, como categoria à parte (arts. 71, II, 165, § 5º, III, 173, § 1º)".[1]

As empresas dentro desse gênero encontram similitude no fato de que ambas são manifestações de descentralização administrativa sujeitas ao controle estatal, têm personalidade jurídica de direito privado, sua criação e extinção são autorizadas por força de lei, sendo certo que esta vincula o ato instituidor em relação às suas finalidades, podendo desempenhar atividades de natureza econômica, com regime híbrido, em parte regido por normas de direito público e em parte por normas de direito privado, como a própria questão societária será regida pelo regime privado.

Essas duas espécies diferenciam-se pela forma de organização e pela composição de seu capital, já que a sociedade de economia mista necessariamente será uma sociedade comercial constituída na forma de S/A e a empresa pública poderá ser admitida sob qualquer

1. Maria Sylvia Zanella Di Pietro, *Direito Administrativo*, 15ª ed., São Paulo, Atlas, 2003, p. 381.

forma permitida em Direito – podendo, portanto, ser sociedade civil ou comercial.

No que tange À questão da composição do capital, a sociedade de economia mista constitui-se por capital público e privado, ao passo que a empresa pública é composta exclusivamente por capital público.

Em complemento a essas duas diferenças mais aparentes, há também uma relacionada às lides, vez que feitos relacionados às empresas públicas via de regra serão processados e julgados perante a Justiça Federal, e aqueles que dizem respeito às sociedades de economia mista serão apreciados pela Justiça Estadual.

4.3 Das empresas públicas

As empresas públicas estão previstas no Decreto-lei 200/1967, mais precisamente no seu art. 5º, II, a saber:

> "entidade dotada de personalidade jurídica de direito privado, com patrimônio próprio e capital exclusivo da União, criada por lei para a exploração de atividade econômica que o governo seja levado a exercer por força de contingência ou conveniência administrativa, podendo revestir-se de qualquer das formas admitidas em Direito".

Partilhando do entendimento de Marçal Justen Filho, a definição trazida pelo decreto-lei "é excessiva e pouco útil", de modo que ele assim a define:

> "Empresa pública é uma pessoa jurídica de direito privado, dotada de forma societária, cujo capital é de titularidade de pessoas de direito público e cujo objeto social é a exploração de atividade econômica ou a prestação de serviço público"[2] (ou seja, para ele, é uma sociedade mantida pelo Estado).

Uma crítica que chama atenção em relação à definição trazida pelo decreto-lei não repousa no fato de ela ser excessiva, mas, sim, no fato de que, de acordo com o art. 173 da CF, não prevalecem as justificativas para a criação de empresas públicas prestadoras de atividade econômica mencionadas no decreto-lei.

A definição trazida por Celso Antônio Bandeira de Mello parece bastante completa:

> "Deve-se entender que *empresa pública federal* é a pessoa jurídica criada por força de autorização legal como instrumento de ação do Estado, dotada de personalidade de direito privado, mas submetida a certas regras especiais decorrentes de ser coadjuvante da ação governamental, constituída sob quaisquer

2. Marçal Justen Filho, *Curso de Direito Administrativo*, 2ª ed., São Paulo, Saraiva, 2006, p. 125.

das formas em Direito e cujo *capital* seja formado *unicamente por recursos de pessoas de direito público interno ou de pessoas de suas Administrações indiretas, com predominância acionária residente na esfera federal*".[3]

Após essa definição o ilustre professor segue com críticas ao legislador, no sentido de que não serão empresas públicas somente aquelas que se constituem de capital "integralmente da União", nem somente aquelas formadas por capitais de origem governamental nas quais a integralidade ou a maioria acionária votante pertençam à União, já que bem alude à possibilidade de esta maioria estar em poder de uma autarquia outra empresa pública, sociedade de economia mista, Estado Federado ou Município.

A título de exemplo, têm-se: a Empresa Brasileira de Correios e Telégrafos/ECT, a Empresa Brasileira de Infraestrutura Aeroportuária/INFRAERO, a Caixa Econômica Federal/CEF, a Empresa Municipal de Urbanização/EMURB (em São Paulo).

Tanto a criação quanto a extinção da empresa pública decorrem de autorização legal, que poderá criá-la ou, ainda, transformar uma entidade governamental em empresa pública, estabelecendo sua finalidade, o tipo societário, formas de fiscalização, responsabilidades, mandatos e todas as características específicas necessárias que constarão do ato instituidor que regulará essa atuação. O detalhamento se faz essencial, posto que estamos falando em recursos públicos, de modo que desde seu nascedouro devem ser observados todos os princípios aplicáveis à Administração.

O quadro societário é composto tão somente por pessoas de direito público, inclusive sendo possível a unipessoalidade quando o capital estiver integralmente em um único ente, observando-se a modalidade de "convênio" quando existirem vários sócios compondo sua organização.

Importante, ainda, reforçar que o objeto social está vinculado por força de lei a duas possibilidade – quais sejam: a exploração de atividade econômica e a prestação de serviço público –, de modo que não há que se falar em empresa pública com poder de polícia administrativa ou com exercício de atividades regulatórias.

Em que pese à não aparente distinção entre as empresas prestadoras de serviço público e as que exploram atividade econômica, deve, sim, existir uma distinção na tratativa de ambas.

3. Celso Antônio Bandeira de Mello, *Curso de Direito Administrativo*, 29ª ed., São Paulo, Malheiros Editores, 2012, p. 191.

No momento que o Estado se presta ao desempenho de atividade econômica, deverá fazê-lo em caráter suplementar, ou seja, observando o caráter de exceção, quando necessário aos imperativos da segurança nacional ou a relevante interesse coletivo, e nesse caso deverão ser observadas as normas de direito privado, conforme preceituado pela CF no art. 173 seus §§ 1º e 2º.

Já quando se fala em serviço público desempenhado pela empresa pública há de se observar que esta trata-se de uma concessionária de serviço público. Com isso, deverá o regime se dar através da inteligência do art. 175 da CF. Por isso, no silêncio da lei, a solução será buscada a partir de princípios de direito administrativo.

> "Ante as características apontadas, a *empresa pública* situa-se na zona de transição entre os instrumentos de ação administrativa do Poder Público a as entidades privadas de fins industriais. Sujeita-se ao controle do Estado, na dupla linha administrativa e política, já que seu patrimônio, sua direção e seus fins são estatais. Vale-se somente dos *meios* da iniciativa privada para atingir seus *fins* de interesse público."[4]

4.4 Empresa com particularidades

Em que pese ao fato de algumas empresas públicas realizarem a exploração de atividade econômica, não é raro que ainda assim gozem de benefícios inerentes às prestadoras de serviços públicos – como, por exemplo, a imunidade tributária recíproca ou a impenhorabilidade de seus bens –, o que não parece razoável, até porque, se a empresa está realizando atividade econômica com vantagens, além de ultrapassar a finalidade de sua existência, teria tratamento privilegiado em relação às demais integrantes do mercado, encontrando-se em situação de vantagem do ponto de vista concorrencial.

Alexandre de Moraes[5] bem lembra que a Emenda Constitucional 19/1998 manteve a isonomia de tratamento entre empresas privadas e empresas públicas, sociedades de economia mista e suas subsidiárias quando explorarem atividade econômica de produção ou comercialização de bens ou prestação de serviços, sendo certo que a partir da promulgação de referida Emenda será uma lei ordinária que estabelecerá o estatuto jurídico das empresas vinculadas ao Poder Público, respeitados os preceitos constitucionais.

4. Hely Lopes Meirelles, *Direito Administrativo Brasileiro*, 38ª ed., São Paulo, Malheiros Editores, 2012, p. 391.

5. Alexandre de Moraes, *Constituição do Brasil Interpretada e Legislação Constitucional*, 6ª ed., atualizada até Emenda Constitucional 52/2006, São Paulo, Atlas, 2006.

Diógenes Gasparini[6] reforça que, apesar da sujeição das empresas públicas ao regime jurídico próprio das empresas privadas, tendo natureza jurídica de empresas privadas, mercantis, industriais ou de serviços, mesmo sendo estabelecidas condições idênticas às do setor público pelo parágrafo único do art. 27 do Decreto-lei 200/1967, por óbvio que nelas incidirão regras de direito administrativo, sob pena de se confundirem com empresas privadas propriamente ditas.

Deste modo, não é demais lembrar que, dentre essas normas de direito administrativo, são aplicáveis à empresa pública a obrigatoriedade de realização de concurso público de provas ou de provas e títulos para preenchimento de seus quadros, sendo certo que não existe a possibilidade de acumular cargos, excetuados nos casos previstos na Constituição, e não sendo aplicáveis normas sobre estabilidade, já que as regras constantes da Consolidação das Leis do Trabalho é que serão aptas a tratar das relações dos admitidos pela empresa pública.

De suma importância lembrar que deve haver sujeição a controle estatal interno (pelo Poder Executivo) e externo (Poder Legislativo, Tribunal de Contas), estando disposto em lei orçamentária anual seu orçamento fiscal, respeitada a prévia dotação orçamentária para atendimento de vantagens relacionadas a carreira e cargos.

Nos casos em que a empresa pública presta serviço público há equiparação do servidor a funcionário público nos termos do art. 327 do CP. Contudo, a Lei 12.016/2009, em seu art. 1º, § 2º, esclarece a impossibilidade de impetração de mandado de segurança contra atos de gestão comercial praticados pelos administradores de empresas públicas, sociedades de economia mista e concessionárias de serviço público.

Ainda há a proibição de que deputados e senadores (em alguns casos desde a posse; em outros desde a diplomação) aceitem ou exerçam cargos, funções ou empregos e firmem ou mantenham contratos com essas empresas ou, mesmo, de que patrocinem causas em que sejam interessadas, sob pena de perderem o mandato, por força do disposto no art. 55, I, da CF.

Outra particularidade em relação a iniciativa privada está na questão do crédito externo e interno, à medida que deverá observar os limites e condições fixados pelo Senado Federal, assim como é feito em relação a União, Estados, Distrito Federal e Municípios, suas autarquias e demais entidades controladas pelo Poder Público Federal.

6. Diógenes Gasparini, *Direito Administrativo*, 11ª ed., São Paulo, Saraiva, 2006.

Há ainda a necessidade de licitação para a contratação. Sobre o tema, levantado a partir da Emenda 19/1998, a conclusão de Celso Antônio Bandeira de Melo reflete entendimento brilhantemente explicitado:

> "Destarte, cumpre, em conclusão, entender que as empresas estatais prestadoras de serviço público também se assujeitam às normas gerais de licitação e contratos expedidas pela União e, pois, que continuam e continuarão a ser regidas pela Lei 8.666, de 21.6.1993, com suas alterações posteriores. Já as empresas estatais exploradoras de atividade econômica futuramente terão suas licitações e contratos regidos pela lei a que se refere o art. 22, XXVII, da CF, com a redação que lhe deu o 'Emendão', isto é, na conformidade do estatuto para elas previsto no art. 173 da Lei Magna. *Enquanto isso não ocorrer persistirão regidas pela Lei 8.666, com as ressalvas inicialmente feitas*".[7]

Vale dizer que as ressalvas mencionadas repousam no afastamento da exigência licitatória naqueles casos que a utilização inviabilizaria a atividade rotineira daquelas que exploram atividades econômicas.

4.5 Precedente

A partir das premissas doutrinárias, vejamos o assunto tratado nos tribunais:

> "*Ementa:* Constitucional – Tributário – Empresa Brasileira de Correios e Telégrafos – Imunidade Tributária Recíproca – CF, art. 150, VI, 'a' – Empresa pública que exerce atividade econômica e empresa pública prestadora de serviço público: distinção. I – As empresas públicas prestadoras de serviço público distinguem-se das que exercem atividade econômica. A Empresa Brasileira de Correios e Telégrafos é prestadora de serviço público de prestação obrigatória e exclusiva do Estado, motivo por que está abrangida pela imunidade tributária recíproca: CF, art. 150, VI, 'a'. II – Recurso extraordinário conhecido em parte, e nessa parte provido" (STF, RE 407.099-RS).

O recurso extraordinário foi interposto pela Empresa Brasileira de Correios e Telégrafos/ECT, fundado no art. 102, III, "a" e "b", com alegação de ofensa aos arts. 5º, XI, 21, X, 22, V, 150, I e IV, "a", 173 e 175, todos da CF, com base nos seguintes argumentos:

(a) O art. 173, § 2º, da CF é aplicado exclusivamente a empresas públicas que exploram atividade econômica em regime de concorrência com o setor privado, não sendo o caso da ECT, que se caracterizaria por ser empresa pública federal prestadora de serviço público reservado à União.

7. Celso Antônio Bandeira de Mello, *Curso de Direito Administrativo*, cit., 29ª ed., p. 221.

(b) Não houve revogação do art. 12 do Decreto-lei 509/1969, pois, no entendimento do STF, o dispositivo foi recepcionado pela Constituição Federal de 1988.

(c) Os bens da ECT são públicos; e, portanto, são impenhoráveis e imprescritíveis.

(d) A ressalva à imunidade da União, suas autarquias e fundações, constante do art. 150, IV, "a", e § 3º, da CF, quanto ao imposto sobre o patrimônio quando houver contraprestação ou pagamento de preços ou tarifas pelo usuário aplica-se exclusivamente à prestação de serviço púbico por particulares (art. 175 da CF, segunda parte).

(e) A ECT goza da imunidade prevista no art. 150, IV, "a", da CF.

Verifiquemos o voto do Relator, Min. Carlos Velloso.

Afastada a invocação do art. 102, III, "b", posto que não houve declaração de inconstitucionalidade da lei, o Tribunal decidiu que o art. 12 do Decreto-lei 509/1969 não foi recebido pela Constituição Federal no ponto.

Afastada também a alegação de ofensa aos arts. 5º, XI, 21, X, 22, V, e 150, I, da CF, posto que não foram prequestionados (incidência das Súmulas 282 e 356 do STF).

Sobre a imunidade tributária do art. 150, VI, "a", da CF, o Relator diferencia a empresa pública que exerce atividade empresarial e a empresa pública prestadora de serviço, sustentando que a empresa pública que presta serviço público tem natureza jurídica de autarquia; já as que exploram atividade econômica devem se sujeitar ao regime jurídico próprio das empresas privadas, inclusive quanto às obrigações trabalhistas e tributárias.

Segundo ele, as reformas constitucionais que sobrevieram não alteraram o entendimento, sendo que a atuação estatal na economia se dará de forma necessária quando for questão de segurança nacional ou interesse coletivo, ambos definidos por lei, através dos seguintes instrumentos: a empresa pública, a sociedade de economia mista e outras entidades estatais ou paraestatais (subsidiárias).

Menciona, ainda, que a atuação estatal na economia se dará com monopólio basicamente nas áreas de petróleo, gás natural e minério ou minerais nucleares e que a intervenção do Estado no domínio econômico dar-se-á quando o Estado figura como agente normativo e regulador da atividade econômica, fiscalizando, incentivando e planejando através das agências econômicas.

A partir dessa distinção entre empresa pública como instrumento de participação do Estado na economia e empresa pública prestadora de serviço público, afirma que não tem dúvida de que a ECT está abrangida pela imunidade recíproca, ressaltando, ainda, que ela presta serviço público de prestação obrigatória e exclusiva do Estado, que é o serviço postal.[8]

Em relação à exceção da imunidade prevista no art. 150, VI, "a", e § 3º, da CF, dir-se-ia que à ECT não se aplicaria a imunidade mencionada, por isso ela cobra preço ou tarifa do usuário. Porém o Relator reforça que o entendimento não deve ser este, posto que o § 3º do art. 150 tem como destinatário entidade estatal que explore atividade econômica regida pelas normas aplicáveis a empreendimentos privados ou em que haja contraprestação ou pagamento de preços ou tarifas pelo usuário – no caso, havendo a aplicação da hipótese descrita no § 2º do mesmo art. 150.

Citando Roque Carrazza, aduz ainda que tanto empresas públicas quanto sociedades de economia mista, se delegatárias de serviços públicos ou de atos de polícia, são imunes aos impostos, da mesma forma que o são as pessoas políticas, no que se aplica a imunidade política, aduz ainda Ives Gandra da Silva Martins e seu entendimento no sentido de que, pelo fato de a natureza jurídica dos serviços postais ser de serviços públicos próprios da União em regime de exclusividade, o patrimônio da empresa confunde-se com o patrimônio da União.

Com isso, conclui que a questão não gira em torno da recepção, ou não, do art. 12 do Decreto-lei 509/1969 pela Constituição Federal de 1988, mas, sim, da afirmação de que a ECT está abrangida pela imunidade tributária do art. 150, VI, "a", da CF.

Com base no voto do Relator, a Turma, por votação unânime, conheceu do recurso extraordinário em parte, e na parte em que conheceu deu-lhe provimento.

8. Importante ressaltar que a ECT tem atividades além do monopólio, de modo que ela mesma o reconhece não exercer somente as atividades vinculadas em caráter de exclusividade e já reconhece *concorrentes* no Código de Ética dos Empregados da ECT: "*Capítulo IX – Das Relações com os Concorrentes* – Art. 21. A concorrência deve ser pautada na lealdade e no respeito às regras e critérios de mercado. Art. 22. Os profissionais dos Correios devem respeitar a imagem dos concorrentes obtendo e fornecendo informações lícitas e mantendo o sigilo necessário. Art. 23. Os profissionais dos Correios devem tratar os concorrentes com o mesmo respeito com que a Empresa espera ser tratada" (disponível em *http://www.correios.com.br/institucional/pdf/codigo_de_etica.pdf*, acesso em 3.3.2010).

4.6 Conclusão

Uma questão que facilmente podemos observar é que os tribunais, ao tratarem de empresas públicas, centralizam as discussões muito mais na finalidade de sua atuação, distinguindo a empresa pública que presta serviço público daquela que se presta a realizar atividades econômicas.

A existência de monopólio de atividade frequentemente torna-se o cerne das discussões para determinar esse aspecto, posto que muitas vezes o instrumento de sua criação, por si só, não explica o objetivo daquela empresa, que por vezes tem em suas atividades o desvirtuar de sua criação – o que é absurdo, já que existe a vinculação aos fins determinados pela lei que a autorizou.

> "Não pode o Executivo, por meio de ato próprio, baixar normas dirigidas a essas entidades, conflitando com os objetivos ou com outros elementos definidos na lei instituidora; isso ocorre na prática, sem que haja impugnação pela entidade, normalmente dirigida por pessoa da confiança do Chefe do Executivo; caberia ao acionista minoritário essa impugnação, inclusive perante o Poder Judiciário."[9]

Muitas vezes são equiparadas algumas espécies de empresas públicas com autarquias, o que por alguns doutrinadores não deveria acontecer, posto que entendem que a empresa pública não tem qualquer resquício de poder público:

> "É de se lembrar, ainda, que as empresas públicas não possuem, por natureza, qualquer privilégio administrativo, tributário ou processual, só auferindo aqueles que a lei autorizadora ou norma especial expressamente lhes conceder".[10]

Referências Bibliográficas

BANDEIRA DE MELO, Celso Antônio. *Curso de Direito Administrativo*. 29ª ed. São Paulo, Malheiros Editores, 2012.

DI PIETRO, Maria Sylvia Zanella. *Direito Administrativo*. 15ª ed. São Paulo, Atlas, 2003.

GASPARINI, Diógenes. *Direito Administrativo*. 11ª ed. São Paulo, Saraiva, 2006.

9. Maria Sylvia Zanella Di Pietro, *Direito Administrativo*, cit., 15ª ed., p. 387.
10. Hely Lopes Meirelles, *Direito Administrativo Brasileiro*, cit., 38ª ed., p. 393.

JUSTEN FILHO, Marçal. *Curso de Direito Administrativo*. 2ª ed. São Paulo, Saraiva, 2006.

MEIRELLES, Hely Lopes. *Direito Administrativo Brasileiro*. 38ª ed. São Paulo, Malheiros Editores, 2012.

MORAES, Alexandre de. *Constituição do Brasil Interpretada e Legislação Constitucional*. 6ª ed., atualizada até Emenda Constitucional 52/2006. São Paulo, Atlas, 2006.

Capítulo 5

Sociedades de Economia Mista[1]

SANDRA CORDEIRO MOLINA

5.1 Introdução

Com o intuito compreender o funcionamento da Administração Pública indireta atualmente, considerando-se as diversas transformações ocorridas na economia mundial e sua consequente e direta interferência do Estado, abordaremos aqui um tema de relevante

1. A Emenda Constitucional 9, de 9.11.1995, deu nova redação ao art. 177 da CF, permitindo à União contratar empresas estatais ou privadas para pesquisar, refinar e transportar petróleo bruto. Já a Emenda Constitucional 19, de 4.6.1998, deu nova redação ao art. 174 da CF, determinando a necessidade de edição de lei dispondo sobre licitação, contratação de obras e serviços.

importância: as sociedades de economia mista e seu processo licitatório, em face das alterações trazidas pelas Emendas Constitucionais 9/1995 e 19/1998.

Primeiramente traremos o conceito histórico de "Administração Pública indireta" e de "sociedade de economia mista". Logo após descreveremos como se dá o *modus operandi* dessas sociedades, enfatizando o processo licitatório cabível nos termos legais e como as exceções previstas para a empresa Petróleo Brasileiro S/A têm impactado o Poder Judiciário.

No tópico seguinte analisaremos como tramitam as demandas envolvendo essa empresa petrolífera e como se tem posicionado a Suprema Corte brasileira. E, por fim, traremos nossas considerações finais.

O que pretendemos aqui é uma abordagem contemporânea da Administração Pública indireta em face do sistema econômico e político cada vez mais forte, e como isso acaba por interferir negativamente nas sociedades de economia mista – de franca natureza pública –, minimizando a importância ou, mesmo, desvirtuando princípios constitucionais que norteiam a atividade administrativa.

5.2 Administração Pública indireta e sociedade de economia mista: conceito e evolução histórica

5.2.1 A Administração Pública indireta

As sociedades de economia mista são definidas – do mesmo modo que as autarquias, empresas públicas e fundações – como parte integrante da Administração Pública indireta.[2]

É importante frisar que o Estado tanto pode realizar as atividades administrativas por si mesmo como pode fazê-lo por via de outros sujeitos – quando isso acontece tem-se a *descentralização*.[3] Isto ocorre devido ao vasto conjunto de competências administrativas pertencentes ao Estado, permitindo a ele criar por meio de lei outras pessoas

2. Nos termos do Decreto-lei 200, de 25.2.1967.

3. *Descentralização* não é sinônimo de *desconcentração*. Como bem elucida Tanaka, enquanto na descentralização o Estado transfere *atribuições a terceiros*, a desconcentração é tão somente a *repartição interna de competências* – ou seja, na própria pessoa jurídica. Nesse sentido, v. Sônia Y. K. Tanaka, "Administração indireta no Brasil", in Sônia Y. K. Tanaka (coord.), *Direito Administrativo*, São Paulo, Malheiros Editores, 2008, p. 146.

jurídicas para o fim de desempenhar dado serviço público, vinculando tais pessoas jurídicas a um órgão da Administração Pública direta.

Como destaca Bandeira de Mello,[4]

> "ora o Estado *transfere o* ***exercício*** *de atividades que lhe são pertinentes para particulares*, ora *cria pessoas auxiliares suas*, para desempenhar os cometimentos dessarte descentralizados".

Ainda sobre a descentralização, Di Pietro destaca que,

> "à época do Estado Liberal, em que a sua atividade se restringia quase exclusivamente à defesa externa e segurança interna, não havia grande necessidade de descentralização das atividades administrativas, mesmo porque as funções de polícia são, em geral, indelegáveis, pelo fato de implicarem autoridade, coerção sobre o indivíduo em benefício do bem-estar geral".[5]

Os tempos são outros, encontramo-nos diante não mais de um Estado Liberal, mas Neoliberal, que vem se retirando paulatinamente de certas atividades econômicas, passando apenas a regulá-las.

Além das hipóteses de descentralização previstas no Decreto-lei 200, de 25.2.1967 (com alterações posteriores), que permite a criação das autarquias, fundações, empresas públicas e sociedades de economia mista, o Estado pode contar, ainda, para a execução de suas tarefas, com a colaboração de particulares mediante concessões, autorizações ou permissões, conforme o que pactuado entre eles.[6]

Ainda sobre a clássica Administração Pública indireta – importante destacar –, as pessoas criadas por lei para o desempenho de serviço público específico são distintas das pessoas que compõem o próprio Estado (União, Estados, Distrito Federal e Municípios), e referidas pessoas são apontadas no art. 4º, II, "a" a "d", do Decreto-lei 200/1967, como segue: (a) autarquias (reguladas pelo art. 5º, I, do Decreto-lei 200/1967); (b) empresas públicas (reguladas pelo art. 5º, II, do Decreto-lei 200/1967); (c) sociedades de economia mista (reguladas pelo art. 5º, III, do Decreto-lei 200/1967); e (d) fundações públicas (reguladas pelo art. art. 5º, IV, do Decreto-lei 200/1967).

Passaremos, agora, a focar nosso objeto de estudo: as sociedades de economia mista.

4. Celso Antônio Bandeira de Mello, *Curso de Direito Administrativo*, 29ª ed., São Paulo, Malheiros Editores, 2012, p. 153.

5. Maria Sylvia Zanella Di Pietro, *Direito Administrativo*, São Paulo, Atlas, 2008, p. 394.

6. Como bem aponta Celso Antônio Bandeira de Mello (*Curso de Direito Administrativo*, cit., 29ª ed., p. 226), como fruto da Reforma Administrativa verificada no Brasil, foram introduzidas na Administração Pública indireta novas figuras jurídicas, a saber: autarquias sob regime especial, agências reguladoras, agências executivas, contratos

5.2.2 Sociedades de economia mista

A sociedade de economia mista, nos termos do 5º, III, do Decreto-lei 200/1967, com redação dada pelo Decreto-lei 900, de 29.9.1969, é conceituada como

> "a entidade dotada de personalidade jurídica de direito privado, criada por lei para a exploração de atividade econômica, sob a forma de sociedade anônima, *cujas ações com direito a voto pertençam, em sua maioria, à União ou a entidade da Administração indireta*" (grifamos).

A sociedade de economia mista é uma das espécies de empresa estatal. Sua criação depende, portanto, de lei autorizadora (além do Decreto-lei 200/1967, também os arts. 37, XIX, e 173 da CF) e do arquivamento de seus atos de constituição no Registro do Comércio (Junta Comercial). A sociedade de economia mista *sempre será uma sociedade anônima*. Sua extinção só poderá ocorrer se previamente autorizada por lei.

As pessoas jurídicas que compõem a Administração indireta podem existir em nível federal, estadual, municipal e distrital e submetem-se, no nível federal, a controle parlamentar (art. 49, X, da CF) e fiscalização pelos Tribunais de Contas (arts. 70 e 71 da CF).

Destaque-se que o controle administrativo sobre as entidades da Administração indireta não é um controle hierárquico, dada a vinculação, e não há subordinação ao Ministério afim. Trata-se de uma fiscalização (da observância da legalidade e do cumprimento das finalidades) conhecida como *tutela*. Neste sentido, a supervisão ministerial, prevista no Decreto-lei 200/1967 e reafirmada na Lei 9.649/1998 (diploma legal que trata da organização da Presidência da República e dos Ministérios),[7] é o principal dos instrumentos de controle administrativo.

No que diz respeito à sua natureza jurídica, tem-se que as sociedades de economia mista são pessoas jurídicas de direito privado, têm natureza de empresa privada mercantil, industrial ou de serviços, mas elas se submetem a certas regras jurídicas de caráter administrativo e seu capital é composto de recursos públicos (deve ser a maior parte

de gestão, organizações sociais, organizações da sociedade civil de interesse público. Sobre essas novas figuras, v. também Sônia Y. K. Tanaka, "Administração indireta no Brasil", cit., in Sônia Y. K. Tanaka (coord.), *Direito Administrativo*, pp. 145-177, e Maria Sylvia Zanella Di Pietro, *Parcerias na Administração Pública: Concessão, Permissão, Franquia, Terceirização, Parceria Público-Privada e Outras Formas*, 7ª ed., São Paulo, Atlas, 2009.

7. Complementada pelas Leis 10.415, de 21.3.2002, 10.539, de 23.9.2002 e 10.683, de 28.5.2003.

do capital votante) e privados, sendo irrelevante, neste quesito, se exploradoras de atividade econômica ou se prestadoras de serviços públicos.

Importante lembrar que, no que diz respeito às atividades das sociedades de economia mista, a União, os Estados-membros, o Distrito Federal e os Municípios não respondem por danos decorrentes de sua atuação, nem pelas obrigações por elas assumidas; tais empresas têm suas demandas judiciais apreciáveis pela Justiça Comum (Estadual) nas mesmas hipóteses em que lhe compete conhecer das lides concernentes a quaisquer outros sujeitos. Como exemplos destas entidades: na esfera federal, Banco do Brasil S/A e Petrobrás; no campo estadual de São Paulo, a SABESP e a PRODESP.

Vejamos, agora, as espécies de sociedades de economia mista desenhadas pela doutrina.

5.2.2.1 *Espécies de sociedades de economia mista*

Segundo Bandeira de Mello,[8] duas são as espécies de sociedades de economia mista: (a) exploradoras de atividade econômica e (b) prestadoras de serviços públicos.

Para este autor, no primeiro caso o regime jurídico de tais pessoas assemelha-se ao regime aplicado às pessoas de direito privado; no segundo, se concebidas para desenvolver atividades públicas estarão subordinadas aos princípios e regras de direito público.

Seguindo a doutrina deste ilustre jurista, as sociedades de economia mista cujo objeto seja a exploração de atividade econômica deveriam ter regras mais flexíveis, já que, devido ao seu objeto societário, acabam por competir no mercado com empresas privadas, sendo desfavorecidas. Isso porque, para ele, a legislação aplicável às empresas privadas acaba sendo mais célere e mais simplificada.

5.2.2.2 *Sociedade de economia mista e empresa pública: similitudes e diferenças*

Embora não seja objeto deste trabalho, outra espécie de empresa estatal é a empresa pública, regulada pelo art. 5º, II, do Decreto-lei 200/1967, com redação dada pelo Decreto-lei 900, de 29.9.1969, e conceituada nestes termos:

8. Celso Antônio Bandeira de Mello, *Curso de Direito Administrativo*, cit., 29ª ed., p. 203.

> "a entidade dotada de personalidade jurídica de direito privado, com patrimônio próprio e *capital exclusivo da União*, criada por lei para a exploração de atividade econômica que o governo seja levado a exercer por força de contingência ou de conveniência administrativa, podendo revestir-se de qualquer das formas admitidas em Direito" (grifamos).

Justifica-se trazer à baila o conceito de *empresa pública* para que não pairem dúvidas quanto ao conceito de *sociedade de economia mista*. Em breve síntese, eis as principais similitudes e divergências existentes entre elas:

Trazidos os conceitos de "Administração Pública indireta" e também de "sociedade de economia mista", passemos, agora, a relatar como ocorre o funcionamento desta última.

As similitudes e as diferenças entre as
Empresas Públicas e as Sociedades de Economia Mista

Similitudes

(a) Ambas são criadas e extintas por lei
(b) Ambas têm personalidade jurídica de direito privado
(c) Sujeitam-se ao controle estatal
(d) Submetem-se à derrogação parcial do regime jurídico de direito privado por normas de direito público

Diferenças

(1) *Forma de organização e composição do capital*
A *sociedade de economia mista* adota a forma de sociedade anônima, com a presença de capital público (maioria votante) e particular. Já a *empresa pública* pode assumir qualquer forma de direito, com capital *totalmente* público.

(2) *Foro processual*
A *sociedade de economia mista* tem como foro para dirimir seus litígios a Justiça Comum. E a *empresa pública* vale-se da Justiça Especializada (Federal), nos termos do art. 109, I, da CF, quando se socorre do Poder Judiciário.

5.3 "Modus operandi" das sociedades de economia mista: regime jurídico

5.3.1 Objeto e criação

Como bem aponta Di Pietro, para o Estado o grande atrativo para a criação da sociedade de economia mista foi, de um lado, a possibilidade de ver uma empresa voltada para a execução de serviço público (tanto de natureza comercial como industrial) "acumular grande volume de recursos financeiros que o Estado, sozinho, não conseguiria levantar, e, de outro, a possibilidade de atuar sob o mesmo regime das empresas privadas".[9]

Levamos em consideração que as sociedades de economia mista organizam-se, necessariamente, sob a forma de sociedades anônimas e necessitam de prévia autorização legislativa para sua constituição, como querem o art. 236, *caput*, da Lei 6.404/1976[10] e também o art. 37, XIX, da CF.

O objeto da sociedade de economia mista será somente a exploração de empreendimentos ou atividades previstos na lei que autorizou sua existência. É o que determina o art. 237 da Lei 6.404/1976, *verbis*:

> "Art. 237. A companhia de economia mista somente poderá explorar os empreendimentos ou exercer as atividades previstas na lei que autorizou a sua constituição.
>
> "§ 1º. A companhia de economia mista somente poderá participar de outras sociedades quando autorizada por lei no exercício de opção legal para aplicar imposto sobre a renda ou investimentos para o desenvolvimento regional ou setorial.
>
> "§ 2º. As instituições financeiras de economia mista poderão participar de outras sociedades, observadas as normas estabelecidas pelo Banco Central do Brasil."

Por se tratar de pessoa jurídica de direito privado, a sociedade de economia mista nasce efetivamente a partir do arquivamento de seu ato constitutivo (estatuto social) na Junta Comercial, nos termos do Código Civil.[11]

Sua extinção deve ocorrer em virtude de lei; entretanto, tais sociedades estão sujeitas ao procedimento falimentar, como quer a Lei 10.303, de 31.10.2001, que reformou a Lei das Sociedades por

9. Maria Sylvia Zanella Di Pietro, *Parcerias na Administração Pública: Concessão, Permissão, Franquia, Terceirização, Parceria Público-Privada e Outras Formas*, cit., 7ª ed., p. 52.

10. Cumpre ressaltar que, nos termos do parágrafo único do art. 236, a sociedade de economia mista pode ter também como nascedouro a desapropriação do controle de uma companhia preexistente. Se não, veja-se: "Parágrafo único. Sempre que pessoa jurídica de direito público adquirir, por desapropriação, o controle de companhia em funcionamento, os acionistas terão direito de pedir, dentro de 60 (sessenta) dias da publicação da primeira ata da assembleia-geral, realizada após a aquisição do controle, o reembolso das suas ações, salvo se a companhia já se achava sob o controle, direto ou indireto, de outra pessoa jurídica de direito público, ou no caso de concessionária de serviço público".

11. Nesse sentido, v. art. 985 do CC/2002.

Ações, passando a permitir, ao revogar o art. 242 da anterior lei, a falência das sociedades de economia mista.

Neste sentido, dispõe Féres que

> "a Lei 10.303/2001, ao revogar expressamente tal dispositivo, militou assim em prol da plena atribuição dos caracteres das empresas privadas à sociedade de economia mista que exerce atividade econômica".[12]

5.3.2 Bens das sociedades de economia mista

No que diz respeito aos bens das sociedades de economia mista, como bem pontua Féres,[13] diferentemente do Código Civil de 1916, o Código de 2002, tendo ciência das empresas estatais, passou a tratar da natureza jurídica de seus bens, nos termos do art. 98:

> "Art. 98. São públicos os bens do domínio nacional pertencentes às pessoas jurídicas de direito público interno; todos os outros são particulares, seja qual for a pessoa a que pertencerem".

Da leitura do dispositivo acima tem-se que não constam como sendo do domínio público os bens das sociedades de economia mista (também das empresas públicas), estas consideradas pessoas jurídicas de direito privado – tal constatação claramente evidencia a equiparação das sociedades de economia mista que exercem atividade econômica às empresas privadas.

Gasparini[14] elucida, ainda, que os bens das sociedades de economia mista podem ser utilizados, onerados e alienados nos termos de seus atos constitutivos, sem necessidade de autorização prévia para tal; assim, tais bens podem ser penhorados.

Os bens das sociedades de economia mista não são de domínio nacional, podendo sofrer medidas patrimoniais restritivas (penhora).

5.3.3 Regime de pessoal

Quanto à contratação de empregados pelas sociedades de economia mista, é regulamentada pelo art. 37, II, da CF que prevê a realização de concurso público para a investidura em cargo ou em-

12. Marcelo Andrade Féres, *O Estado Empresário: Reflexões sobre a Eficiência do Regime Jurídico das Sociedades de Economia Mista na Atualidade*, disponível em *www.sisnet.aduaneiras.com.br* (acesso em 2.6.2010, p. 18).

13. Idem, p. 20.

14. Diógenes Gasparini, *Direito Administrativo*, São Paulo, Saraiva, 2009, p. 455.

prego público bem como a vedação àquele que labora em sociedade de economia mista da acumulação de cargos públicos, como dispõe o art. 37, VII, da Carta Magna.

As relações entre as sociedades de economia mista e seus servidores são regidas pela legislação da iniciativa privada, a Consolidação das Leis do Trabalho/CLT, mesmo com a necessidade de realização de concursos públicos.

5.3.4 Contratações: processo licitatório

Adentraremos agora em seara tortuosa, ao abordar como ocorrem as licitações nas sociedades de economia mista.

A licitação é procedimento obrigatório a ser realizado pela Administração Pública. E, segundo Meirelles,

> "*licitação* é o procedimento administrativo mediante o qual a Administração Pública seleciona a proposta mais vantajosa para o contrato de seu interesse".[15]

Gasparini, ainda mais enfático, conceitua a licitação como sendo

> "o procedimento administrativo através do qual a pessoa a isso juridicamente obrigada seleciona, em razão de critérios objetivos previamente estabelecidos, de interessados que tenham atendido à sua convocação, a proposta mais vantajosa para o contrato ou o ato de seu interesse".[16]

Aplicando-se o conceito de um doutrinador como de outro, o certo é que para a Lei Maior as sociedades de economia mista devem submeter-se ao processo licitatório, como determina o art. 37, XXI:

> "Art. 37. (...) XXI – ressalvados os casos especificados na legislação, as obras, serviços, compras e alienações serão contratados mediante processo de licitação pública que assegure igualdade de condições a todos os concorrentes, com cláusulas que estabeleçam obrigações de pagamento, mantidas as condições efetivas da proposta, nos termos da lei, o qual somente permitirá as exigências de qualificação técnica e econômica indispensáveis à garantia do cumprimento das obrigações; (...)".

Dúvida não resta da submissão das sociedades de economia mista à Lei 8.666, de 21.6.1993, que dispõe sobre o processo licitatório, um sistema utilizado pela Administração Pública – tanto a Administração Pública direta como a indireta – para compra de bens e para obtenção de serviços prestados por terceiros. Cumpre-nos lembrar que, embora a regra seja a necessidade de licitação para qualquer contratação, há dois

15. Hely Lopes Meirelles, *Direito Administrativo Brasileiro*, 38ª ed., São Paulo, Malheiros Editores, 2012, p. 281.

16. Diógenes Gasparini, *Direito Administrativo*, cit., p. 479.

casos em que os contratos são celebrados sem a realização do processo licitatório: são os casos de dispensa ou inexigibilidade do processo, previstos nos arts. 17 e 24 da Lei 8.666/1993, respectivamente.

Outros autores defendem ser irrazoável exigir de uma sociedade de economia mista exploradora de atividade econômica, atuante no mercado, o formalismo que acompanha o processo licitatório estatal. Dentre eles citaremos Celso Antônio Bandeira de Mello:

> "Sem dúvida, a adoção do mesmo procedimento licitatório do Poder Público seria inconvivente com a normalidade de suas atuações na esfera econômica, isto é, *não seria exequível em relação aos seus rotineiros procedimentos para operar o cumprimento das atividades negociais em vista das quais foram criadas*. As delongas que lhe são próprias inibiram seu desempenho expedito e muitas vezes obstariam à obtenção do negócio mais vantajoso".[17]

Para o autor acima devemos destacar, ainda, que referida legislação, por sua excessiva burocracia, acaba criando impasses e entraves burocráticos à licitação, causando prejuízos. Sobre tais impasses lembra Di Pietro[18] que no início do século XX começou a ser evidenciado o conflito de interesses entre o Estado e o particular, onde o primeiro tem como premissa maior o interesse público e, assim, passa a fixar preços mais acessíveis para a população, enquanto o particular, cujo objetivo maior é o lucro, pleiteia preços mais elevados e procedimentos mais dinâmicos.

No quesito *exploração de atividade econômica* é de fundamental importância trazer à baila a publicação da Emenda Constitucional 9/1995, que acabou com o monopólio estatal na exploração de certas atividades, dentre elas o petróleo. A consequência disso foi equiparar a atividade realizada pela Petrobrás à atividade de uma empresa privada, determinando para ela a realização de procedimento licitatório mais simplificado,[19] que acabou sendo motivo de inúmeras demandas no Judiciário.

Abordaremos no próximo tópico o conflitante processo licitatório comum *versus* o processo licitatório simplificado, e como ele vem sendo tratado pelo Judiciário.

17. Celso Antônio Bandeira de Mello, *Curso de Direito Administrativo*, cit, 29ª ed., p. 213.

18. Maria Sylvia Zanella Di Pietro, *Parcerias na Administração Pública: Concessão, Permissão, Franquia, Terceirização, Parceria Público-Privada e Outras Formas*, cit., 7ª ed., p. 52.

19. Com efeito, o art. 67 da Lei 9.478, de 6.8.1997, estabelece a obrigatoriedade de procedimento licitatório simplificado nos contratos de aquisição de obras e serviços. Já o Decreto 2.745, de 24.8.1988, aprova o Regulamento do Procedimento Licitatório Simplificado da Petrobrás.

5.4 As sociedades de economia mista e o Poder Judiciário. Algumas considerações

Nas últimas décadas o mundo experimentou as mais diversas alterações em sua ordem. Com efeito, líderes subiram e caíram, Países passaram por regimes militares, as economias sofreram consideráveis transformações, as facilidades de comunicação fizeram surgir o fenômeno da globalização.

Com todo esse quadro em movimento, tem-se que também as instituições sofreram alterações profundas, e procuram redimensionar seus espaços. No Brasil devemos destacar que as últimas décadas foram decisivas para o regime político, econômico, social e judiciário e também para o direito administrativo, que vem sendo reformulado tanto em termos normativos como também no campo doutrinário. E nesse ponto há que se destacar a descentralização sem tamanho perpetrada pela Administração Pública, esta iniciada na década de 1990, no contexto do Neoliberalismo, que, sob o signo da modernização, operou inúmeras alterações no direito administrativo, principalmente no que diz respeito à descentralização.

Traremos agora alguns julgados que bem ilustram o que acabamos de dizer.

5.4.1 Métodos, técnicas e primeiros resultados

Esclarecemos desde já que nosso objetivo é tecer algumas considerações sobre a forma como ocorrem as demandas envolvendo o processo licitatório das sociedades de economia mista. Assim, iniciamos o levantamento de dados junto ao STF, lembrando que nosso recorte temporal foi a edição da Lei 9.478, de 6.8.1997, e do Decreto 2.745, de 24.8.1998, que aprovou o Regulamento do Procedimento Licitatório Simplificado da Petrobrás.

Fizemos levantamento das ações ajuizadas, questionando-se a recusa, pelo TCU, em reconhecer legítima a aplicação do processo licitatório simplificado. Verificamos a existência de um grande número de ações propostas pela Petrobrás pleiteando o reconhecimento da regularidade quanto ao processo licitatório simplificado.

Analisamos as decisões bem como os argumentos apresentados pelas partes, para ser possível compreender como ocorriam as disputas ali anunciadas.

Como resultado dessa análise, passaremos a abordar o caso da Petrobrás, como descrito no item abaixo.

5.4.2 Entendendo o caso da Petrobrás

Antes de adentrar o caso da Petrobrás, vale a pena conhecer um pouco de sua história, esta obtida em sua página eletrônica.[20]

A Petrobrás – Petróleo Brasileiro S/A – é sociedade anônima de capital aberto cujo acionista majoritário é o Governo do Brasil e atua como empresa de energia nos seguintes setores: exploração e produção, refino, comercialização e transporte de óleo e gás natural, petroquímica, distribuição de derivados, energia elétrica, biocombustíveis e outras fontes renováveis de energia.

Sua criação foi autorizada pela Lei 2.004/1953, com o objetivo de executar as atividades do setor petrolífero no Brasil. Assim, as atividades de exploração e produção de petróleo foram monopólio da Petrobrás desde sua criação até o ano de 1997. Isto porque em agosto desse ano o então Presidente, Fernando Henrique Cardoso, sancionou a Lei 9.478, que acabou por abrir as atividades relacionadas à exploração de petróleo à iniciativa privada.

Diante dessa nova realidade, a Petrobrás passou a atuar num cenário mundial bastante competitivo, sendo levada a efetuar novas parcerias com empresas privadas, nacionais ou estrangeiras. E desde então essa empresa vem se destacando cada vez mais, sendo considerada uma das empresas de petróleo mais importantes do mundo.

Esta nova sistemática trazida pela Lei 9.478/1997, juntamente com a as alterações impostas pela Emenda Constitucional 19/1998, que em seu bojo tratou da Reforma Administrativa do Estado, acabou trazendo significativas alterações no *modus operandi* de empresas exploradoras de atividades econômicas ligadas à extração de petróleo, como é o caso da Petrobrás.

Como resultado dessas alterações, tem-se que a Petrobrás vem ajuizando inúmeras ações com vistas a afastar de suas contratações as exigências impostas pelo procedimento licitatório previsto na Lei 8.666/1993 e, de outro modo, pleiteando o reconhecimento do procedimento licitatório simplificado, como quer o Decreto 2.745/1998. Isto porque reiteradamente o TCU tem tornado inválidos os contratos celebrados pela Petrobrás valendo-se desse procedimento simplificado.

20. Nesse sentido, v. o *site www.petrobras.com.br* (acesso em 28.5.2010).

Em breve síntese, eis os argumentos lançados pelas partes envolvidas, bem como da decisão:

Objeto – Submissão ou não da Petrobrás aos princípios e regras ditadas pela Lei 8.666/1993 (trata das normas gerais sobre licitações e contratos administrativos relativos a obras, serviços, compras, alienações e locações), tendo em vista a existência do procedimento licitatório simplificado, aplicável à Petrobrás e aprovado pelo Decreto Presidencial 2.745/1998, decorrente da Lei 9.478/1997, e decisão contrária proferida pelo TCU

Argumentos da Petrobrás – (a) A Emenda Constitucional 9/1995 permitiu que a União contratasse os serviços tanto de empresas privadas como públicas até então realizados pela Petrobrás. Passando a existir a livre concorrência, o processo licitatório deverá ser o simplificado; (b) Não pode o TCU declarar a inconstitucionalidade de lei ou ato normativo federal. Essa competência é do Poder Judiciário; (c) A decisão do TCU fere os princípios da eficiência e da legalidade.

Argumentos do TCU – (a) A Emenda Constitucional 19/1998 não recepcionou as disposições contidas no art. 67 da Lei 9.471/1998; (b) Ilegalidade do Decreto 2.745/1998 (afronta ao princípio da legalidade). Enquanto não houver lei específica, as sociedades de economia mista devem observar o que determina a Lei 8.666/1993.

Decisão liminar do STF – A submissão legal da Petrobrás a um regime diferenciado de licitação se justifica devido à relativização do monopólio do petróleo (v. Emenda Constitucional 9/1995), fazendo com que a atividade econômica de exploração de petróleo ocorresse em regime de livre competição com as empresas privadas, que não estão submetidas às regras rígidas de licitação e contratação da Lei 8.666/1993.

Após levantamento efetuado no *site* do STF verificamos que foram impetrados 12 mandados de segurança[21] e todos resultaram na concessão da medida liminar pleiteada, assegurando à Petrobrás o reconhecimento da legitimidade e licitude das contratações feitas segundo os preceitos do procedimento licitatório simplificado.

Todas essas ações têm como traço comum o pleito da Petrobrás com vistas a garantir o direito de realizar licitação de obras e serviços por processo simplificado, ao contrário do que impõe a Lei 8.666/1993, que estabelece as normas gerais sobre licitações e contratos no serviço público.

A empresa, em sua argumentação, lembra que, com o advento da Emenda Constitucional 9/1995, passou a atuar em livre competição nesse novo mercado, uma vez que referida Emenda alterou o regi-

21. Citaremos alguns deles, a saber: MS 28.626, rel. Min. Dias Toffoli; MS 25.888, rel. Min. Gilmar Mendes; MS 26.808, rela. Min. Ellen Gracie; MS 25.986, rel. Min. Celso de Mello; MS 26.783, rel. Min. Marco Aurélio; MS 27.232, 27.337 e 27.344, rel. Min. Eros Grau; MS 27.743 e 27.837, rela. Min. Cármen Lúcia – conforme informa o *site* do STF (*www.stf.jus.br*, acesso em 3.6.2010).

me de monopólio estatal do petróleo no Brasil, antes exercido com exclusividade pela Petrobrás. Argui também que para tratar dessa nova realidade foi elaborado o Decreto Presidencial 2.745/1998, regulamentando o procedimento licitatório simplificado decorrente do art. 67 da Lei 9.478/1998 (como abaixo transcrito) e objeto do Parecer AC-15 da Advocacia-Geral da União, abrindo condições para a empresa aqui citada atuar plenamente no novo cenário competitivo, liberada dos pesados encargos que sua condição (até então monopolizadora) lhe exigia.

Segue, *verbis*, a redação do art. 67 da Lei 9.478/1998:

> "Os contratos celebrados pela Petrobrás, para aquisição de bens e serviços, serão precedidos de procedimento licitatório simplificado, a ser definido em decreto do Presidente da República".

No mesmo sentido é a redação do Decreto 2.745/1998:

> "Art. 1º. Fica aprovado o Regulamento do Procedimento Licitatório Simplificado da Petróleo Brasileiro S/A – Petrobrás, na forma do Anexo deste Decreto".

O TCU, por outro lado – entidade competente para auditar e fiscalizar as atividades das empresas de economia mista –, determinou que a Petrobrás adequasse suas contratações às normas estabelecidas pela Lei 8.666/1993. Além disso, o TCU julgou, com base na Súmula 347 do STF, que a Constituição Federal não recepcionou as disposições previstas no art. 67 da Lei 9.478/1997, julgando ilegal o Decreto 2.745/1998.

Contrariando as alegações do Tribunal de Contas, a Petrobrás defende que o TCU exorbitou de sua competência nessa decisão, invadindo a competência do STF ao declarar a inconstitucionalidade de lei federal. A empresa em questão alega também que o proceder desse Tribunal de Contas ao impedir a aplicação da Lei 9.478/1997 e de seu decreto regulatório fere também o princípio da legalidade, destacando que tal proibição pode causar tristes consequências tanto de ordem econômica quanto política e inúmeros prejuízos para toda a sociedade.

Em todas as medidas interpostas a Petrobrás tem sido vencedora, já que o Tribunal vem reiteradamente entendendo que o procedimento licitatório simplificado aplica-se a todas as empresas do grupo Petrobrás, por entender que, apesar de a Emenda Constitucional 9/1995 ter mantido o monopólio estatal da atividade econômica relacionada ao petróleo, "flexibilizou a sua execução, permitindo que empresas privadas participem dessa atividade econômica, mediante a celebração, com a União, de contratos administrativos de concessão de exploração de bem público", como consta do acórdão proferido no MS 27.837, em trâmite no STF.[22]

Referida decisão entende que, embora as atividades da Petrobrás estejam submetidas ao regime de monopólio da União, podem ser exercidas por empresas estatais ou privadas num âmbito de livre concorrência, e que, devido a tal particularidade, seu processo licitatório passa a ser regulado pelo Decreto 2.745/1998, que prevê um procedimento licitatório simplificado.

5.4.3 O procedimento licitatório simplificado

O procedimento licitatório simplificado tem o intuito de tornar mais céleres os processos de seleção e contratação, conferindo ao setor petrolífero maior dinâmica operacional, tendo em vista a natureza competitiva do setor, como quer o Decreto 2.745/1998, que regula referido procedimento.

Andrada, ao estabelecer comparação entre o Decreto 2.745/1998 e a Lei 8.666/1993, verificou a presença de diferenças e similitudes entre tais comandos normativos, apontando, entretanto, que alguns dispositivos do regulamento licitatório simplificado inovam quando comparados com a Lei de Licitações, afrontando, desse modo, princípios que regem a Administração. Eis as mudanças destacadas pelo autor:

> "(a) a criação de novas hipóteses de dispensa e inexigibilidade previstas nos subitens 2.1 e 2.3 do Regulamento Licitatório aprovado pelo Decreto 2.745/1998; (b) a desvinculação do valor no que se refere às modalidades de licitação previstas nos subitens 3.1.1 a 3.1.5 e 3.3 do Regulamento Licitatório aprovado pelo Decreto 2.745/1998; (c) a supressão da obrigatoriedade de extensão do convite aos demais cadastrados na correspondente especialidade que manifestarem seu interesse com antecedência de até 24 horas da apresentação das propostas, conforme previsão do subitem 3.1.3 do Regulamento Licitatório aprovado pelo Decreto 2.745/1998, desobedecendo ao princípio da impessoalidade; (d) a definição de representante comercial exclusivo como sendo aquele que seja o único inscrito no registro cadastral de licitantes da empresa, apesar da existência fática de outros fornecedores no mercado, conforme disposto no subitem 2.3.2 do Regulamento Licitatório aprovado pelo Decreto 2.745/1998, em desacordo com o princípio da impessoalidade; (e) a instituição do tipo de licitação de 'melhor preço', em vez de 'de menor preço', de acordo com o subitem 3.2 do Regulamento Licitatório aprovado pelo Decreto 2.745/1998; (f) a redefinição das formas de dar publicidade aos certames licitatórios, consoante estabelecido nos subitens 5.3, 5.4, 5.4.1, 5.5, 5.5.2 e 5.6

22. Disponível em *www.stf.jus.br* (acesso em 3.6.2010).

do Regulamento Licitatório aprovado pelo Decreto 2.745/1998, em afronta ao princípio da publicidade; (g) a restrição da publicidade do convite à empresa e aos seus convidados, sem a exigência de afixação da carta-convite em local apropriado, de acordo com o art. 22, § 3º, da Lei 8.666/1993; (h) possibilidade de negociação com o licitante vencedor em busca do melhor preço e da proposta mais vantajosa para a Petrobrás".[23]

Devemos destacar que, além das diferenças, o autor também aponta similitudes entre os dois comandos normativos, como, por exemplo, a exigência de cláusulas necessárias ao contrato, a existência das mesmas modalidades de licitação e a exigência do projeto básico detalhado – dentre outras.

O regime de contratação da Petrobrás vinha sendo regulamentado pela Lei 8.666/1993 (Lei de Licitações e Contratos Públicos) até a publicação da Emenda Constitucional 9/1995, que alterou sensivelmente tal sistemática ao acabar com o monopólio dessa atividade, flexibilizando a exploração do petróleo, permitindo que empresas privadas participassem dessa atividade econômica mediante a celebração, com a União, de contratos administrativos de concessão de exploração de bem público.

De fato, é isso o que determina o art. 177, § 1º, da CF, na redação da Emenda Constitucional 9/1995:

> "§ 1º. A União poderá contratar com empresas estatais ou privadas a realização das atividades previstas nos incisos I a IV deste artigo, observadas as condições estabelecidas em lei".

As atividades previstas nos incisos I a IV do art. 171 da CF Federal, mesmo as submetidas ao regime de monopólio da União, (pesquisa, lavra, refinação, importação, exportação, transporte marítimo e transporte por meio de conduto), podem ser exercidas por empresas estatais ou privadas num âmbito de livre concorrência. Esta flexibilização necessitava de um comando normativo que a regulamentasse, e, assim, eis que surge a Lei 9.478/1997, que, em seu art. 67, deixa explícito que "os contratos celebrados pela Petrobrás, para aquisição de bens e serviços, serão precedidos de procedimento licitatório simplificado, a ser definido em decreto do Presidente da República".

23. Bruno L. Caldeira Andrada, *A Análise da Constitucionalidade do Decreto 2.745/1998 (Regulamento Licitatório da Petrobrás) em Face do art. 173 da Constituição da República*, monografia de conclusão de curso da Fundação Escola Superior do Ministério Público do Distrito Federal/Curso Ordem Jurídica e Ministério Público, 2009 (disponível no *site* do Ministério Público do Distrito Federal, *www.fesmpdft.org.br*, acesso em 3.6.2010, pp. 61-62).

A matéria está regulamentada pelo Decreto 2.745/1998, o qual aprova o regulamento licitatório simplificado utilizado pela Petrobrás.

O art. 173, § 1º, III, da CF, com a redação conferida pela Emenda Constitucional 19/1998, por outro lado, permite que lei crie normas de licitação para as sociedades de economia mista que exploram atividade econômica de produção ou comercialização de bens ou de prestação de serviços, nestes termos:

> "§ 1º. A lei estabelecerá o estatuto jurídico da empresa pública, da sociedade de economia mista e de suas subsidiárias que explorem atividade econômica de produção ou comercialização de bens ou de prestação de serviços dispondo, sobre: (...) III – licitação e contratação de obras, serviços, compras e alienações, observados os princípios da Administração Pública; (...)".

Para o TCU, a utilização da licitação simplificada, como vem fazendo a Petrobrás, é indevida, ilegal, em detrimento ao que dispõe a Lei 8.666/1993. Assim, o confronto travado entre o TCU e a Petrobrás tem sido objeto de reiterados mandados de segurança interpostos na Suprema Corte nacional.

Com efeito, as decisões do TCU vêm sendo reiteradamente questionadas pela Petrobrás, mas aquele Tribunal de Contas vem alegando que, em virtude da Súmula 347 do STF, tem competência para declarar indevida a aplicação da Lei 9.478/1997 (e também de seu decreto regulamentador, o Decreto 2.745/1998).

Considerando os princípios administrativos – dentre eles o da legalidade –, pode um tribunal administrativo afastar a aplicação de uma lei sem que o tribunal judiciário competente tenha se pronunciado nesse sentido?[24]

Pode um tribunal administrativo apreciar a constitucionalidade das leis e atos do Poder Público?

Segundo a Súmula 347 do STF, sim. Tal Súmula é ainda aplicável?

É o que responderemos no próximo item.

5.4.4 O TCU e a Súmula 347 do STF: a nova ordem constitucional

Segundo a maioria dos acórdãos proferidos pelo STF, a evolução do sistema do controle de constitucionalidade no Brasil demonstra

24. Vale lembrar que as decisões favoráveis à Petrobrás foram proferidas em sede de liminar. Com efeito, o mérito ainda não foi apreciado.

que inviável é a continuidade da Súmula 347 em face da ordem constitucional instaurada pela Constituição de 1988. Com efeito, referida Súmula, editada em 13.12.1963, versava sobre a aplicação do art. 77 da CF de 1946 (revogada há décadas):

> "Súmula 347. O Tribunal de Contas, no exercício de suas atribuições, pode apreciar a constitucionalidade das leis e dos atos do Poder Público".

O STF julga ser inaplicável referida Súmula para os dias atuais, sendo sua inaplicabilidade utilizada para deferir todos os pedidos de liminar feitos nos mandados de segurança ajuizados até então.

Ressaltemos, todavia: não é a própria CF, em seus arts. 70 e 71, que determina que a fiscalização das sociedades de economia mista deva ser feita pelo Tribunal de Contas?

Dito de outro modo: se o TCU tem o poder-dever de fiscalizar as pessoas jurídicas que compõem a Administração Pública direta, por que, quando declara irregular a licitação simplificada – como tem feito a Petrobrás –, tem sua decisão afastada pelo Poder Judiciário?

Diante de tais indagações, forçoso é compreender o majoritário entendimento da Suprema Corte brasileira sobre o assunto, como faremos a seguir.

5.4.5 Decreto 2.745/1998 versus *Lei 8.663/1993: o entendimento majoritário da Suprema Corte brasileira. Breve comentário*

Como já alardeado, o entendimento majoritário do STF é no sentido de considerar ilegal o entendimento do TCU, afastando suas decisões nos pontos em que determinam a aplicação dos preceitos da Lei 8.666/1993, socorrendo-se, para tal, dos princípios da eficiência e da legalidade.

O princípio da eficiência (art. 37, *caput*, da CF) seria, segundo essa Corte, frontalmente ferido caso fosse aplicado às contratações da Petrobrás o sistema contido na Lei 8.666/1993, menos célere.

O princípio da legalidade padeceria, pois – afastada a aplicação da Súmula 347 do STF – não tem o TCU competência para apreciar a constitucionalidade das leis e dos atos do Poder Público, nem para afastar a aplicação do Decreto 2.745/1998 em detrimento da Lei 8.663/1993 (procedimento licitatório comum). Neste ponto, em decisão proferida em sede de liminar no STF,[25] a Relatora, Min. Ellen

25. V. MS 28.745, em trâmite perante o STF, no *site* *www.stf.jus.br* (acesso em 3.6.2010).

Gracie, frisou em seu voto que a declaração de inconstitucionalidade, pelo TCU, do art. 67 da Lei 9.478/1997 e do Decreto 2.745/1998 – obrigando a Petrobrás, consequentemente, a cumprir as exigências da Lei 8.666/1993 –

> "parece estar em confronto com normas constitucionais, mormente as que traduzem o princípio da legalidade, as que delimitam as competências do TCU (art. 71), assim como aquelas que conformam o regime de exploração da atividade econômica do petróleo (art. 177)".

Segundo, ainda, a Suprema Corte brasileira, o pedido da Petrobrás pleiteando regime diferenciado de licitação é plausível pelo fato de que, com a relativização do monopólio do petróleo trazida pela Emenda Constitucional 9/1995, a Petrobrás passou a exercer a atividade econômica de exploração de petróleo em regime de livre competição com as empresas privadas concessionárias da atividade – as quais não podem estar, portanto, submetidas às rígidas regras de licitação e contratação impostas pela Lei 8.666/1993. Isso porque, segundo as decisões proferidas, a livre concorrência pressupõe a igualdade de condições entre os concorrentes.

Contrariando as decisões proferidas (em sede de liminar, ressalte-se) pelo STF, destaca Andrada[26] que mesmo com a reforma da Administração Pública, que acabou por inserir a Administração num contexto liberal, não se pode afirmar que as sociedades de economia mista exploradoras de atividades econômicas estão imediata e integralmente submetidas ao regime jurídico das empresas privadas, sem nenhum óbice legal.

O autor vai mais além, ao defender que, embora a Lei 9.478/1997 tenha regulado o art. 177, §§ 1º e 2º, da CF, existe também no Texto Maior comando normativo[27] no sentido de que é privativa a competência da União para legislar sobre licitações e contratos, que tal comando não teve sua redação alterada e que, portanto, não pode ser afastado o comando da Lei 8.666/1993, nestes termos:

> "Repise-se que, com o art. 67 da Lei 9.478/1997, foi autorizada a edição de decreto para tratar da licitação e da contratação no âmbito da Petrobrás.

26. Bruno L. Caldeira Andrada, *A Análise da Constitucionalidade do Decreto 2.745/1998 (Regulamento Licitatório da Petrobrás) em Face do art. 173 da Constituição da República*, cit., p. 18.

27. Outra não é a redação do art. 22, XXVII, da CF de 1988, *verbis*: "Art. 22. Compete privativamente à União legislar sobre: (...) XXVII – normas gerais de licitação e contratação, em todas as modalidades, para as administrações públicas diretas, autárquicas e fundacionais da União, Estados, Distrito Federal e Municípios, obedecido o disposto no art. 37, XXI, e para as empresas públicas e sociedades de economia mista, nos termos do art. 173, § 1º, III; (...)".

Há que se ressaltar também que a Lei 9.478/1997, nesse ponto, não revogou a Lei 8.666/1993, pois, nos termos do § 1º do art. 2º da LICC, não foi expressa nesse sentido, não se mostrou incompatível, nem modificou as disposições ali contidas".

E prossegue sua argumentação ao afirmar que:

"O art. 67 da Lei 9.478/1997 não pode ser visto como um instrumento de delegação de competências que são constitucionalmente definidas, pois ao Executivo não foi dado um 'cheque em branco'. Ao regulamento não é permitido criar, inovar, em matéria legislativa. A delegação *stricto sensu* é exercida por um diploma específico: a lei delegada".[28]

O autor, deste modo, acaba por concordar com as reiteradas decisões proferidas pelo TCU, defendendo, ainda, que o princípio da eficiência não se vê maculado por esse procedimento licitatório, pois, ao contrário, esse princípio encontra-se previsto na Lei 8.666/1993.

Andrada deixa, assim, clara sua postura no sentido de que prevalece o teor da Súmula 347, prevendo a possibilidade de o TCU, em sede de controle difuso, julgar a inconstitucionalidade de determinada lei ou ato normativo e que a existência de decisão judicial proferida no caso concreto não vincula a Corte de Contas, já que há independência das instâncias.

Defende o autor[29] que o Decreto 2.745/1998, por regulamentar dispositivo constitucional, criando inovação no ordenamento jurídico, é típica espécie de decreto autônomo;[30] e, sendo assim, passível de controle de constitucionalidade pelo TCU, em sede de controle difuso. Concluindo sua argumentação nos termos abaixo expostos:

"Considerando terem se passado cerca de 11 anos desde a edição da Emenda Constitucional 19/1998, verifica-se a necessidade premente da promulgação da lei prevista no § 1º do art. 173 da Constituição. Entretanto, não se pode admitir como solução, nem mesmo paliativa, a existência de decreto autônomo regulamentando esse dispositivo.

"Dessa forma, as licitações e contratações realizadas pela Petrobrás fundamentadas no Decreto 2.745/1998 devem ser consideradas irregulares. As regras insculpidas no referido decreto ferem princípios administrativos e constitucionais.

28. Bruno L. Caldeira Andrada, *A Análise da Constitucionalidade do Decreto 2.745/1998 (Regulamento Licitatório da Petrobrás) em Face do art. 173 da Constituição da República*, cit., p. 21.

29. Idem, p. 45.

30. Em termos doutrinários, o *decreto autônomo* ou *independente* acaba por inovar a ordem jurídica, uma vez que estabelece normas sobre matérias não disciplinadas em lei. Nesse sentido são os manuais de direito administrativo de autores como Hely Lopes Meirelles, Maria Sylvia Zanella Di Pietro, Diógenes Gasparini e Celso Antônio Bandeira de Mello, dentre outros.

> "Deve ser levado em conta que o único diploma legal regedor das licitações e contratos para a Administração Pública é a Lei 8.666/1993. Cabe tão somente à Petrobrás obedecê-lo, até que seja publicado o estatuto jurídico previsto no art. 173, § 1º, da CF."[31]

Em que pese o fato de as reiteradas decisões proferidas pelo STF, em sede de liminar, apontarem para a regularidade e legalidade das contratações feitas pela Petrobrás no regime de licitação simplificada, não podemos deixar de trazer à baila o entendimento esposado por Andrada, destacando seu ponto de vista, sua argumentação e os importantes aspectos revelados em sua argumentação.

Mesmo sendo voz minoritária, acreditamos e defendemos a relevância de sua argumentação, principalmente quando aprofunda brilhantemente a questão.

5.5 Considerações finais

O que se pretendeu aqui foi trazer breves conceitos sobre a Administração Pública indireta, sobre a sociedade de economia mista, seu regime jurídico e suas particularidades, principalmente no que toca à licitação.

Superada essa etapa, fizemos um pequeno levantamento da forma como o Judiciário vem julgando demandas envolvendo o debate sobre qual deverá ser o tipo de licitação a ser aplicado nas sociedades de economia mista que têm como objeto a exploração econômica de serviços depois das sucessivas emendas constitucionais que acabaram por modificar o contorno na forma de contratação dessas empresas mistas – nesse ponto destacam-se as Emendas Constitucionais 9/1995 e 19/1998.

No Judiciário, mais precisamente na Corte Suprema nacional (STF), verificamos que a questão do processo licitatório afetava determinada empresa estatal, a Petrobrás, que ajuizou diversas ações e foi vencedora em todas elas (em sede de liminar), pois o órgão máximo brasileiro vem reiteradamente entendendo serem constitucionais o Decreto 2.745/1998 e o procedimento licitatório ali previsto e que o entendimento contrário, expresso pelo TCU, contrariando os princípios da legalidade e da eficiência, deve ser, assim, afastado.

31. Bruno L. Caldeira Andrada, *A Análise da Constitucionalidade do Decreto 2.745/1998 (Regulamento Licitatório da Petrobrás) em Face do art. 173 da Constituição da República*, cit., p. 63.

Algumas dúvidas persistem: A previsão para licitação simplificada somente se aplica à Petrobrás, ou a todas as sociedades de economia mista exploradoras de atividade econômica? O que justifica esse privilégio? Para se tornar uma empresa competitiva no mercado se faz necessário adotar tal posicionamento? Não estaria o STF, ao deferir a liminar, desconsiderando aspectos técnicos importantes, em detrimento de argumentos preponderantemente políticos e econômicos?

Vê-se que inúmeras são as indagações.

Conscientes somos de que o tema é novo, polêmico, e que os conceitos e categorias a ele relacionados estão ainda em franco processo de construção jurisprudencial e também teórica – e, assim, bem longe de ver-se esgotado. Também não padecemos da ingenuidade de desconsiderar a relevância dos contornos políticos e econômicos numa sociedade inserida no modo de produção capitalista, como é caso do Brasil. Mas, em que pesem todos esses robustos argumentos, a Administração Pública, que visa – como princípio basilar – ao público e ao coletivo, não deve submeter-se a um *modus operandi* de cunho tão privatista.

Exatamente por isso, o que pretendemos aqui foi somente trazer para discussão mais um dos muitos aspectos que envolvem a contemporânea Administração estatal desenhada para um modelo de Estado Neoliberal e compreender como se dá sua operacionalização na ordem vigente.

Referências Bibliográficas

ANDRADA, Bruno L. Caldeira. *A Análise da Constitucionalidade do Decreto 2.745/98 (Regulamento Licitatório da Petrobrás) em Face do art. 173 da Constituição da República*. Monografia de conclusão de curso da Fundação Escola Superior do Ministério Público do Distrito Federal/Curso Ordem Jurídica e Ministério Público. 2009 (disponível no *site* do Ministério Público do Distrito Federal, *www.fesmpdft.org.br*, acesso em 3.6.2010).

BANDEIRA DE MELLO, Celso Antônio. *Curso de Direito Administrativo*. 29ª ed. São Paulo, Malheiros Editores, 2012.

DI PIETRO, Maria Sylvia Zanella. *Direito Administrativo*. São Paulo, Atlas, 2008; 21ª ed. São Paulo, Atlas, 2009.

——————. *Parcerias na Administração Pública: Concessão, Permissão, Franquia, Terceirização, Parceria Público-Privada e Outras Formas*. 7ª ed. São Paulo, Atlas, 2009.

FÉRES, Marcelo Andrade. *O Estado Empresário: Reflexões sobre a Eficiência do Regime Jurídico das Sociedades de Economia Mista na Atualidade*. Disponível no *site www.sisnet.aduaneiras.com.br* (acesso em 2.6.2010).

GASPARINI, Diógenes. *Direito Administrativo*. São Paulo, Saraiva, 2009.

MEIRELLES, Hely Lopes. *Direito Administrativo Brasileiro*. 38ª ed. São Paulo, Malheiros Editores, 2012.

TANAKA, Sônia Y. K. "Administração indireta no Brasil". in: TANAKA, Sônia Y. K. (coord.). *Direito Administrativo*. São Paulo, Malheiros Editores, 2008.

Outras Obras, Referências e *Sites* Consultados

Legislação
- Decreto-lei 200, de 25.2.1967, e suas alterações
- Constituição Federal de 1988 e suas alterações (Emendas Constitucionais)
- Código Civil/2002
- Lei 8.666/1993 (Lei de Licitações e Contratos Públicos)
- Lei 9.478/1997
- Decreto 2.745/1998 ("Aprova o Regulamento do Procedimento Licitatório Simplificado da Petrobrás")

Sites
www.fesmpdft.org.br (acesso em 3.6.2010)
www.petrobras.com.br (acesso em 28.5.2010)
www.sisnet.aduaneiras.com.br (acesso em 2.6.2010)
www.stf.jus.br (acesso em 3.6.2010)

Capítulo 6

O "Sistema S": a Formação Profissional no Brasil e Algumas Questões Atuais

Aline da Silva Freitas

6.1 Notas introdutórias

Também denominado "Serviços Sociais Autônomos", o "Sistema S" compreende, como será aprofundado adiante, algumas instituições de natureza privada que desenvolvem, no Brasil, atividades voltadas para o interesse público na assistência social, principalmente no que se refere à formação profissional.

Tais instituições foram criadas a partir da década de 1940 e atualmente têm ampla atuação no plano nacional – atuação, esta, que, se, de um lado, é valorizada e tida como necessária, por outro, levanta algumas dúvidas sobre como situá-la perante a Administração Pública, já que, apesar de serem instituições privadas, têm algumas prerrogativas públicas.

Essa colocação faz com que este estudo abarque dois tópicos distintos e complementares. O primeiro é o que envolve o conceito de "formação profissional", e em que medida esta foi sendo desenvolvida no País, levando à necessidade de a iniciativa privada assumir – não sem o auxílio e, mesmo, estímulo governamental – parcela importante de sua concretização.

O segundo aspecto é, por sua vez, o que envolve a discussão de como o "Sistema S" é delineado na conjuntura atual, seu conceito e composição, como se relaciona com a Administração Pública e quais os principais pontos de debate em torno da temática, inclusive no âmbito do Poder Judiciário.

Assim, o objetivo deste estudo é traçar um panorama histórico da formação profissional no Brasil, para entender como os serviços sociais autônomos foram sendo desenhados, para, após, ser possível abordar alguns temas atuais.

6.2 Considerações históricas sobre a formação profissional no Brasil: nuanças para o surgimento do "Sistema S"

6.2.1 O que é "formação profissional"?

A expressão "formação profissional" equivale a diversas outras nomenclaturas, tais como "qualificação para o trabalho" e "aprendizagem",[1] todas elas significando a formação plena e contínua das pessoas para possibilitar seu ingresso e manutenção no mercado de trabalho.

A Organização Internacional do Trabalho/OIT já se posicionou diversas vezes sobre o tema, em especial em sua Constituição, em seu Anexo (a Declaração de Filadélfia), na Resolução sobre o Desenvolvimento dos Recursos Humanos de 2000 e, principalmente, na Recomendação 195/2004.

Esta última normativa internacional é a "Recomendação sobre o Desenvolvimento dos Recursos Humanos: Educação, Formação e

1. Segundo o Departamento Intersindical de Estatística e Estudos Socioeconômicos/ DIEESE, "formação profissional" é, segundo pesquisa, uma das nomenclaturas que equivalem a "educação profissional, aprendizagem, capacitação, qualificação para o trabalho, requalificação, superação do adestramento, habilidades básicas, habilidades específicas, treinamento, ensino técnico, aquisição de competências, educação básica e formação contínua" (disponível em *http://www.dieese.org.br/esp/formacao.xml*, acesso em 4.5.2008).

Aprendizado Permanente",[2] editada com o fim de atualizar as normas da Organização existentes até então. Segundo Marcela Pronko, esta atualização não se realiza no vazio, mas se inscreve no marco da histórica preocupação da OIT com a formação profissional, da qual são exemplos 11 recomendações e uma convenção, que, durante sua história, se ocuparam diretamente do tema.[3]

A Recomendação 195/2004 demonstra a preocupação renovada da OIT com o tema, reconhecendo, assim, que educação, formação profissional e aprendizagem permanente são elementos que funcionam como instrumentos para atingir o pleno emprego, erradicar a pobreza, gerar inclusão social e o desenvolvimento sustentável no contexto da economia globalizada e da sociedade atual, que se baseia no saber, na aquisição de conhecimento e no multiculturalismo.

De fato, a formação profissional hoje está muito além de formar para uma atividade profissional específica, diferentemente de sua evolução histórica, abaixo indicada. Segundo Benizete Ramos de Medeiros:

> "(...) a educação profissional não pode mais ser vista como forma autônoma de mero treinamento para execução de tarefas, mas como componente de formação global da pessoa do trabalhador, com integração nas várias formas de conhecimento permanentes, trabalhando as aptidões e tendências, estimulando a participação nos processos de escolha política, econômica e social".[4]

Tal formação não fica apenas sob a responsabilidade estatal. Pelo contrário, a educação – que, conforme o art. 205 da CF brasileira de 1988, compreende a formação para a cidadania, para o desenvolvimento pessoal e para a qualificação para o trabalho – deve ser concretizada por todos, Estado e família, e contar com a colaboração da sociedade.[5]

2. Texto da *Recomendação 195 da OIT*, disponível em *http://www.ilo.org/public/spanish/region/ampro/cinterfor/temas/dialogo/inf_act/rec195.pdf* (acesso em 2.5.2008).

3. Marcela Pronko, *Recomendación 195 de OIT. Cuestiones Históricas y Actuales de la Formación Profesional*, Montevidéu, Cinterfor/OIT, 2005 (*Trazos de la Formación*, 23) (disponível em *http://www.ilo.org/public/spanish/region/ampro/cinterfor/publ/pro_195/index.htm* (acesso em 22.10.2008). Segundo o texto original: "(...) esta actualización no se realiza en el vacío, sino que se inscribe en el marco de una histórica preocupación de la OIT por la formación profesional, de la cual son testimonio las 11 recomendaciones y 1 convenio que, a lo largo de su historia, se ocuparon directamente del tema".

4. Benizete Ramos de Medeiros, *Trabalho com Dignidade: Educação e Qualificação é um Caminho?*, São Paulo, LTr, 2008, p. 115.

5. CF, art. 205: "Art. 205. A educação, direito de todos e dever do Estado e da família, será promovida e incentivada com a colaboração da sociedade, visando ao pleno desenvolvimento da pessoa, seu preparo para o exercício da cidadania e sua qualificação para o trabalho".

6.2.2 Considerações históricas[6]

O surgimento de instituições privadas voltadas para a formação profissional está atrelado ao processo de construção político-econômica da sociedade brasileira.

No início da colonização, os artífices, mecânicos e tecelões gozavam de certo prestígio social por realizarem atividade ou produzirem produtos necessários para as fazendas que começaram a se constituir. Com o crescimento do modelo patriarcal e "para manter, porém, a continuidade e o equilíbrio daquela vida rural, fazia-se mister que aquêles artífices transmitissem a outros elementos mais jovens os parcos conhecimentos que possuíam acêrca do manejo das ferramentas e da tecnologia das profissões".[7]

Nas próprias fazendas começou o processo de criação de simples oficinas para atender a tais necessidades. Porém, não tardou para que a aprendizagem passasse a destinar-se aos escravos, "o que a aviltava aos olhos dos elementos brancos, os quais, por isso, começaram a desprezá-la. Quando isso se deu, abastardou-se o ensino de ofícios".[8] De outro lado, os jesuítas também ensinavam alguns ofícios aos índios, especialmente para que estes pudessem trabalhar na construção de capelas.

Ao lado destes modelos, aos poucos, por influência dos colonizadores, no Brasil foi desenhado o sistema das corporações de ofício, conhecidas como bandeiras dos ofícios, que perdurou até 1824, quando a Carta Outorgada aboliu as mesmas. Nessas corporações existia nítida divisão entre os mestres, oficiais e aprendizes, sendo que estes últimos deveriam passar anos em aprendizagem para após, por meio de avaliações variadas, serem oficiais e quiçá, um dia, depois de outros anos e provas, mestres.

Nota-se que quando da descoberta de ouro no País, nos idos de 1560, deu-se a necessidade de um tipo específico de formação

6. Para aprofundar os estudos sobre a história da educação e formação profissional, v.: Celso Suckow Fonseca, *História do Ensino Industrial no Brasil*, vol. 1, Rio de Janeiro, Curso de Tipografia e Encadernação da Escola Técnica Nacional do Rio de Janeiro, 1961; Maria Luíza Marcílio, *História da Escola em São Paulo e no Brasil*, São Paulo, Imprensa Oficial do Estado de São Paulo/Instituto Fernand Braudel, 2005; Otaíza de Oliveira Romanelli, *História da Educação no Brasil (1930/1973)*, 22ª ed., Petrópolis/RJ, Vozes, 1999; e Jailson Alves dos Santos, "A trajetória da educação profissional", in Luciano Mendes Faria Filho, Eliane Marta Teixeira Lopes e Cynthia Greive Veiga (orgs.), *500 Anos de Educação no Brasil*, 3ª ed., Belo Horizonte, Autêntica, 2007.

7. Celso Suckow Fonseca, *História do Ensino Industrial no Brasil*, cit., vol. 1, p. 13.

8. Idem, p. 14.

profissional: a voltada à extração adequada do metal. Nas Casas de Fundição e de Moeda que foram criadas ocorreu também o ensino de alguns ofícios, e os aprendizes poderiam ser contratados cerca de algum tempo depois, quando de avaliação positiva.

Em 1763, quando o Brasil passou a ser considerado Vice-Reino, foi fundado o Arsenal da Marinha do Rio de Janeiro, local onde ocorreu a formação de pessoas para suas necessidades. Brancos portugueses, escravos, detidos e ainda pessoas que foram recrutadas à força.[9]

Em 1785 foi determinado, mediante Alvará de 5 de janeiro, o fechamento das fábricas, ressalvadas as que tecessem determinado tipo de tecido, ante o receio de que, com o crescimento fabril, o Brasil viesse a se tornar independente. Com isso, "o ensino das profissões, cuja maior aplicação se encontra justamente na indústria, estava, pois, naturalmente cerceado (...)".[10]

Com a chegada de D. João VI, em 1808, mudanças substanciais ocorreram. Ele autoriza a abertura de portos e a instalação de indústrias, funda a Real Impressão e, ainda, cria o Colégio das Fábricas, este para atender às necessidades de prover a subsistência e educação de artífices e aprendizes que vieram de Portugal.

Quando o Brasil se eleva a Reino, em 1815, os negociantes do Rio de Janeiro agradeceram a D. João VI com a organização de uma subscrição, a qual resultaria em produto voltado para a instrução geral dos brasileiros. Em resposta, D. João afirmou que "mandaria unir às Cadeiras de Ciências (...) outras que se fizessem necessárias à criação de um Instituto Acadêmico, que cuidaria não só do ensino de Ciências, como também do de Belas-Artes e de sua aplicação à indústria".[11] Entretanto, o Instituto não saiu do papel.

Aos poucos o ensino profissional foi sendo destinado praticamente de maneira exclusiva aos que fossem "deserdados da sorte, os desamparados, os infelizes".[12] Se antes já havia o ranço de tratar-se de ensino para os escravos e índios, agora, somaram-se outros humilhados e desvalidos, o que iria consagrar a visão de desdém sobre o ensino profissional; a educação para a área de humanas era para os nobres, para a formação das elites aristocratas.

9. Idem, pp. 81-82.
10. Idem, p. 92.
11. Idem, p. 100.
12. Idem, p. 103.

Alguns projetos de leis começaram a ser elaborados, no início do Império, tentando atingir e dar nova face à instrução pública. Com a descentralização da educação, em 1834, dificultou-se, muito, o advento de melhorias, pois as Províncias eram extremamente desiguais, sem habilidade para assumir tarefa de tamanha responsabilidade. Em 1874, na Província de Pernambuco, implantou-se o modelo segundo o qual "os estabelecimentos fabris encarregar-se-iam do preparo de pessoal necessário às suas próprias atividades, correndo por sua conta as despesas respectivas".[13] Em 1879, por meio de decreto, houve algumas mudanças no ensino. No primário foi incluída a prática manual de ofícios aos meninos e trabalhos de agulhas para as meninas. A criação de escolas profissionais foi determinada, e D. Pedro II criou duas com sua própria renda,[14] mas as evoluções são muito poucas. Em 1890 criou-se o Ministério da Instrução Pública, que logo foi passado para a pasta do Ministério do Interior.

Já na República, com o aumento da indústria, há pressão econômica para a melhoria da mão de obra. Nilo Peçanha, que assume o governo em 1909, cria escolas de aprendizes artífices, sem, entretanto, afastar o caráter de ensino voltado aos desfavorecidos e dar-lhes padrões de qualidade, pois sequer contavam com mestres em quantidade suficiente. Pela primeira vez, entretanto, o Governo Federal atuava diretamente no campo do ensino de ofícios, e a União deveria ajudar as escolas já existentes nos Estados, com verbas provenientes do Ministério da Agricultura, Indústria e Comércio.

Seguiram-se novos projetos de expansão das escolas profissionais, de formação do professorado, mas os problemas eram graves e persistentes.

O Min. Idelfonso Simões Lopes compreendeu a gravidade da situação e resolveu agir no sentido de impedir que o mal aumentasse. Por isso, em 1920, por sugestão do Dr. Araújo Castro, Diretor de Indústria e Comércio, nomeou uma Comissão de técnicos especializados no assunto para examinar o funcionamento das escolas e propor medidas que remodelassem o ensino profissional, tornando-o mais eficiente.[15]

Com base em um escasso modelo considerado como bem-sucedido no País, o Instituto Parobé, por meio de uma Comissão conhecida como Serviço de Remodelação do Ensino Profissional Técnico, foram

13. Idem, p. 480.
14. Idem, p. 143.
15. Idem, p. 187.

empreendidas algumas melhoras nos estabelecimentos, criados a merenda escolar e compêndios sobre tecnologias de ofícios, que até o momento não existiam em Português, e, após, a implementação da ideia de oficializar a industrialização no âmbito federal e com currículo nacional. Porém, "só muitos anos depois seria reconhecida essa necessidade e o ensino industrial passaria a ser considerado como de segundo grau, em paralelo com o ensino secundário".[16]

Na década de 1930 houve alguns importantes acontecimentos, como a criação do Ministério da Educação e Saúde Pública. Nota-se que apenas quando do advento deste é que os estabelecimentos voltados à educação profissional foram desligados do Ministério da Agricultura. Criou-se ainda, já em 1931, a Inspetoria do Ensino Profissional Técnico, cujas atribuições em 1937 foram passadas para a Divisão Nacional da Educação.

"Pela Carta Magna, de 10.11.1937, ficava instituída a cooperação entre a indústria e o Estado",[17] em decorrência do disposto em seu art. 129:

> "À infância e à juventude, a que faltarem os recursos necessários à educação em instituições particulares, é dever da Nação, dos Estados e dos Municípios assegurar, pela fundação de instituições públicas de ensino em todos os seus graus, a possibilidade de receber uma educação adequada às suas faculdades, aptidões tendências vocacionais. O ensino pré-vocacional e profissional destinado às classes menos favorecidas é, em matéria de educação, o primeiro dever do Estado. Cumpre-lhe dar execução a esse dever, fundando institutos de ensino profissional e subsidiando os de iniciativa dos Estados, dos Municípios e dos indivíduos ou associações particulares e profissionais. É dever das indústrias e dos sindicatos econômicos criar, na esfera de sua especialidade, escolas de aprendizes, destinadas aos filhos de seus operários ou de seus associados. A lei regulará o cumprimento desse dever e os poderes que caberão ao Estado sobre essas escolas, bem como os auxílios, facilidades e subsídios a lhes serem concedidos pelo Poder Público".

No governo getulista o ensino profissional é situado com um problema.

> "Entre as intenções educacionais de Getúlio, o ensino profissional tinha absoluta primazia, prioridade que sempre defendeu e pela qual lutou."[18]

Em seu discurso mais importante sobre o tema, pronunciado em 5.1.1940, em São Paulo, afirmou:

> "Acredito que o homem conquista progressivamente a Natureza, pelo trabalho e pela Ciência, e, graças a esse processo de apropriação, consegue

16. Idem, p. 194.

17. Idem, p. 211.

18. Célio Cunha, *Educação e Autoritarismo no Estado Novo*, 2ª ed., São Paulo, Cortez: Autores Associados, 1989, p. 119.

melhorar o corpo e o espírito, elevando a condição humana e tornando a existência mais digna. No período de evolução em que nos encontramos, a cultura intelectual sem objetivo claro e definido deve ser considerada, entretanto, luxo acessível a poucos indivíduos e de escasso proveito para a coletividade".[19]

Para ele o País precisava

> "formar uma geração de técnicos aptos a resolver os problemas do nosso crescimento e a formular a equação do nosso progresso material, que é, na realidade, a base de todo aperfeiçoamento mental e moral".[20]

Constata-se a ideia de que o crescimento viria pelo desenvolvimento industrial. À classe operária isso tinha um importante significado. As pessoas eram estimuladas para o trabalho – estímulo, este, que vinha sob a forma de alguns direitos trabalhistas implementados por Getúlio Vargas.

Os assuntos atinentes à formação profissional também perpassavam pelo Ministério do Trabalho. Começaram mudanças para implementar cursos profissionais. Momento importante se dá em 1942, por meio do Decreto 4.048, em que fora criado o Serviço Nacional de Aprendizagem dos Industriários/SENAI, que passaria a ser o responsável pela aprendizagem de menores que já trabalhassem nas fábricas e oficinas.

Vale ressaltar que por meio do Decreto-lei 4.936, de 7.11.1942, houve ampliação das atribuições do SENAI, para que não mais se limitasse às empresas industriais, mas também atingisse os trabalhadores dos transportes, das comunicações e da pesca, passando a ter nova nomenclatura: Serviço Nacional de Aprendizagem Industrial. Seu objetivo maior era cuidar dos aprendizes, que, pelo Decreto-lei 5.091/1942, eram os trabalhadores menores de 18 anos e maiores de 14, mas em um primeiro momento manteve-se vinculado à especialização de trabalhadores adultos da indústria, como exigiam as circunstâncias do momento, pelo fato de o País estar envolto em guerra.

Para Gustavo Capanema, Ministro da Educação e Saúde durante o governo Vargas, o SENAI ficaria atrelado ao Ministério da Educação, porém Getúlio Vargas preferiu que o órgão ficasse sujeito

19. Getúlio Vargas, *O Ensino Técnico-Profissional*, Brasil, Presidência da República/Casa Civil/Secretaria de Administração/Diretoria de Gestão de Pessoas/Coordenação-Geral de Documentação e Informação/Coordenação de Biblioteca. Biblioteca da Presidência da República, disponível em *https://www2.gestao.presidencia.serpro.gov.br/area-presidencia/pasta.2008-10-08.1857594057/pasta.2008-10-08.9262201718/pasta.2008-12-17.8067491282/pasta.2009-08-04.4435005250/01.pdf* (acesso em 19.7.2010).

20. Idem, ibidem.

à Confederação Nacional da Indústria.[21] Assim iniciou-se o modelo segundo o qual instituições privadas seriam autônomas em relação ao Estado mas sujeitas à supervisão deste, por desenvolverem atividade de interesse público, e mais: por terem, em muitos casos, recursos públicos nelas investidos.

Sobre o SENAI:

> "No início de sua atuação, o SENAI foi obrigado a desviar o rumo para o qual fora criado, em decorrência do estado de guerra em que se encontrava o País. Começou a ministrar cursos não aos aprendizes fabris, mas para os empregados adultos das indústrias que participavam do esforço de guerra. Terminada a guerra, voltou o SENAI à sua concepção inicial. Sofreria várias transformações exigidas pelas circunstâncias, inclusive para dimensionar e ampliar a ideia inicial. Importa salientar que o SENAI sempre se defrontou com o problema de sua articulação com os demais ramos de ensino, problema que somente se resolveu com a Lei 5.692/1971".[22]

Educação profissional compreendia outros ramos, como comercial e agrícola, além do industrial, que é o que tem maior importância a partir de 1930, conforme Jailson Alves dos Santos:

> "Podemos dizer que o ensino industrial passou a assumir um papel importante na formação de mão de obra, sendo que a partir das transformações que se operaram, principalmente a partir de 1942, verificamos que ele pode ser dividido em dois ramos: um que compreendia a aprendizagem que ficava sob o controle patronal, ligado ao Serviço Nacional de Aprendizagem Industrial (SENAI), e um outro ramo que estava sob a responsabilidade direta do Ministério da Educação e da Saúde, que era constituído pelo ensino industrial básico".[23]

Na década de 1940 pode-se dizer que

> "o Governo estabeleceu um sistema de ensino paralelo ao sistema oficial, em convênio com as indústrias e através de seu órgão máximo de representação de então – a Confederação Nacional das Indústrias".[24]

O ensino ministrado no SENAI não excluía a responsabilidade do Governo na manutenção do ensino profissional. O SENAI constitui mecanismo de ensino paralelo:

21. Idem, ibidem.

22. "Colocando o novo organismo sob à égide da Confederação Nacional da Indústria, desejavam aquêles líderes libertar o novo sistema de instrução das inúmeras peias burocráticas a que ficaria sujeito caso fôsse criado dentro da esfera de ação governamental, que dificultava a expansão dos estabelecimentos existentes" (Celso Suckow Fonseca, *História do Ensino Industrial no Brasil*, cit., vol. 1, p. 491; Célio Cunha, *Educação e Autoritarismo no Estado Novo*, cit., 2ª ed., p. 127).

23. Jailson Alves dos Santos, "A trajetória da educação profissional", cit., in Luciano Mendes Faria Filho, Eliane Marta Teixeira Lopes e Cynthia Greive Veiga (orgs.), *500 Anos de Educação no Brasil*, 3ª ed., pp. 216-217.

24. Maria Luíza Marcílio, *História da Escola em São Paulo e no Brasil*, cit., p. 148.

"Face às demandas dos setores produtivos e às necessidades de reciclagem do exercício profissional, provocadas pelos avanços e transformações tecnológicas, a educação técnico-profissional adquire contornos diferenciados que abrangem, também, modalidades não formais de ensino. Assim, surgem experiências múltiplas de reciclagem e treinamento, com vistas a preparar e aprimorar o trabalhador para executar tarefas definidas, de acordo com as ocupações (...). Abrangendo assim várias modalidades e nível de formação, a educação técnico-profissional destaca-se, particularmente, como formadora de níveis técnicos intermediários, para os quais contribuem os seguintes sistemas de ensino: Escolas Técnicas Industriais; Escolas Agrotécnicas; Centros de Educação Tecnológica; SENAI; SENAC; SENAR; e programas outros de formação profissional".[25]

Os objetivos do ensino industrial podem ser alocados em três dimensões: (a) *dimensão individual*, com vistas à preparação profissional do trabalhador e sua formação humana; (b) *dimensão empresarial*, para prover de mão de obra as crescentes necessidades das empresas; (c) *dimensão nacional*, "promovendo continuamente a mobilização de eficientes construtores de sua economia e cultura".[26]

Sobre a Lei Orgânica do Ensino Industrial, observa-se:

"A Lei Orgânica do Ensino Industrial surgiu em plena II Guerra Mundial. O Brasil preparava-se para entrar no conflito. Em decorrência disso, um decreto-lei de fevereiro de 1942 estabeleceu o ensino industrial de emergência para atender às necessidades relacionadas com a defesa do País. Este fato concorreu para o fortalecimento desse tipo de formação profissional".[27]

Em outras palavras:

"O ensino industrial, a formação do operariado, em especial, a sua qualificação formal, ocorre por meio de cursos profissionais regulares, mantidos por instituições públicas e privadas, dentro do contexto da dinâmica do processo de industrialização e da formação do mercado de trabalho no Brasil".[28]

Após a queda de Getúlio Vargas começou a suceder uma série de leis voltadas a tentar definir o que se entende por "aprendizagem" e gerar articulação entre o ensino secundário e a educação profissional, ao ponto de, pela Lei de Diretrizes e Bases/LDB 4.024/1961, que não está mais em vigor, possibilitar que o SENAI oferecesse o ensino conforme determinado à época na rede pública.

Durante o Governo Militar adveio outra Lei de Diretrizes e Bases da Educação, de n. 5.692, de 1971, que retirou a equivalência

25. João Augusto de Souza Leão de Almeida Bastos, *A Educação Técnico-Profissional: Fundamentos, Perspectivas e Prospectiva*, Brasília, Seneti, 1991, p. 16.

26. Célio Cunha, *Educação e Autoritarismo no Estado Novo*, cit., 2ª ed., p. 123.

27. Idem, p. 126.

28. Maria Alice Rosa Ribeiro, "O ensino industrial: memória e história", in Maria Helena Camara Bastos, e Maria Stephanou (orgs.), *Histórias e Memórias da Educação no Brasil*, vol. III (século XX), Petrópolis/RJ, Vozes, 2005, p. 210.

entre o ensino profissional e o propedêutico e em seu lugar colocou a habilitação profissional compulsória, sem sucesso, ante

> "a falta de recursos materiais e humanos para a manutenção, por parte do Poder Público, de uma extensa rede de escolas; a resistência dos empresários em admitir (...) os profissionais oriundos dos cursos de segundo grau".[29]

Pelos empresários, entretanto, foi dado tratamento diferente aos egressos das Escolas Técnicas Federais, que tiveram importante crescimento e consolidação a partir da LDB de 1971, só saturando em meados da década de 1980.

Na Lei de Diretrizes e Bases da Educação Nacional em vigor, Lei 9.394/1996, observa-se que a educação profissional tem perfil amplo, permeando todos os níveis e modalidades da educação formal e atingindo também a não formal, isto é, a disponibilizada fora do âmbito escolar:

> "*Da Educação Profissional e Tecnológica*
>
> "Art. 39. A educação profissional e tecnológica, no cumprimento dos objetivos da educação nacional, integra-se aos diferentes níveis e modalidades de educação e às dimensões do trabalho, da ciência e da tecnologia.
>
> "§ 1º. Os cursos de educação profissional e tecnológica poderão ser organizados por eixos tecnológicos, possibilitando a construção de diferentes itinerários formativos, observadas as normas do respectivo sistema e nível de ensino.
>
> "§ 2º. A educação profissional e tecnológica abrangerá os seguintes cursos: I – de formação inicial e continuada ou qualificação profissional; II – de educação profissional técnica de nível médio; III – de educação profissional tecnológica de graduação e pós-graduação.
>
> "§ 3º. Os cursos de educação profissional tecnológica de graduação e pós-graduação organizar-se-ão, no que concerne a objetivos, características e duração, de acordo com as diretrizes curriculares nacionais estabelecidas pelo Conselho Nacional de Educação.
>
> "Art. 40. A educação profissional será desenvolvida em articulação com o ensino regular ou por diferentes estratégias de educação continuada, em instituições especializadas ou no ambiente de trabalho.
>
> "Art. 41. O conhecimento adquirido na educação profissional e tecnológica, inclusive no trabalho, poderá ser objeto de avaliação, reconhecimento e certificação para prosseguimento ou conclusão de estudos.
>
> "Art. 42. As instituições de educação profissional e tecnológica, além dos seus cursos regulares, oferecerão cursos especiais, abertos à comunidade, condicionada a matrícula à capacidade de aproveitamento e não necessariamente ao nível de escolaridade."

29. Jailson Alves dos Santos, "A trajetória da educação profissional", cit., in Luciano Mendes Faria Filho, Eliane Marta Teixeira Lopes e Cynthia Greive Veiga (orgs.), *500 Anos de Educação no Brasil*, 3ª ed., p. 219.

De fato, dadas a amplitude do processo educacional e a insuficiência do Estado em prover este a todos sempre, e mesmo a necessidade de que todos atuem para sua viabilização, advém uma responsabilidade solidária da família e da sociedade.

Nota-se, assim, que a formação profissional ocorre em grande medida também fora das escolas, consolidando o SENAI e possibilitando o advento sucessivo e constante aprimoramento de instituições semelhantes, como SENAC, SENAR, SEBRAE e SENAT, a seguir estudadas.

6.3 O "Sistema S"

6.3.1 Entidades paraestatais

Para o exercício das funções públicas, considerada sua estrutura administrativa, a Administração Pública compreende a Administração direta e a indireta. O Decreto-lei 200, de 25.2.1967, estabelece que na direta estão os serviços integrados na estrutura administrativa da Presidência da República e dos Ministérios, enquanto na indireta estão as autarquias, empresas públicas, sociedades de economia mista e fundações públicas.

Mas algumas atividades eminentemente públicas não são prestadas apenas pela Administração Pública. Algumas entidades de natureza privada desenvolvem atividades de notório interesse público, sendo possível assegurar que atuam em cooperação com o Estado. Nas palavras de Celso Antônio Bandeira de Mello, são "certas pessoas alheias à Administração indireta, mas que prestam ao Estado uma atuação colaboradora qualificada na órbita social".[30]

Não há unanimidade entre os doutrinadores sobre a classificação dessas entidades,[31] sendo as expressões mais comuns para designá-

30. Celso Antônio Bandeira de Mello, *Curso de Direito Administrativo*, 29ª ed., São Paulo, Malheiros Editores, 2012, pp. 160 e ss..

31. Odete Medauar denomina, por exemplo, tais entes de "entes em situação peculiar", expondo que: "Há inúmeros entes dotados de características que não se enquadram exatamente nos moldes previstos legalmente para identificar as entidades componentes da Administração indireta, nem permitem situá-los como órgãos da Administração direta (...). É difícil classificar tais entes ou conferir-lhes nome genérico. Alguns autores, como Sérgio de Andréa Ferreira, utilizam o termo 'paradministração' para abrangê-los. Outros preferem o termo 'paraestatais'; e alguns usam 'entes de cooperação'" (*Direito Administrativo Moderno*, 11ª ed., São Paulo, Ed. RT, 2007, p. 93). Entre tais entes, a

-las "entidades paraestatais" e "Terceiro Setor". A primeira por dar esta ideia de a entidade estar ao lado do Estado, sem, integrá-lo; e a segunda expressão por identificar as entidades que não se enquadram no Primeiro Setor (o Estado) e nem no Segundo Setor (o mercado). Para seguir o mais usual, afirma Maria Sylvia Zanella Di Pietro:

> "Usando a terminologia tradicional do direito administrativo brasileiro, incluímos essas entidades entre as chamadas entidades paraestatais, no sentido em que a expressão é empregada por Celso Antônio Bandeira de Mello, ou seja, para abranger pessoas privadas que colaboram com o Estado desempenhando atividade não lucrativa e às quais o Poder Público dispensa especial proteção, colocando a serviço delas manifestações do seu poder de império, como o tributário, por exemplo; não abrangem as entidades da Administração indireta; trata-se de pessoas privadas que exercem função típica (embora não exclusiva do Estado), como as de amparo aos hipossuficientes, de assistência social, de formação profissional. Exatamente por atuarem ao lado do Estado, recebem a denominação de entidades paraestatais; nessa expressão podem ser incluídas todas as entidades do chamado Terceiro Setor, o que abrange as declaradas de utilidade pública, as que recebem certificado de fins filantrópicos, os serviços sociais autônomos (SESI, SESC, SENAI), as organizações sociais e as organizações da sociedade civil de interesse público".[32]

Apesar dessas observações, Celso Antônio Bandeira de Mello[33] e Maria Sylvia Zanella Di Pietro[34] constatam que se difundiu de maneira mais extensa a concepção de Hely Lopes Meirelles sobre o tema.

Segundo este autor,[35] a organização política e administrativa brasileira compreende entidades estatais, autárquicas, fundacionais, empresariais e paraestatais. Sobre as paraestatais expõe que:

> "São pessoas jurídicas de direito privado que, por lei, são autorizadas a prestar serviços ou realizar atividades de interesses coletivo ou público, mas não exclusivos do Estado. São espécies de entidades paraestatais os serviços sociais autônomos (SESI, SESC, SENAI e outros) e, agora, as organizações sociais, cuja regulamentação foi aprovada pela Lei 9.648, de 27.5.1998. As entidades paraestatais são autônomas, administrativa e financeiramente, têm patrimônio próprio e operam em regime da iniciativa particular, na forma de

autora indica: (a) ordens e conselhos profissionais; (b) fundações de apoio; (c) empresas controladas pelo Poder Público; (d) serviços sociais autônomos; (e) organizações socais; (f) organizações da sociedade civil de interesse público. Essa dificuldade decorre da incorporação da equivalente expressão italiana de "entes paraestatais" sem que houvesse clareza quanto ao seu real conteúdo.

32. Maria Sylvia Zanella Di Pietro, *Direito Administrativo*, 21ª ed., São Paulo, Atlas, 2008, p. 466.

33. Celso Antônio Bandeira de Mello, *Curso de Direito Administrativo*, cit., 29ª ed., p. 162.

34. Maria Sylvia Zanella Di Pietro, *Direito Administrativo*, cit., 21ª ed., p. 466.

35. Sobre o tema, v.: Hely Lopes Meirelles, *Direito Administrativo Brasileiro*, 38ª ed., São Paulo, Malheiros Editores, 2012, pp. 66-68 e 404-408.

seus estatutos, ficando sujeitas apenas à supervisão do órgão da entidade estatal a que se encontrem vinculadas, para o controle de desempenho estatutário. São os denominados *entes de cooperação* com o Estado".[36]

Para Sônia Yuriko Kanashiro Tanaka a expressão "Terceiro Setor" é a mais apropriada:

"De toda forma, parece que o melhor enquadramento pode ser realizado através da definição 'Terceiro Setor', por se tratar de entidades privadas que colaboram com o Estado, não integrantes da Administração direta ou indireta, nem exclusivamente do setor privado, não havendo, dessa forma, a necessidade de nova nomenclatura".[37]

Vale ressaltar as características gerais das entidades que costumeiramente são classificadas como paraestatais:

"Em todas essas entidades estão presentes os mesmos traços: são entidades privadas, no sentido de que são instituídas por particulares; desempenham serviços não exclusivos do Estado, porém em colaboração com ele; recebem algum tipo de incentivo do Poder Público; por essa razão, sujeitam-se a controle pela Administração Pública e pelo Tribunal de Contas. Seu regime jurídico é predominantemente de direito privado, porém parcialmente derrogado por normas de direito público".[38]

6.3.2 O "Sistema S": conceito

Entre as entidades paraestatais sobressaem as integrantes do "Sistema S", ou "serviços sociais autônomos", que são criadas por lei e se voltam para a assistência social e formação profissional de pessoas em funções vinculadas com a atividade econômica a que as entidades estão relacionadas.[39]

36. Idem, p. 68.

37. Sônia Yuriko Kanashiro Tanaka, "Administração indireta no Brasil", in Sônia Yuriko Kanashiro Tanaka (coord.), *Direito Administrativo*, São Paulo, Malheiros Editores, 2008, p. 175.

38. Maria Sylvia Zanella Di Pietro, *Direito Administrativo*, cit., 21ª ed., p. 466.

39. Diogo de Figueiredo Moreira Neto classifica os *serviços sociais autônomos* como entes da "administração associada paraestatal", que, para o autor, é espécie do gênero "administração associada": "O interesse público é próprio do Estado, mas não é dele exclusivo. A ordem jurídica, ao instituir interesses gerais da sociedade como interesses públicos, não afasta, em princípio, a atuação concorrente, individual ou coletiva, dos administrados: a administração associada. Assim, excetuadas as atividades definidas como exclusivas ou privativas do Estado, nada impede, senão que recomenda, a participação privada na prossecução dos interesses públicos. Não obstante, para que essa atuação concorrencial seja mais eficiente, a ordem jurídica contemporânea, no campo do direito administrativo, vem multiplicando os instrumentos de atuação associativa, entre os setores público e privado, visando à melhor coordenação das atividades desenvolvidas com finalidades e objetivos comuns, disciplinando meios e modos do que se pode denominar de administração privada

Consoante Celso Antônio Bandeira de Mello, são

"sujeitos não estatais, isto é, de direito privado, que, em paralelismo com o Estado, desempenham cometimentos que este poderia desempenhar por se encontrarem no âmbito de interesses seus, mas não exclusivamente seus".[40] Isto é, prestam "atividades privadas que são de interesse público".[41]

Segundo Hely Lopes Meirelles:

"(...) são todos aqueles instituídos por lei, com personalidade de direito privado, para ministrar assistência ou ensino a certas categorias sociais ou grupos profissionais, sem fins lucrativos, sendo mantidos por dotações orçamentárias ou por contribuições parafiscais".[42]

Nas palavras de Maria Sylvia Zanella Di Pietro:

"Essas entidades não prestam serviço público delegado pelo Estado, mas atividade privada de interesse público (serviços não exclusivos do Estado); exatamente por isso, são incentivadas pelo Poder Público. A atuação estatal, no caso, é de fomento e não de prestação de serviço público. Por outras palavras, a participação do Estado, no ato de criação, se deu para incentivar a iniciativa privada, mediante subvenção garantida por meio da instituição compulsória de contribuições parafiscais destinadas especificamente a essa finalidade. Não se trata de atividade que incumbisse ao Estado, como serviço público, e que ele transferisse para outra pessoa jurídica, por meio do instrumento da descentralização. Trata-se, isto, sim, de atividade privada de interesse público que o Estado resolveu incentivar e subvencionar. Talvez por isso essas entidades não sejam consideradas integrantes da Administração indireta. No entanto, pelo fato de administrarem verbas decorrentes de contribuições parafiscais e gozarem de uma série de privilégios próprios dos entes públicos, estão sujeitas a normas semelhantes às da Administração Pública, sob vários aspectos, em especial no que diz respeito à observância dos princípios da licitação, à exigência de

associada de interesses públicos (...). Dessa distinção resulta a existência de duas espécies básicas de entidades deste gênero: (1º) A administração associada paraestatal, que se caracteriza pelo vínculo de delegação legal entre as entidades privadas e o Estado, o que as torna entes administrativos paraestatais; (2º) a administração privada paraestatal, que se caracteriza por vínculos de delegação administrativa, a saber: a delegação contratual, a delegação complexa e a vinculação unilateral, os quais as mantêm como entes administrativos extraestatais" (*Curso de Direito Administrativo: Parte Introdutória, Parte Geral e Parte Especial*, 14ª ed., Rio de Janeiro, Forense, 2005, p. 266).

40. Celso Antônio Bandeira de Mello, *Curso de Direito Administrativo*, cit., 29ª ed., p. 163.

41. Sônia Yuriko Kanashiro Tanaka, "Administração indireta no Brasil", cit., in Sônia Yuriko Kanashiro Tanaka (coord.), *Direito Administrativo*, p. 175.

42. Hely Lopes Meirelles, *Direito Administrativo Brasileiro*, cit., 38ª ed., p. 405. Observa, ainda, o autor que: "Essas instituições, embora oficializadas pelo Estado, não integram a Administração direta nem a indireta, mas trabalham ao lado do Estado, sob seu amparo, cooperando nos setores, atividades e serviços que lhes são atribuídos, por considerados de interesse específico de determinados beneficiários. Recebem, por isso, oficialização do Poder Público e autorização legal para arrecadarem e utilizarem na sua manutenção *contribuições parafiscais*, quando não são subsidiadas diretamente por recursos orçamentários da entidade que as criou" (idem, ibidem).

processo seletivo para seleção de pessoal, à prestação de contas, à equiparação dos seus empregados aos servidores públicos para fins criminais (art. 327 do CP) e para fins de improbidade administrativa (Lei 8.429, de 2.6.1992)".[43]

Assim, verifica-se a situação particular de tais entidades, pois, não obstante serem criadas por lei e receberem incentivo financeiro por meio, em especial, de contribuições parafiscais, são de natureza jurídica privada, autônomas e independentes em relação à Administração Pública. Esta independência, entretanto, não significa que de alguma forma não sofram ingerência de normas de direito público, como será analisado adiante.

6.3.3 As entidades que integram o "Sistema S" no Brasil

Na doutrina sobre o "Sistema S" em geral não se encontra um rol exaustivo das entidades que o integram. Os autores costumam indicar as mais antigas e expressivas, como o pioneiro SENAI e o Serviço Nacional de Aprendizagem Comercial/SENAC.

Em sua totalidade, o Sistema compreende, por ordem de criação, as seguintes entidades: SENAI, Serviço Social da Indústria/SESI, Serviço Social do Comércio/SESC, SENAC, Serviço Brasileiro de Apoio às Pequenas e Médias Empresas/SEBRAE, Associação das Pioneiras Sociais/APS, Serviço Nacional de Aprendizagem Rural/SENAR, Serviço Social de Transportes/SEST, Serviço Nacional de Aprendizagem em Transportes/SENAT e Serviço Nacional de Aprendizagem do Cooperativismo/SESCOOP.

Todos esses serviços sociais autônomos são voltados em sua essência para "qualificar e promover o bem-estar de (...) trabalhadores",[44] ou seja, promover a educação para a empregabilidade e também cuidar da saúde, lazer e outros direitos. Além disso, cada qual tem objetivos específicos.[45]

43. Maria Sylvia Zanella Di Pietro, *Direito Administrativo*, cit., 21ª ed., p. 468.

44. *Perguntas Frequentes. O que é o "Sistema S"?*, disponível em *http://www.senai.br/br/ParaVoce/faq.aspx* (acesso em 19.7.2010).

45. Este estudo tomaria proporções gigantescas caso fossem abordadas todas as particularidades de cada entidade, cursos oferecidos e outros. Assim, a autora se preocupará em indicar as noções básicas, como data de criação e finalidade específica, fazendo menção, quando necessário, a um ou outro dado considerado relevante. Ademais, será informado em nota de rodapé o endereço eletrônico das entidades do "Sistema S", as quais são referencial relevante para aprofundamento nas pesquisas, trazendo, inclusive, obras completas para *download*.

Sobre o SENAI já foram feitas algumas considerações na parte histórica, como seu surgimento, em 1942, por meio de Decreto 4.048 e as circunstâncias que envolveram sua criação e evolução. Segundo exposto em sua página eletrônica,[46] o SENAI tem como missão "promover a educação profissional e tecnológica, a inovação e a transferência de tecnologias industriais, contribuindo para elevar a competitividade da indústria brasileira".[47]

Suas ações[48] foram recentemente classificadas em serviços educacionais e serviços técnicos e tecnológicos para o fim de atender às novas necessidades que foram impostas à educação profissional; necessidades, estas, que decorrem também dos objetivos do SENAI, assim dispostos em seu Regimento Interno, atualizado pelo Decreto 6.635/2008:

> "a) realizar, em escolas instaladas e mantidas pela Instituição, ou sob forma de cooperação, a aprendizagem industrial a que estão obrigadas as empresas de categorias econômicas sob sua jurisdição, nos termos de dispositivo constitucional e da legislação ordinária; b) assistir os empregadores na elaboração e execução de programas gerais de treinamento do pessoal dos diversos níveis de qualificação, e na realização de aprendizagem metódica ministrada no próprio emprego; c) proporcionar, aos trabalhadores maiores de 18 (dezoito) anos, a oportunidade de completar, em cursos de curta duração, a formação profissional parcialmente adquirida no local de trabalho; d) conceder bolsas de estudo e de aperfeiçoamento a pessoal de direção e a empregados de excepcional valor das empresas contribuintes, bem como a professores, instrutores, administradores e servidores do próprio SENAI; e) cooperar no desenvolvimento de pesquisas tecnológicas de interesse para a indústria e atividades assemelhadas".[49]

Também sujeito à Confederação Nacional da Indústria, o SESI[50] tem sua criação datada de 1946, por meio do Decreto-lei 9.403, de 25 de junho, e sua missão é a de "promover a qualidade de vida do trabalhador e de seus dependentes, com foco em educação, saúde e lazer, e estimular a gestão socialmente responsável da empresa industrial". Essa missão remonta aos motivos expostos para sua criação no decreto acima mencionado:

46. Página eletrônica: *http://www.senai.br/br*.

47. SENAI, *Missão*, disponível em *http://www.senai.br/br/institucional/snai_mis.aspx*.

48. Para análise detalhada do tema, v.: Serviço Nacional de Aprendizagem Industrial/Departamento Nacional, *Classificação das Ações do SENAI, SENAI/DN*, 2ª ed., Brasília, 2009.

49. Serviço Nacional de Aprendizagem Industrial/Departamento Nacional, *Regimento do Serviço Nacional de Aprendizagem Industrial (SENAI): Atualizado pelo Decreto 6.635, de 5.11.2008*, Brasília, 2009.

50. Página eletrônica: *http://www.sesi.org.br*.

"Considerando as dificuldades que os encargos de após-guerra têm criado na vida social e econômica do País, com intensas repercussões nas condições de vida da coletividade, em especial das classes menos favorecidas;

"Considerando que é dever do Estado concorrer não só diretamente para a solução dêsses problemas, como favorecer e estimular a cooperação das classes em iniciativas tendentes a promover o bem-estar dos trabalhadores e de suas famílias;

"Considerando que a execução de medidas que contribuam para êsse objetivo, em relação aos trabalhadores na indústria e atividades assemelhadas, constitui uma necessidade indeclinável, favorecendo, outrossim, a melhoria do padrão geral de vida no País;

"Considerando que a Confederação Nacional da Indústria, como entidade representativa dos interêsses das atividades produtoras, em todo o País, oferece o seu concurso a essa obra, dispondo-se a organizar, com recursos auferidos dos empregadores, um serviço próprio, destinado a proporcionar assistência social e melhores condições de habitação, nutrição, higiene dos trabalhadores e, bem assim, desenvolver o esfôrço de solidariedade entre empregados e empregadores;

"Considerando que os resultados das experiências já realizadas com o aproveitamento da cooperação das entidades de classes em empreendimentos de interêsse coletivo, em outro campo de atividade, como o Serviço de Aprendizagem Industrial, são de molde a recomendar a atribuição à Confederação Nacional da Indústria dos encargos acima referidos;

"Considerando que êsse programa, incentivando o sentimento e o espírito de justiça social entre as classes, muito concorrerá para destruir, em nosso meio, os elementos propícios à germinação de influências dissolventes e prejudiciais aos interêsses da coletividade (...)."

O SESC[51] foi criado por meio do Decreto-lei 9.853, de 13.9.1946. Trata-se de uma das mais conhecidas entidades integrantes do "Sistema S", principalmente por sua preocupação com a difusão da cultura em paralelo com suas atividades de formação profissional para o setor do comércio, atendendo ao comerciário e à sua família para o fim de melhorar a qualidade de vida destes. Por "qualidade de vida", consoante suas diretrizes gerais de atuação, entendendo-se "as condições materiais e imateriais da existência do trabalhador e de sua família, as condições de emprego e de salário que garantem essas condições e o estado físico, psíquico e social dos componentes do grupo familiar".[52]

51. Página eletrônica: *www.sesc.com.br*.

52. SESC/Departamento Nacional, *Diretrizes Gerais de Atuação do SESC*, Rio de Janeiro, 2004, disponível em *http://www.sesc.com.br/main.asp?ViewID={697D1A4D-1B8C-4F82-AFAC4CABB2491088}& u=u.*

O SENAC[53] tem sua base jurídica nos Decretos-leis 8.621/1946, que o institui, e 8.622/1946, que o destina em grande medida para atuação na área de aprendizagem comercial, tendo sido criado pela Confederação Nacional do Comércio. Sua missão é a de "educar para o trabalho em atividades de comércio de bens, serviços e turismo";[54] e, para tanto, a atuação se dá em 15 áreas: artes; comércio; comunicação; conservação e zeladoria; *design*; gestão; idiomas; imagem pessoal; Informática; lazer e desenvolvimento social; meio ambiente; saúde; tecnologia educacional; telecomunicações; turismo e hospitalidade.

Na década de 1990 Maria Luíza Marcílio observa que em São Paulo a estrutura da educação profissional ainda era bastante precária, com poucos locais especificamente voltados para isso. Houve, segundo a autora, "expansão do 'Sistema S' – SENAI, SENAC, SENAR, SEBRAE e SENAT –, com bom padrão de qualidade e estes sim estreitamente vinculados ao mercado de trabalho: mas poucos em números".[55] De fato, além da expansão de serviços sociais já existentes, novos foram criados.

O SEBRAE[56] foi concebido para o fim de estimular o empreendedorismo, parcerias e desenvolvimento sustentável de pequenas e médias empresas. Sua história perpassa pela criação inicial, em 1972, de uma entidade vinculada à Administração Pública, denominada Centro Brasileiro de Assistência Gerencial à Pequena Empresa/CEBRAE, que apenas em 9.10.1990, por meio do Decreto 99.570, que complementou a Lei 8.029, de 12 de abril, passa a ter a configuração atual de instituição privada, conhecida como SEBRAE.[57] Consoante se verifica em sua página eletrônica, ele busca auxiliar pequenos e médios empreendedores a formalizarem suas sociedades empresárias, a mantê-las em situação regular e de competitividade e, por fim, algumas iniciativas que simplifiquem o cotidiano dessas pessoas, que, segundo o órgão, têm papel fundamental no desenvolvimento nacional.[58]

53. Página eletrônica: *http://www.senac.br*.

54. SENAC, *Missão*, disponível em *http://www.senac.br/institucional/osenac.html*.

55. Maria Luíza Marcílio, *História da Escola em São Paulo e no Brasil*, cit., p. 405.

56. Página eletrônica: *http://www.sebrae.com.br*.

57. Para histórico completo, v.: SEBRAE, *História do SEBRAE*, disponível em *http://www.sebrae.com.br/customizado/sebrae/institucional/quem-somos/historico*.

58. Especificando seus setores de atuação, o SEBRAE expõe que: "A economia do Brasil é baseada em três grandes pilares. O segmento de comércio e serviços caracteriza-se pelo dinamismo na geração de empregos, que impacta diretamente na competitividade dos demais setores. A indústria é a engrenagem do País e representa a maior expressão da criatividade e originalidade do produto brasileiro. O agronegócio é uma das principais

A Associação das Pioneiras Sociais/APS,[59] apesar de não ter seu nome iniciado pela letra "S", também integra as entidades do "Sistema S", consoante decorre da lei que a instituiu, de n. 8.246, de 22.10.1991, que, em seu art. 1º, dispõe:

"Art. 1º. É o Poder Executivo autorizado a instruir o Serviço Social Autônomo Associação das Pioneiras Sociais, pessoa jurídica de direito privado sem fins lucrativos, de interesse coletivo e de utilidade pública, com o objetivo de prestar assistência médica qualificada e gratuita a todos os níveis da população e de desenvolver atividades educacionais e de pesquisa no campo da saúde, em cooperação com o Poder Público".

Segundo Diogo de Figueiredo Moreira Neto, ela tem a

"finalidade de prestar assistência médica qualificada e gratuita a todos os níveis da população e de desenvolver atividades educacionais e de pesquisa no campo da saúde, em cooperação com o Poder Público".[60] De acordo com informações constantes na página eletrônica da entidade, ela gerencia a rede SARAH de Hospitais de Reabilitação, e "a Associação, criada pela Lei 8.246, de 22.10.1991, tem como objetivo retornar o imposto pago por qualquer cidadão, prestando-lhe assistência médica qualificada e gratuita, formando e qualificando profissionais de saúde, desenvolvendo pesquisa científica e gerando tecnologia".[61]

Seus objetivos: 1 – prestar serviço médico público e qualificado na área da medicina do aparelho locomotor; 2 – formar recursos humanos e promover a produção de conhecimento científico; 3 – gerar informações nas áreas de epidemiologia, gestão hospitalar, controle de qualidade e de custos dos serviços prestados; 4 – exercer ação

alavancas da economia nacional, representando 28% do PIB brasileiro e 37% das exportações. Micro e pequenos negócios desses três setores estão no centro das estratégias do SEBRAE de promoção da competitividade da economia brasileira, com os ventos da conjuntura externa soprando a favor ou contra. Com a globalização, a inserção internacional do segmento também é medida pela capacidade de enfrentar internamente a concorrência externa. A competitividade projetada no médio e longo prazo é o grande indicador de um processo consistente de consolidação de negócios sustentáveis. A crise financeira global, que mostrou sua face mais crítica no período de setembro de 2008 a março de 2009, comprovou o papel anticíclico dos pequenos negócios. Mesmo levando-se em conta o contexto adverso, o segmento continuou gerando emprego, renda, e não abandonou a crença em cenários melhores, inclusive no curto prazo, percepção comprovada por pesquisas do SEBRAE. Por isso, o grande esforço da instituição e parceiros é o de contribuir para que esse ânimo empreendedor ganhe fôlego e resulte em significativos aumentos da taxa de sobrevivência empresarial" (*Os Três Pilares da Economia Brasileira*, disponível em *http://www.sebrae.com.br/customizado/sebrae/institucional/grandes-setores-de-atuacao/os-tres-pilares-da-economia-brasileira*).

59. Página eletrônica: *http://www.sarah.br/paginas/instituicao/po/index.htm*.

60. Diogo de Figueiredo Moreira Neto, *Curso de Direito Administrativo: Parte Introdutória, Parte Geral e Parte Especial*, cit., 14ª ed., p. 505.

61. *A Instituição*, disponível em *http://www.sarah.br/paginas/instituicao/po/index.htm*.

educacional e preventiva visando à redução das causas das principais patologias atendidas pela Rede.[62]

Previsto no art. 62 do ADCT da CF brasileira de 1988, o SENAR[63] foi criado pela Lei 8.315, de 23.12.1991. Trata-se de órgão de formação do trabalhador rural,

> "contribuindo com sua profissionalização, integração na sociedade, melhoria da qualidade de vida e pleno exercício da cidadania".[64] Seus objetivos básicos: 1 – organizar, administrar e executar em todo o território nacional a Formação Profissional Rural e a Promoção Social do Trabalhador Rural; 2 – assistir às entidades empregadoras na programação e elaboração de programas de treinamento no próprio emprego; 3 – estabelecer e difundir metodologias de Formação Profissional Rural; 4 – coordenar, supervisionar e fiscalizar a execução dos programas e projetos de Formação Profissional Rural e Promoção Social; 5 – assessorar o Governo Federal em assuntos de Formação Profissional Rural e Promoção Social; 6 – assistir ao pequeno produtor rural, ensinando novos métodos para a execução de seu trabalho; 7 – estimular a permanência do homem no campo, despertando o seu interesse e incentivando-o a produzir mais, trabalhando melhor.[65]

O SEST e SENAT[66] são, por sua vez, serviços sociais autônomos voltados à promoção da qualidade de vida dos trabalhadores do setor de transportes e sua educação profissional, respectivamente. Ambos foram criados pela Lei 8.706, de 14.9.1993, organizados pela Confederação Nacional do Transporte.

Por fim, tem-se o SESCOOP,[67] criado, em 3.9.1998, por meio da Medida Provisória 1.715. Após sucessivas reedições da medida provisória, a entidade foi consolidada por sua regulamentação, engendrada pelo Decreto 3.017, de 6.4.1999, para o fim de aprimorar e desenvolver cooperativas, além de capacitar profissionalmente pessoas para o exercício de funções técnicas e administrativas que envolverem a cooperativa. Desta finalidade decorrem os seguintes objetivos desse serviço social autônomo:

> "Organizar, administrar e executar o ensino de formação profissional, a promoção social dos empregados de cooperativas, cooperados e de seus familiares, e o monitoramento das cooperativas em todo o território nacional;

62. Idem, ibidem.

63. Página eletrônica: *http://www.senar.org.br/index.asp?wi=1280&he=800.*

64. SENAR, *Missão*, disponível em *http://www.senar.org.br/senar/missao.asp?wi=1280&he=800.*

65. Idem, ibidem.

66. A página eletrônica de ambos é a mesma e está disponível em *http://www.sestsenat.org.br/portal/websestsenat/default.aspx.*

67. Página eletrônica: *http://www.ocb.org.br/site/brasil_cooperativo/index.asp.*

"Operacionalizar o monitoramento, a supervisão, a auditoria e o controle em cooperativas;

"Assistir às sociedades cooperativas empregadoras na elaboração e execução de programas de treinamento e na realização de aprendizagem metódica e contínua;

"Estabelecer e difundir metodologias adequadas à formação profissional e promoção social do empregado de cooperativa, do dirigente de cooperativa, do cooperado e de seus familiares;

"Exercer a coordenação, supervisão e a realização de programas e de projetos de formação profissional e de gestão em cooperativas, para empregados, associados e seus familiares;

"Colaborar com o Poder Público em assuntos relacionados à formação profissional e à gestão cooperativista e outras atividades correlatas;

"Divulgar a doutrina e a filosofia cooperativistas como forma de desenvolvimento integral das pessoas;

"Promover e realizar estudos, pesquisas e projetos relacionados ao desenvolvimento humano, ao monitoramento e à promoção social, de acordo com os interesses das sociedades cooperativas e de seus integrantes."[68]

6.3.4 *O "Sistema S" e a Administração Pública: algumas polêmicas atuais*

Nota-se pelo exposto que as entidades do "Sistema S" não são órgãos de natureza pública. Entretanto, por suas características, como a atividade de interesse público que exercem e também por alguns benefícios que recebem por isso, geram, algumas vezes, dúvidas sobre a possibilidade de incidência de normas de direito público sobre sua atuação. Assim, se devem, ou não, observar licitações e concursos públicos em suas contratações.

6.3.4.1 *Licitações: devem as entidades integrantes do "Sistema S" realizá-las?*

Segundo a Lei 8.666, de 21.6.1993 – a Lei de Licitações –, em seu art. 2º, todas as obras, serviços, compras, alienações, concessões, permissões e locações da Administração Pública, quando forem contratadas com terceiros, deverão necessariamente ser precedidas de licitação, salvo se houver exceção prevista em lei.[69]

68. Dados disponíveis em *http://www.ocb.org.br/site/sescoop/index.asp.*

69. Texto do artigo: "Art. 2º. As obras, serviços, inclusive de publicidade, compras, alienações, concessões, permissões e locações da Administração Pública, quando contrata-

Objetiva o legislador que a Administração se acautele em suas contratações, valendo-se da espécie de licitação adequada para a ocasião,[70] observando todas as regras de cada uma, para o fim de conferir tratamento isonômico aos interessados em participar do procedimento e, além disso, proporcionar para a Administração a seleção da proposta vantajosa e o consequente desenvolvimento nacional, como decorre do art. 3º da Lei de Licitações.[71]

O procedimento licitatório deve observar os princípios[72] da legalidade, impessoalidade, moralidade, igualdade, publicidade, probidade administrativa, vinculação ao instrumento convocatório e julgamento

das com terceiros, serão necessariamente precedidas de licitação, ressalvadas as hipóteses previstas nesta Lei. Parágrafo único. Para os fins desta Lei, considera-se contrato todo e qualquer ajuste entre órgãos ou entidades da Administração Pública e particulares, em que haja um acordo de vontades para a formação de vínculo e a estipulação de obrigações recíprocas, seja qual for a denominação utilizada."

70. São cinco as espécies de licitação: concorrência; tomada de preços; convite; concurso; e leilão. Consoante os parágrafos do art. 22 da Lei de Licitações:

"§ 1º. Concorrência é a modalidade de licitação entre quaisquer interessados que, na fase inicial de habilitação preliminar, comprovem possuir os requisitos mínimos de qualificação exigidos no edital para execução de seu objeto.

"§ 2º. Tomada de preços é a modalidade de licitação entre interessados devidamente cadastrados ou que atenderem a todas as condições exigidas para cadastramento até o terceiro dia anterior à data do recebimento das propostas, observada a necessária qualificação.

"§ 3º. Convite é a modalidade de licitação entre interessados do ramo pertinente ao seu objeto, cadastrados ou não, escolhidos e convidados em número mínimo de 3 (três) pela unidade administrativa, a qual afixará, em local apropriado, cópia do instrumento convocatório e o estenderá aos demais cadastrados na correspondente especialidade que manifestarem seu interesse com antecedência de até 24 (vinte e quatro) horas da apresentação das propostas.

"§ 4º. Concurso é a modalidade de licitação entre quaisquer interessados para escolha de trabalho técnico, científico ou artístico, mediante a instituição de prêmios ou remuneração aos vencedores, conforme critérios constantes de edital publicado na Imprensa Oficial com antecedência mínima de 45 (quarenta e cinco) dias.

"§ 5º. Leilão é a modalidade de licitação entre quaisquer interessados para a venda de bens móveis inservíveis para a Administração ou de produtos legalmente apreendidos ou penhorados, ou para a alienação de bens imóveis prevista no art. 19, a quem oferecer o maior lance, igual ou superior ao valor da avaliação."

71. "Art. 3º. A licitação destina-se a garantir a observância do princípio constitucional da isonomia, a seleção da proposta mais vantajosa para a Administração e a promoção do desenvolvimento nacional, e será processada e julgada em estrita conformidade com os princípios básicos da legalidade, da impessoalidade, da moralidade, da igualdade, da publicidade, da probidade administrativa, da vinculação ao instrumento convocatório, do julgamento objetivo e dos que lhes são correlatos."

72. Sobre o tema, v. Antônio Cecílio Moreira Pires, "Licitação", in Sônia Yuriko Kanashiro Tanaka (coord.), *Direito Administrativo*, São Paulo, Malheiros Editores, 2008, pp. 285-291.

objetivo, sendo rígido e considerado direito público subjetivo, a rigor do *caput* do art. 4º:

> "Art. 4º. Todos quantos participem de licitação promovida pelos órgãos ou entidades a que se refere o art. 1º têm direito público subjetivo à fiel observância do pertinente procedimento estabelecido nesta Lei, podendo qualquer cidadão acompanhar o seu desenvolvimento, desde que não interfira de modo a perturbar ou impedir a realização dos trabalhos.
>
> "Parágrafo único. O procedimento licitatório previsto nesta Lei caracteriza ato administrativo formal, seja ele praticado em qualquer esfera da Administração Pública."

Ante o exposto, parece um tanto quanto claro que os serviços sociais autônomos não precisariam realizar licitações nestas situações, pois, consoante observado, não integram a Administração Pública.

O teor do art. 1º da Lei 8.666/1993, em seu parágrafo único, é no sentido de que ela se estende aos seguintes órgãos:

> "Parágrafo único. Subordinam-se ao regime desta Lei, além dos órgãos da Administração direta, os fundos especiais, as autarquias, as fundações públicas, as empresas públicas, as sociedades de economia mista e demais entidades controladas direta ou indiretamente pela União, Estados, Distrito Federal e Municípios".

De fato, os serviços sociais autônomos não estão inclusos no rol pessoas subordinadas ao regime licitatório instituído pela Lei 8.666/1993. Ocorre que isto nem sempre foi ponto pacífico na doutrina e na jurisprudência, pois, considerando, conforme observado, a situação peculiar em que se encontram, em especial por receberem recursos públicos, poderia ser levantada a hipótese de terem que se valer das licitações para suas contratações.

A situação foi esclarecida pelo TCU, em especial em sua Decisão de Plenário 907/1997, publicada no *DOU* de 26.12.1983, que discutiu supostas irregularidades na atuação do SENAC localizado no Estado do Rio Grande do Sul. A decisão tem a seguinte ementa:

> "Denúncia formulada a respeito de irregularidades praticadas no âmbito do SENAC/RS – Contratação de empresa de publicidade sem licitação – Restauração da praça pública em frente à sede do órgão – Contratação irregular de pessoal – Contratação de advogado para representar em juízo o presidente da Instituição enquanto pessoa física – Convênio e contratos firmados com o CRC com inscrição grátis para os contadores filiados em cursos do SENAC – Conhecimento – Improcedência quanto aos processos licitatórios ante a não sujeição dos serviços sociais autônomos à Lei das Licitações e à utilização da praça – Procedência quanto à contratação de juíza para prestação de serviços de assessoria – Determinação – Juntada às contas. Os serviços de Advocacia só podem ser contratados sem licitação se o forem com profissionais de notória especialização e se tratar de serviços de natureza singular – Entendimento já firmado pelo Tribunal".

Nesta ementa se observa que os supostos problemas são, em especial, de duas ordens: se o SENAC deveria, ou não, se valer de licitação para realização de determinadas compras e contratação de serviços e como deveria realizar a contratação de pessoal.

Na questão foi observado que as entidades do "Sistema S" não estão sujeitas aos procedimentos da Lei 8.666/1993, mas devem ter seu regulamento próprio e observar os princípios gerais da legislação federal pertinente, tendo em vista o uso de recursos parafiscais.

Aliás, pelos mesmos motivos, sujeitam-se ao controle do TCU, cuja jurisdição compreende "os responsáveis por entidades dotadas de personalidade jurídica de direito privado que recebam contribuições parafiscais e prestem serviços de interesse público ou social", a rigor do art. 5º, V, da Lei 8.443/1992.

Na prática, como pode ser verificado nas páginas eletrônicas dos serviços sociais autônomos estudados, estes seguem regulamentos licitatórios e contratos próprios. Ou seja, preveem normas específicas para a contratação, que devem observar os princípios licitatórios, sendo que em caso de qualquer omissão estarão sujeitos à Lei 8.666/1993, para que o interesse público seja sempre preservado.

Da Decisão 907/1997 extrai-se exatamente este entendimento, exposto no voto do Min.-Relator Lincoln Magalhães da Rocha:

> "Na vigência do Decreto-lei n. 2.300/1986 o Tribunal entendia que essas entidades estavam sujeitas às disposições desse diploma e suas alterações, até que editassem regulamentos próprios de licitação, conforme disciplinado no seu art. 86 (Anexo IV da Ata n. 46/1989-Plenário e Anexo II da Ata n. 30/1990-Plenário). Mesmo com a edição da Lei n. 8.666/1993 não se alterou o entendimento".

6.3.4.2 *Concursos públicos: devem as entidades integrantes do "Sistema S" realizá-los para preencher seus quadros?*

A CF brasileira determina, em seu art. 37, II. o modo de investidura em cargo ou emprego público:

> "Art. 37. A Administração Pública direta e indireta de qualquer dos Poderes da União, dos Estados, do Distrito Federal e dos Municípios obedecerá aos princípios de legalidade, impessoalidade, moralidade, publicidade e eficiência e, também, ao seguinte: (...) II – a investidura em cargo ou emprego público depende de aprovação prévia em concurso público de provas ou de provas e títulos, de acordo com a natureza e a complexidade do cargo ou emprego, na forma prevista em lei, ressalvadas as nomeações para cargo em comissão declarado em lei de livre nomeação e exoneração; (...)".

Nota-se que, assim como os serviços sociais autônomos não estão sujeitos à Lei de Licitações, também não à regra de concurso público para a contratação de pessoal.

Ocorre que a não obrigatoriedade de realização de concurso público não exclui a necessidade de que ocorra processo seletivo adequado neste sentido, como apontam Maria Sylvia Zanella Di Pietro,[73] Sônia Yuriko Kanashiro Tanaka[74] e Odete Medauar, sendo que esta afirma:

> "O pessoal é regido pela Consolidação das Leis do Trabalho, havendo liberdade para a fixação de salários. Na contratação de pessoal há processos seletivos ou provas de habilitação, não exigidos para locação de serviços contratos especiais, empregos de confiança".[75]

O Ministério Público do Trabalho já se manifestou no sentido de que os serviços sociais autônomos devem observar processo seletivo transparente e que tenha critérios objetivos para a contratação de seu pessoal. Assim, moveu diversas ações civis públicas para fazer frente a algumas irregularidades detectadas em todo o Brasil.[76]

O posicionamento do TST tem sido no sentido de que, de fato, não estão sujeitos a contratação por concurso público e que eventuais fiscalizações de contratação deverão ser feitas após o processo seletivo estipulado, com liberdade, pelo serviço social autônomo.

A jurisprudência assinala que não cabe aos órgãos públicos a determinação de regras específicas para a contratação, não obstante seja aconselhada a todas as instituições, sejam elas públicas ou privadas, a observância constante dos princípios ético-jurídicos, principalmente no caso em tela, por receberem recursos públicos:

> "Recurso de revista – Ação civil pública – Serviços sociais autônomos – SENAI – Contratação de pessoal – Desnecessidade de exigência de concurso público, na forma do art. 37, II, da CF. O SENAI não integra a Administração Pública e, por isso, para admissão de empregados não está obrigado à realização de concurso público, assim como o previsto para admissão de servidores na Administração Pública direta e indireta. No entanto, como seus recursos advêm de contribuição compulsória das empresas, sujeita-se à fiscalização e controle do TCU quanto à legalidade, legitimidade e economicidade na aplicação desses recursos, na forma do art. 70 e seu parágrafo único da CF – Recurso de revista

73. Maria Sylvia Zanella Di Pietro, *Direito Administrativo*, cit., 21ª ed., p. 468.

74. Sônia Yuriko Kanashiro Tanaka, "Administração indireta no Brasil", cit., in. Sônia Yuriko Kanashiro Tanaka (coord.), *Direito Administrativo*, p. 173.

75. Odete Medauar, *Direito Administrativo Moderno*, cit., 11ª ed., p. 96.

76. Notícia veiculada neste sentido: *"Sistema S" é Alvo de 55 Ações do Ministério Público do Trabalho*, disponível em *http://www.jusbrasil.com.br/noticias/98962/sistema-s-e-alvo-de55-acoes-do-ministerio-publico-do-trabalho* (acesso em 30.3.2010).

conhecido e desprovido" (Brasil, TST-2ª Turma, recurso de revista, Processo TST-RR 1.091/2008-005-24-00.7, *DJU* 26.2.2010).

6.4 Conclusões

O presente estudo compreendeu a análise dos serviços sociais autônomos, ou "Sistema S", com relação ao seu surgimento; vinculação com a formação profissional, de tamanha relevância no contexto social; entidades que o integram; e alguns problemas atuais, considerada a posição particular em que estes se encontram.

Constatou-se que os serviços sociais autônomos estão compreendidos no conceito de "Terceiro Setor", sendo instituições privadas que prestam serviços de interesse público, disto resultando a necessidade de que em alguns momentos observem as normas de direito público, a exemplo de sua sujeição ao controle do TCU, a necessidade de observância dos princípios licitatórios nos contratos que realizarem e, por fim, a realização de processo seletivo objetivo e transparente para contratação de pessoal.

Referências Bibliográficas

Livros

ALMEIDA BASTOS, João Augusto de Souza Leão de. *A Educação Técnico-Profissional: Fundamentos, Perspectivas e Prospectiva.* Brasília, Seneti, 1991.

BANDEIRA DE MELLO, Celso Antônio. *Curso de Direito Administrativo.* 29ª ed. São Paulo, Malheiros Editores, 2012.

BASTOS, Maria Helena Camara, e STEPHANOU, Maria (orgs.). *Histórias e Memórias da Educação no Brasil.* vol. III (século XX). Petrópolis/RJ, Vozes, 2005.

CUNHA, Célio. *Educação e Autoritarismo no Estado Novo.* 2ª ed. São Paulo, Cortez: Autores Associados, 1989.

DI PIETRO, Maria Sylvia Zanella. *Direito Administrativo.* 21ª ed. São Paulo, Atlas, 2008.

FARIA FILHO, Luciano Mendes, LOPES, Eliane Marta Teixeira, e VEIGA, Cynthia Greive (orgs.). *500 Anos de Educação no Brasil.* 3ª ed. Belo Horizonte, Autêntica, 2007.

FONSECA, Celso Suckow. *História do Ensino Industrial no Brasil*. vol. 1. Rio de Janeiro, Curso de Tipografia e Encadernação da Escola Técnica Nacional do Rio de Janeiro, 1961.

LOPES, Eliane Marta Teixeira, FARIA FILHO, Luciano Mendes, e VEIGA, Cynthia Greive (orgs.). *500 Anos de Educação no Brasil*. 3ª ed. Belo Horizonte, Autêntica, 2007.

MARCÍLIO, Maria Luíza. *História da Escola em São Paulo e no Brasil*. São Paulo, Imprensa Oficial do Estado de São Paulo/Instituto Fernand Braudel, 2005.

MEDAUAR, Odete. *Direito Administrativo Moderno*. 11ª ed. São Paulo, Ed. RT, 2007.

MEDEIROS, Benizete Ramos de. *Trabalho com Dignidade: Educação e Qualificação é um Caminho?*. São Paulo, LTr, 2008.

MEIRELLES, Hely Lopes. *Direito Administrativo Brasileiro*. 38ª ed. São Paulo, Malheiros Editores, 2012.

MOREIRA NETO, Diogo de Figueiredo. *Curso de Direito Administrativo: Parte Introdutória, Parte Geral e Parte Especial*. 14ª ed. Rio de Janeiro, Forense, 2005.

PIRES, Antônio Cecílio Moreira. "Licitação". In: TANAKA, Sônia Yuriko Kanashiro (coord.). *Direito Administrativo*. São Paulo, Malheiros Editores, 2008.

RIBEIRO, Maria Alice Rosa. "O ensino industrial: memória e história". In: BASTOS, Maria Helena Camara, e STEPHANOU, Maria (orgs.). *Histórias e Memórias da Educação no Brasil*. vol. III (século XX). Petrópolis/RJ, Vozes, 2005.

ROMANELLI, Otaíza de Oliveira. *História da Educação no Brasil (1930/1973)*. 22ª ed. Petrópolis/RJ, Vozes, 1999.

SANTOS, Jailson Alves dos Santos. "A trajetória da educação profissional". In FARIA FILHO, Luciano Mendes, LOPES, Eliane Marta Teixeira, e VEIGA, Cynthia Greive (orgs.). *500 Anos de Educação no Brasil*. 3ª ed. Belo Horizonte, Autêntica, 2007.

STEPHANOU, Maria, e BASTOS, Maria Helena Camara (orgs.). *Histórias e Memórias da Educação no Brasil*. vol. III (século XX). Petrópolis/RJ, Vozes, 2005.

TANAKA, Sônia Yuriko Kanashiro. "Administração indireta no Brasil" In: TANAKA, Sônia Yuriko Kanashiro (coord.). *Direito Administrativo*. São Paulo, Malheiros Editores, 2008.

VEIGA, Cynthia Greive, FARIA FILHO, Luciano Mendes, e LOPES, Eliane Marta Teixeira (orgs.). *500 Anos de Educação no Brasil*. 3ª ed. Belo Horizonte, Autêntica, 2007.

Documentos eletrônicos

APS. A Instituição. Disponível em *http://www.sarah.br/paginas/instituicao/po/index.htm*.

Departamento Intersindical de Estatística e Estudos Socioeconômicos (DIEESE). Disponível em *http://www.dieese.org.br/esp/formacao.xml* (acesso em 4.5.2008).

PRONKO, Marcela. *Recomendación 195 de OIT. Cuestiones Históricas y Actuales de la Formación Profesional*. Montevidéu, Cinterfor/OIT, 2005. (*Trazos de la Formación*, 23). Disponível em *http://www.ilo.org/public/spanish/region/ampro/cinterfor/publ/pro_195/index.htm* (acesso em 22.10.2008).

Recomendação 195 da Organização Internacional do Trabalho/OIT. Disponível em *http://www.ilo.org/public/spanish/region/ampro/cinterfor/temas/dialogo/inf_act/rec195.pdf* (acesso em 2.5.2008).

SEBRAE. *História do Sebrae*. Disponível em *http://www.sebrae.com.br/customizado/sebrae/institucional/quem-somos/historico*.

————. *Os Três Pilares da Economia Brasileira*. Disponível em *http://www.sebrae.com.br/customizado/sebrae/institucional/grandes-setores-de-atuacao/os-tres-pilares-da-economia-brasileira*.

SENAC. *Missão*. Disponível em *http://www.senac.br/institucional/osenac.html*.

SENAI. *Missão*. Disponível em *http://www.senai.br/br/institucional/snai_mis.aspx*.

————. *Perguntas Frequentes. O que é o "Sistema S"?*. Disponível em *http://www.senai.br/br/ParaVoce/faq.aspx* (acesso em 19.7.2010).

————. Departamento Nacional. *Classificação das Ações do SENAI/SENAI/DN*. 2ª ed. Brasília, 2009.

SENAR. *Missão*. Disponível em *http://www.senar.org.br/senar/missao.asp?wi=1280&he=800*.

SESC/Departamento Nacional. *Diretrizes Gerais de Atuação do SESC*. Rio de Janeiro, 2004 (disponível em *http://www.sesc.com.br/main.asp?ViewID={697D1A4D-1B8C-4F82-AFAC4CABB2491088}& u=u*.

"Sistema S" é Alvo de 55 Ações do Ministério Público do Trabalho. Disponível em *http://www.jusbrasil.com.br/noticias/98962/sistema-s-e-alvo-de-55-acoes-do-ministerio-publico-do-trabalho* (acesso em 30.3.2010).

VARGAS, Getúlio. *O Ensino Técnico-Profissional*. Brasil/Presidência da República/Casa Civil/Secretaria de Administração/Diretoria de Gestão de Pessoas/Coordenação-Geral de Documentação e Informação/Coordenação de Biblioteca/Biblioteca da Presidência da República. Disponível em *https://www2.gestao.presidencia.serpro.gov.br/area-presidencia/pasta.2008-10-08.1857594057/pasta.2008-10-08.9262201718/pasta.2008-12-17.8067491282/ pasta.2009-08-04.4435005250/01.pdf* (acesso em 19.7.2010).

Páginas eletrônicas dos serviços sociais autônomos

http://www.ocb.org.br/site/brasil_cooperativo/index.asp

http://www.sarah.br/paginas/instituicao/po/index.htm

http://www.sebrae.com.br

http://www.senac.br

http://www.senai.br/br

http://www.senar.org.br/index.asp?wi=1280&he=800

http://www.sesc.com.br

http://www.sesi.org.br

http://www.sestsenat.org.br/portal/websestsenat/default.aspx

Capítulo 7

A Necessidade da Regulação Econômica Pró-Competitiva

VICENTE BAGNOLI

7.1 Introdução

A superação do Liberalismo smithiano traduz-se na transição do Estado do século XIX para o século XX, com a consagração da necessidade de o Estado intervir na economia para assegurar o bem-estar econômico do consumidor e o desenvolvimento a partir da defesa da livre concorrência. O mercado, que deveria ser atomizado pela disputa entre os agentes econômicos, concentra-se, revelando falhas que só o Estado poderia corrigir, num aparente paradoxo ao se defender a livre concorrência.

Em setores em que a concorrência se estabelece livremente o Estado atua apenas para prevenir e repreender agentes econômicos faltosos. Mas em mercados específicos, onde a concorrência dificilmente se estabelece por si só e a tendência a práticas anticoncorrenciais e de concentração econômica é maior, o Estado atua também por meio da regulação econômica, que deve ser pró-competitiva.

O aparente paradoxo em economias capitalistas (livre concorrência *versus* antitruste/regulação) iniciado nos Estados Unidos da América em 1887 com a criação de agências reguladoras é amplamente difundido com a política econômica do *New Deal* para organizar e racionalizar o mercado e evitar a concorrência predatória e, assim, contribuir para melhor aproveitamento de recursos. A partir de 1970, sobretudo com o Governo Reagan, a regulação econômica do Estado é reestruturada, supostamente para corrigir um cenário regulatório que viabilizou a criação de cartéis e a prevalência do interesse dos agentes regulados, em detrimento do bem-estar econômico-social.

Em 1978 o Congresso Norte-Americano retirou a competência então atribuída ao *Civil Aeronautics Board*/CAB de definir tarifas e rotas, sob a alegação de tarifas supervalorizadas. Apesar da forte pressão exercida por companhias aéreas e sindicatos do setor, a nova regulação foi implantada, inclusive com o desenvolvimento do sistema *hub-and-spoke*. A competição entre as companhias aéreas se acirrou, reduzindo o valor das tarifas e aumentando a quantidade de passageiros transportados. Algumas companhias não suportaram o novo cenário pró-competitivo e deixaram de operar, enquanto novas companhias surgiram.

O Brasil, seguindo a tendência político-econômica mundial da década de 1980 de desestatizações, privatizações, concessões, parcerias e uma regulação desburocratizada, tem na Constituição Federal de 1988 que a ordem econômica está fundada na valorização do trabalho humano e na livre iniciativa, a fim de assegurar a todos existência digna, conforme os ditames da justiça social, observando-se, dentre outros, o princípio da livre concorrência.

7.2 A regulação econômica na Constituição Federal

A Constituição de 1988 destaca-se tanto pelo aspecto social e pelo relevo com que trata o cidadão como também, no campo econômico, pelo novo foco que é atribuído ao Estado no desempenho de suas funções, insculpindo em seus princípios fundamentais do Estado Democrático de Direito a base da ordem política que permeará o conteúdo econômico constitucional.

Deve-se interpretar a Constituição Federal à luz das demais disposições constitucionais, e não apenas daquelas contidas no Título VII, "Da Ordem Econômica e Financeira", pois os princípios e objetivos da política econômica estão expressos em outros tópicos da Carta, constituindo todo esse conjunto a Constituição Econômica do Brasil.

Contudo, para compreender o foco que é atribuído ao Estado no desempenho de suas funções, os arts. 170, 173 e 174 merecem destaque.

O art. 170 estabelece em seu *caput* a estrutura geral do ordenamento jurídico-econômico fundado na valorização do trabalho humano e na livre iniciativa, cuja finalidade da política econômica adotada pelo Estado está em assegurar existência digna, conforme preceitos da justiça social, adotando-se, para tanto, alguns princípios norteadores, como a livre concorrência.

A valorização do trabalho humano e a livre iniciativa revelam que a Constituição Federal prevê uma sociedade capitalista moderna, na qual a conciliação e composição dos titulares de capital e de trabalho são uma necessidade a ser viabilizada pela atuação do Estado.

Inserindo-se no contexto da globalização econômica, o constituinte acabou optando pelo regime de economia de mercado. Com isso, a Constituição tem como princípio da ordem econômica a livre concorrência, que vem garantir aos agentes econômicos a oportunidade de competirem de forma justa no mercado.

A garantia da competição leal, isenta de práticas anticoncorrenciais e de utilização abusiva do poder econômico, é assegurada pelo Estado, por meio de agências reguladoras e de órgãos de defesa da concorrência, como o Conselho Administrativo de Defesa Econômica/CADE. A livre concorrência, portanto, não se reveste mais dos moldes smithianos do Liberalismo econômico, no qual o Estado fica ausente da economia, deixando que a própria concorrência no mercado estabeleça os agentes aptos a se perpetuarem, excluindo os demais, até supostamente atingir o ponto de equilíbrio entre produtores e consumidores, pela lei da oferta e da procura.

Neste sentido, o § 4º do art. 173 da CF dispõe que "a lei reprimirá o abuso do poder econômico que vise à dominação dos mercados, à eliminação da concorrência e ao aumento arbitrário dos lucros". Cumpre ressaltar que o poder econômico não é mau *per se*. Pelo contrário, sem poder econômico não se viabilizam grandes obras e investimentos necessários para o desenvolvimento do País. Repreendem-se, assim, o uso abusivo do poder econômico, a eliminação da concorrência e o aumento arbitrário dos lucros. A lei que versa acerca da prevenção e repressão ao abuso do poder econômico é a Lei de Defesa da Concorrência (Lei 8.884, de 11.6.1994).

Para tanto, a compreensão dos arts. 173 e 174 é de grande importância, pois traçam a nova forma pela qual o Estado deve atuar no domínio econômico. Não é mais um Estado/agente econômico, monopolista, tampouco um Estado ausente nos padrões liberais, deixando que a concorrência entre agentes privados por si só regule a economia.

A exploração da atividade econômica apresentada no *caput* do art. 173 passa a ser desempenhada pelo agente privado, e pelo Estado apenas em casos de segurança nacional ou interesse coletivo. Já o art. 174 define a nova função do Estado de agente normativo e regulador da atividade econômica, cabendo a ele fiscalizar, incentivar e planejá-la, sendo determinante para o setor público e indicativo para o setor privado.

Justifica-se, portanto, no art. 174 a possibilidade da efetivação das agências reguladoras no contexto jurídico-econômico nacional, pois são os agentes privados que passam a desempenhar atividades até então executadas pelo setor público e a atuar em setores de interesse público, como telecomunicações.

Destaca-se, ainda, que no art. 174, *caput*, está disposto que o planejamento da atividade econômica é indicativo ao setor privado. Tal entendimento está em perfeita sintonia com o princípio da livre iniciativa, fundamento da ordem econômica. Entretanto, para vincular o setor privado e, assim, viabilizar suas políticas, o Estado celebra com a iniciativa privada contratos administrativos em nome do interesse público. Por essa razão – observa Sônia Tanaka –, "não se pode afirmar a existência de uma relação de subordinação entre o particular contratado e a Administração, mas sim um pacto de colaboração, posto que o objeto será, ao final, de interesse de ambas as partes contratantes, mesmo não sendo esse o objetivo imediato do particular, que sempre almejará a circulação da riqueza"[1] – entende-se, a obtenção do lucro.

Assim, para que o Estado pudesse exercer de maneira eficiente essa sua nova tarefa de agente normativo e regulador da atividade econômica, cabendo a ele fiscalizar os agentes econômicos no mercado, fez-se necessária a criação das agências reguladoras.

7.3 As agências reguladoras

As agências reguladoras estão relacionadas a uma nova fase das políticas econômicas dos Estados, em razão das alterações da conjun-

1. Sônia Yuriko Kanashiro Tanaka, *Concepção dos Contratos Administrativos*, São Paulo, Malheiros Editores, 2007, p. 191.

tura econômica e social, com a crescente tendência de desestatizações, privatizações, concessões e parcerias, evidenciando forte retraimento da publicização da maioria dos setores da economia.

Observa Alexandre Santos de Aragão:

> "As mudanças de conjuntura não 'revogaram' os Estados democráticos e sociais de direito constitucionalmente estabelecidos. Por outro lado, estes não podem ignorá-las, mas devem tratá-las sob o seu prisma, ou seja, do prisma de Estados não omissos diante da promoção do bem-estar da coletividade, inclusive no que diz respeito à melhoria das condições de vida da população, à competitividade econômica e à eficiência e modicidade dos serviços públicos".[2]

Depara-se com uma forma de o Estado intervir em setores da economia, a regulação econômica, conforme explica João Bosco Leopoldino da Fonseca:

> "A atividade neste campo pode dar-se sob o enfoque da edição de normas destinadas a, de alguma forma, influir na concretização do fenômeno econômico, e para consegui-lo 'o Governo condiciona, corrige, altera os parâmetros naturais e espontâneos do mercado', mas neste caso o faz sob dois enfoques: o de uma simples fiscalização administrativa da atuação dos agentes econômicos e o de uma influência mais determinante, quer sob o aspecto de estímulo, quer sob o de apoio da atividade econômica".[3]

As agências reguladoras são qualificadas por suas leis instituidoras como "autarquias especiais", integram a Administração indireta e, no caso das agências do âmbito federal, vinculam-se ao Ministério relativo à atividade a ser por elas desempenhada.

Em tal contexto desponta a elaboração teórica e legislativa das agências reguladoras, caracterizadas pela dinamicidade, independência, tecnicidade, consenso para dirimir conflitos; ou seja, trata-se de relevante instrumento de adequação de uma nova ordem jurídico-econômica.

As características comuns das agências reguladoras ressaltadas por Alexandre Santos de Aragão são:

> "(a) a 'independência' de que são dotadas consiste na realidade em uma autonomia reforçada em relação ao aparato tradicional da Administração direta e indireta; (b) a restrição ao poder de exoneração dos dirigentes dos órgãos ou entidades independentes de regulação não compromete o poder de direção do governo, sendo este compreendido nos termos das respectivas leis criadoras; (c) todas elas concentram poderes fiscalizatórios, sancionatórios, compõem conflitos e editam regulamentos; e (d) os amplos poderes regulamentares que

2. Alexandre Santos de Aragão, *Agências Reguladoras e a Evolução do Direito Administrativo Econômico*, 2ª ed., Rio de Janeiro, Forense, 2004, p. 5.

3. João Bosco Leopoldino da Fonseca, *Direito Econômico*, 4ª ed., Rio de Janeiro, Forense, 2001, p. 241.

geralmente possuem são admitidos desde que a lei fixe os *standards* em que deverão se desenvolver".[4]

Os *poderes normativos* das agências reguladoras caracterizam-se por serem normativos propriamente ditos, solucionadores de conflitos de interesse, investigativos, fomentadores e, ainda, de fiscalização, seja preventiva, seja repressiva. Decorrem da complexidade da sociedade atual e da especificidade das atividades técnicas prestadas pelo Estado ou por ele reguladas. As agências reguladoras, designadas para o controle do Estado sobre a economia, necessitam de poderes para editar normas com a velocidade necessária para acompanhar os constantemente mutáveis fenômenos financeiros e econômicos.

A *autonomia* que as agências reguladoras têm para estabelecer suas normas próprias reduz, sobremaneira, a subordinação das agências em relação à Administração direta; e, por serem independentes, as decisões das agências reguladoras não se submetem a revisão de entidade da Administração direta, mas tão somente ao Poder Judiciário, apto a rever as decisões emanadas pelas agências no sentido de coibir eventuais abusos ou irregularidades.

A *atividade sancionatória* das agências reguladoras decorre da *competência fiscalizatória* que possuem, uma vez que, descumpridos os preceitos legais, regulamentares ou contratuais, o ente regulador pode – e deve – aplicar sanções ao agente econômico faltoso.

O *caráter técnico* da atuação das agências reguladoras é essencial, uma vez que regulam mercados específicos. Exige-se como pressuposto para os dirigentes das agências o conhecimento técnico, científico e especializado do setor em que atuarão. A indicação dos dirigentes das agências reguladoras pelo Poder Executivo, a aprovação pelo Senado Federal e a nomeação pelo Presidente da República devem, portanto, observar a técnica que esses dirigentes detêm. Uma vez aprovados pelo Senado Federal e nomeados pelo Presidente da República para mandato certo, conforme período fixado na lei instituidora da agência, os dirigentes somente perderão o mandato em caso de renúncia, de condenação judicial transitada em julgado ou de processo administrativo disciplinar, salvo outra previsão para a perda do mandato eventualmente contida na lei de criação da agência. O mandato garante a autonomia e independência do dirigente contra pressões políticas.

4. Alexandre Santos de Aragão, *Agências Reguladoras e a Evolução do Direito Administrativo Econômico*, cit., 2ª ed., p. 261.

A *autonomia reforçada das agências reguladoras*, característica que também assegura sua *independência* em face dos poderes da Administração Pública estatal, é a *autonomia financeira*, decorrente das *taxas regulatórias* que cobram dos entes regulados e das *dotações orçamentárias* do Ministério a que se vinculam.

Ressalta-se que a *autonomia das agências reguladoras em relação ao Poder Legislativo* é bastante reduzida, já que o legislador pode interferir nas agências, alterando seu regime jurídico, e até extingui-las. O legislador pode ainda fiscalizá-las e suspender seus atos normativos não condizentes com a lei, tudo em conformidade com o Estado Democrático de Direito, no qual a presença do Poder Legislativo é essencial, já que a própria Constituição Federal não assegura a independência das agências.

Por serem autarquias, prestam contas aos *Tribunais de Contas* das verbas públicas utilizadas e, ainda, dos gastos de regulação e de fiscalização de serviços públicos que repercutem no erário público.

Todo esse processo inicia-se no Governo Collor com o Plano Nacional de Desestatização, tendo prosseguido de forma mais tênue no Governo Itamar, até se destacar com o Governo FHC, com a criação das agências reguladoras nos setores de telecomunicações (ANATEL), petróleo e biocombustíveis (ANP), saúde suplementar (ANS), vigilância sanitária (ANVISA), cinema (ANCINE), águas (ANA), transportes terrestres e aquaviários (ANTT e ANTAQ) e energia elétrica (ANEEL). No Governo Lula foi criada a agência reguladora do setor de aviação civil (ANAC).

7.4 Breve reflexão sobre as agências reguladoras no Brasil

Para compreender a atuação das agências reguladoras no Brasil deve-se refletir acerca de alguns pontos e acontecimentos que, certamente, afetam a regulação dos mercados e o bem-estar econômico dos consumidores.

No início do primeiro mandato do Presidente Lula seu governo declarou a intenção de esvaziar as agências reguladoras, devolvendo as competências de regulação e fiscalização aos respectivos Ministérios. Tais declarações soaram mal junto ao mercado e diante da crítica especializada, uma vez que a concepção das agências reguladoras é tratar questões técnicas por meio da técnica, e não pelo viés político.

Contudo, de maneira indireta, o Governo Lula esvaziou e limitou a atuação das agências reguladoras. Primeiramente com a falta do repasse de dotações orçamentárias dos respectivos Ministérios, o que comprometeu sobremaneira a atuação das agências, especialmente quanto à fiscalização do mercado e dos agentes regulados. Depois com a falta de nomeação de dirigentes para as agências, que deveriam ocupar o lugar daqueles que tinham o mandato encerrado. Diversas agências ficaram sem o *quorum* mínimo para decidir questões importantes para o desenvolvimento do País e para o bem-estar econômico dos consumidores. Quando novos dirigentes eram indicados, muitas vezes ao invés da técnica prevaleciam aspectos políticos, e assim eram aprovados e legitimados pelo Senado Federal e nomeados pelo Presidente da República.

O maior revés às agências reguladoras, entretanto, ocorre com o despacho do Presidente da República, publicado no *DOU* de 19.6.2006, Seção 1, pp. 1 a 11, que aprovou o Parecer da Advocacia-Geral da União referente ao Processo 50000.029371/2004-83, que trata da divergência entre o Ministério dos Transportes e a Agência Nacional de Transportes Aquaviários/ANTAQ no tocante a competência e recurso hierárquico impróprio.

Analisando a divergência entre o Ministério dos Transportes e a ANTAQ, reconhece-se o "recurso hierárquico impróprio", algo que interfere decisivamente na autonomia e na independência das agências reguladoras. Permite-se com tal recurso a revisão ministerial de decisões tomadas pelas agências, sob a alegação de que "a aferição da autonomia das agências e de suas condutas além de diretamente vinculada às suas finalidades institucionais se mede principalmente pela adequada compatibilização com as políticas públicas adotadas pelo Presidente da República e os Ministérios que o auxiliam". Com isso, decisões técnicas podem ser tratadas de forma política, trazendo insegurança jurídica aos administrados e inibindo investimentos para o desenvolvimento socioeconômico do País.

Na definição de Marçal Justen Filho:

> "Agência reguladora independente é uma autarquia especial, sujeita a regime jurídico que assegure sua autonomia em face da Administração direta e investida de competência para a regulação setorial".[5]

A Portaria 164/2009 da Advocacia-Geral da União/AGU também merece atenção. Segundo ela, transfere-se a defesa das decisões perante os tribunais superiores das agências reguladoras e demais entes da Administração Federal indireta, um total de 188 autarquias

5. Marçal Justen Filho, *Curso de Direito Administrativo*, São Paulo, Saraiva, 2005, p. 466.

e fundações, para a Procuradoria-Geral Federal, órgão subordinado ao Ministro-Chefe da AGU. Especificamente no tocante às agências reguladoras CADE e CVM, o então Presidente do CADE, Arthur Sanchez Badin, expôs que esses entes da Administração Federal indireta se diferenciam dos demais "pelo fato de a lei lhes assegurar autonomia e independência decisória em relação ao Governo, visando a protegê-los de indevidas ingerências ou pressões políticas".[6]

Diante do ocorrido, restringiram-se demasiadamente a autonomia e a independência das agências reguladoras no Brasil, comprometendo a regulação econômica. Algo prejudicial à livre concorrência, ao bem-estar econômico do consumidor e ao desenvolvimento do País.

Em que pese ao fato de o advento das agências reguladoras significar a melhor forma de atuação do Estado na economia, deve-se estar atento também ao *risco da captura*. O agente regulado muitas vezes mantém estreita ligação com o agente regulador, e dessa relação imbricada podem resultar normas (legitimações de poder) que atendam aos interesses de uma minoria detentora de poder econômico (o agente ou o setor regulado), em prejuízo dos anseios da maioria (coletividade ou usuários).

Escreve Fábio Nusdeo que,

> "da mesma forma que os operadores privados tentam maximizar os resultados de sua atividade no mercado, os operadores públicos, administradores das agências governamentais, basicamente, também procuram maximizar algum ou vários elementos que para eles se revestem de grande valor, como, por exemplo, o grau de probabilidade de se manterem no cargo – eletivo ou burocrático –, a influência, o prestígio, a popularidade e outros do gênero. Nessas condições, aquele operador público poderá ser levado a tomar decisões favorecedoras de uma minoria, e não da maioria, como seria de se esperar. Isso poderá ocorrer quando, exemplificativamente, duas proposições diversas forem apoiadas com grande empenho por dois grupos em cada caso minoritários e encontrarem oposição, porém pouco coesa, por parte de uma maioria menos combativa".[7]

Não se pode esquecer que o técnico ou o dirigente que trabalha numa agência reguladora tem seu mercado profissional de trabalho no próprio setor que regula, dada sua especificidade. Ou seja, hoje esse técnico ou dirigente pode regular os serviços de empresas em que amanhã ele possa a vir trabalhar. Neste sentido a matéria "Empresas têm relação íntima com reguladoras", publicada na *Folha de*

6. *Valor Econômico*, 7.7.2009, p. A12.

7. Fábio Nusdeo, *Fundamentos para uma Codificação do Direito Econômico*, tese (Professor Titular do Departamento de Direito Econômico e Financeiro), São Paulo, Faculdade de Direito da USP, 1993, pp. 86-87.

S. Paulo de 23.5.2010, caderno "Mercado", pp. B1 e B3, segundo a qual diretores trocam agências por empresas que fiscalizavam. Insere-se neste contexto do funcionamento das agências a análise da escola da *Public Choice*, segundo a qual a captura da agência pode ocorrer já no momento mesmo da sua criação, ao prevalecerem na lei instituidora os interesses do setor a ser regulado pela agência, em detrimento do interesse público.

Instituições civis organizadas devem estar atentas à chamada *teoria da cooptação* ou *da captura*, pela qual a agência reguladora ou seus funcionários podem ser capturados pelos agentes privados e cooptados por interesses individuais ou de uma minoria, em prejuízo dos interesses da coletividade. O exercício da cidadania por grupos de pressão da sociedade civil é que pode fazer frente aos grupos de pressão de agentes detentores de poder econômico.

Em setores regulados é necessária ainda a difusão do conhecimento econômico, com o desenvolvimento das atividades econômicas em condição de igualdade material entre os agentes econômicos, uma regulação institucional de intervenção ativa, com a criação da concorrência e a eliminação de assimetrias de informação ao consumidor, assegurando a ele a possibilidade de escolha.

Para tanto, as agências reguladoras devem respeitar e efetivar a *transparência* e a *prestação de contas*. A transparência das agências reguladoras está relacionada à publicidade de seus atos, como a realização de audiências públicas, a fim de que o administrado possa acompanhar debates e julgamentos. Além de assegurar o livre acesso às reuniões deliberativas dos conselhos diretores das agências, tais reuniões devem ser transmitidas pela Internet – algo já implementado pelo CADE.

Já a prestação de contas, ou *accountability*, que em governança corporativa significa "prestação responsável de contas, fundamentada nas melhores práticas contábeis e de auditoria",[8] refere-se à satisfação a ser dada pela agência reguladora aos administrados e à sociedade de suas ações realizadas, quantificação dos resultados obtidos e diretrizes. Neste sentido os Relatórios de Gestão, algo já implementado e disponibilizado pelo CADE e pela Secretaria de Direito Econômico/ SDE em seus respectivos sítios.

A transparência das agências reguladoras na publicidade de seus atos, portanto, está estritamente vinculada à exigência imposta pela

8. Adriana Andrade e José Paschoal Rossetti, *Governança Corporativa: Fundamentos, Desenvolvimento e Tendências*, 2ª ed., São Paulo, Atlas, 2006, p. 140.

CF, que em seu art. 37 estabelece que a Administração Pública direta e indireta de qualquer dos Poderes da União, dos Estados, do Distrito Federal e dos Municípios obedecerá aos princípios de legalidade, impessoalidade, moralidade, *publicidade* e *eficiência*, conforme redação do *caput* dada pela Emenda Constitucional 19, de 4.6.1998.

Conforme discutido em Istambul entre os dias 27 e 29.4.2010, na 9ª Conferência Anual da *International Competition Network*/ ICN, em seu grupo de trabalho *Agency Effectiveness*, inclui-se nas razões pelas quais as agências devem comunicar externamente suas prioridades o quanto segue:

• Prover mais transparência e franqueza do trabalho da agência e, assim, reduzir possíveis entendimentos equivocados ou incertezas quanto às prioridades da agência.

• Construir uma relação mais forte com diferentes agentes (como, por exemplo, governo, órgãos reguladores, associações civis, mídia, associações empresariais, universidades).

• Construir uma sólida rede de parceiros da agência para a promoção da cultura da concorrência. E:

• Melhorar a qualidade das reclamações/denúncias, encorajando que as denúncias reflitam as prioridades da atuação agência.

As formas de comunicação externa podem incluir notas à imprensa, entrevistas coletivas, discursos ou entrevistas concedidas pelos representantes ou diretores da agência. As prioridades das agências reguladoras podem também ser apresentadas em reuniões com os agentes regulados e consumidores.

A publicação de relatórios anuais e, ainda, a divulgação no *website* da agência são formas de assegurar maior transparência e prestação de contas.

Importante também salientar que as agências reguladoras devem realizar consultas públicas antes de definir e publicar suas prioridades no mercado que regulam.

O tema da transparência também foi tratado no documento preparado pela Câmara de Comércio Internacional (ICC, sigla em Inglês) intitulado *Recommended Framework for International Best Practices in Competition Law Enforcement Proceedings*, discutido pela Comissão de Concorrência da ICC, que se reuniu em 30.4.2010 em Istambul.

A transparência significa que as leis de defesa da concorrência e as normas regulatórias devem ser transparentes, para permitir que os agentes econômicos pautem suas condutas em conformidade com a legislação aplicada nos mercados em que operam, bem como que possam compreender o procedimento para se defenderem em eventuais investigações. Neste sentido, para um agente econômico se defender apropriadamente em uma investigação, a autoridade deverá informar as alegações e reclamações contra o agente e as evidências que subsidiam tais acusações.

7.5 Conclusão

O poder econômico refere-se à condição econômica da empresa e à possibilidade de essa empresa intervir no mercado, de maneira a impor aos outros concorrentes condições que os levam geralmente a não conseguir resistir à disputa. O poder econômico também atua, mesmo que na maioria das vezes de maneira praticamente imperceptível, submetendo os consumidores aos interesses da empresa.

A empresa, especialmente a grande empresa, tem seu poder evidenciado pela sua organização, que emprega o capital e mobiliza as aptidões imperativas para sua atuação no mercado, modificando a relação concorrencial estabelecida a partir da conquista de mercados pela preferência dos consumidores. A economia passa a ser planejada pela grande empresa, o que compromete o bem-estar da sociedade, reiterando a superioridade do poder econômico em relação ao consumidor. Nessas situações o mercado não funciona de forma a produzir os efeitos positivos da concorrência, exigindo regulação.

Contudo, a autorregulação do mercado tão somente pela “mão invisível” da concorrência, regida pela lei da oferta e da procura, pode em dados momentos até funcionar em mercados onde a competição se estabelece naturalmente. Contudo, na maioria das vezes a ordem econômica não consegue se autocontrolar com os agentes econômicos atuando num mercado sem a fiscalização e a disciplina do Estado.

O funcionamento do mercado deve ser tutelado por uma eficaz legislação de defesa da concorrência, e sempre que necessário por agências reguladoras, que impõem limites à possibilidade de os agentes adquirirem poder econômico por meio de comportamentos e práticas restritivas, ao invés da eficiência e de suas capacidades superiores.

Nos mercados perfeitamente competitivos o Estado, por meio de órgãos de defesa da concorrência (como o CADE, a SDE e a Secretaria de Acompanhamento Econômico/SEAE) devidamente munidos de recurso técnico, pessoal, econômico e legal, deverá atuar para prevenir e coibir abusos, a fim de que a disputa entre os agentes resulte na vitória do mais apto, aquele escolhido pelo consumidor.

Já nos mercados imperfeitamente competitivos, nos quais a competição não se estabelece naturalmente, a regulação é necessária, revelando-se a alternativa ao modelo clássico concorrencial e o meio para instituir as condições de concorrencialidade. Para tanto, deve ser priorizada a instituição de autoridades administrativas autônomas – no Brasil, autarquias federais denominadas *agências reguladoras*, comprometidas com a defesa dos consumidores diante da pressão exercida pelo poder econômico. Mais ainda, tais agências, como a ANATEL (telecomunicações), a ANEEL (energia elétrica) e a ANS (saúde complementar), devem estar comprometidas com os interesses e a proteção dos direitos dos consumidores e relacionadas com o Sistema Nacional de Defesa do Consumidor/SNDC, a fim de integrarem uma grande rede nacional de proteção aos consumidores, como mais um mecanismo de se evitar a captura das agências pelo poder econômico.

A concorrência é, portanto, o meio ótimo para corrigir as falhas de mercado e promover o bem-estar econômico do consumidor, desde que o Estado promova instituições fortes e aptas a regular mercados e controlar o poder econômico por meio do Direito. A lógica pela concorrência é transferir a decisão, a escolha, ao consumidor.

Para tanto, é necessário garantir ao consumidor o pleno acesso à informação, uma das tarefas primordiais das autoridades reguladoras competentes para controlar o poder econômico. Informação é poder, e o poder econômico, ciente desse poder, o utiliza, legitimando seu direito de não prestar informações, e não prestando as informações necessárias às autoridades governamentais, que, impotentes ou cooptadas, não as exigem. O controle da informação aumenta o poder das grandes empresas, e a sociedade, em assimetria de informação, não consegue fazer as melhores escolhas. Outrossim, a assimetria de informação no mercado compromete a competição entre os agentes, afetando, desta forma, o desenvolvimento.

Cumpre também à sociedade organizar-se em grupos de defesa dos seus interesses, algo fundamental para exercer o dever cívico de pressionar as autoridades reguladoras e o governo para fazer valer a soberania popular. A pressão junto ao governo e agências reguladoras é a contraforça ao poder econômico, que não mais poderá se esconder no anonimato e deverá prestar todas as informações necessárias para o consumidor fazer suas escolhas. Feito isso, a concorrência exigirá dos agentes do mercado o melhor em qualidade, preço, atendimento ao consumidor, respeito aos trabalhadores e responsabilidade sócio-ambiental.

O esquema a seguir procura demonstrar, à luz do que foi exposto, que a transparência na regulação econômica é a forma eficiente de controlar o abuso do poder econômico, visto que: (a) reduz o risco da captura e a assimetria da informação; (b) transfere a decisão ao consumidor; e (c) reduz preços, aumenta a qualidade de produtos e serviços, viabiliza avanço tecnológico e desenvolvimento.

> Um Estado determinado a promover o bem-estar social e efetivamente controlar o poder econômico deverá relacionar concorrência e desenvolvimento, sobretudo para economias em desenvolvimento e em transição, introduzindo cada vez mais a defesa da concorrência em setores regulados, de modo a assegurar a proteção do consumidor. Neste sentido, alguns objetivos deverão ser perseguidos, tais como: (a) assegurar um efetivo processo concorrencial; (b) promover o bem-estar econômico do consumidor; (c) maximizar a eficiência; (d) assegurar a liberdade econômica; (e) assegurar o equilíbrio entre os concorrentes em condições desiguais; (f) promover a lealdade e a igualdade; (g) promover a possibilidade da escolha pelo consumidor, eliminando assimetrias de informação; (h) alcançar a integração dos mercados; (i) facilitar privatizações e liberalização dos mercados; e (j) promover a concorrência nos mercados.

Outrossim, o Estado deve viabilizar a eficiente regulação econômica por meio da efetivação de autoridades administrativas autônomas – no Brasil, autarquias federais denominadas *agências reguladoras* –, detentoras de independência, ou seja, autonomia reforçada em relação ao aparato tradicional da Administração direta e indireta e com suas decisões revistas apenas pelo Poder Judiciário, a fim de se coibir a politização de decisões técnicas. Pela escolha de dirigentes capacitados para exercerem seus mandatos fixos frente às agências, afastando-se ingerências políticas e sem exoneração *ad nutum*. Assegurar a dotação orçamentária necessária para que as agências executem eficientemente suas tarefas fiscalizatórias, sancionatórias, de composição de conflitos e na edição de regulamentos, sempre dentro dos *standards* estabelecidos em lei.

> Por fim, as agências reguladoras devem sempre respeitar e efetivar a transparência e a prestação de contas. A transparência das agências reguladoras na publicidade de seus atos está estritamente vinculada à exigência imposta pela CF, que em seu art. 37 estabelece a obediência aos princípios de legalidade, impessoalidade, moralidade, publicidade e eficiência. O respeito à transparência pelas agências reguladoras, além de assegurar credibilidade aos seus atos, é forma eficiente de combater os efeitos danosos da chamada *teoria da cooptação* ou *da captura*, pela qual a agência reguladora ou seus funcionários podem ser capturados pelos agentes privados e cooptados por interesses individuais ou de uma minoria, em prejuízo aos interesses da coletividade.

A Constituição Federal – ressalta-se – estabeleceu que o Estado poderá atuar de forma direta ou indireta nos mercados. Diretamente, como agente econômico, ou indiretamente, controlando e fiscalizando a atuação de entes particulares. A atuação do Estado, portanto, pode ser mais intensa quando o Estado é o próprio agente de um setor da economia, muitas vezes até como monopolista; e menos direta quando o Estado deixa a atividade econômica ser explorada pelo agente privado e se reserva o poder de fiscalização. Justamente nesta situação, onde as autoridades administrativas autônomas denominadas agências reguladoras atuam, verifica-se a necessidade da regulação econômica pró-competitiva, sob risco de, assim não fazendo, a sociedade tornar-se refém de grandes grupos econômicos.

Referências Bibliográficas

ANDRADE, Adriana, e ROSSETTI, José Paschoal. *Governança Corporativa: Fundamentos, Desenvolvimento e Tendências*. 2ª ed. São Paulo, Atlas, 2006.

ARAGÃO, Alexandre Santos de. *Agências Reguladoras e a Evolução do Direito Administrativo Econômico*. 2ª ed. Rio de Janeiro, Forense, 2004.

BAGNOLI, Vicente. *Direito e Poder Econômico: os Limites Jurídicos do Imperialismo Frente aos Limites Econômicos da Soberania*. Rio de Janeiro, Elsevier, 2009.

__________. *Direito Econômico*. 4ª ed. Série Leituras Jurídicas, vol. 29. São Paulo, Atlas, 2010.

__________. *Introdução ao Direito da Concorrência: Brasil-Globalização-União Europeia-Mercosul-ALCA*. São Paulo, Singular, 2005.

CÂMARA DE COMÉRCIO INTERNACIONAL (ICC, sigla em Inglês). *Recommended Framework for International Best Practices in Competition Law Enforcement Proceedings*. 2010.

FONSECA, João Bosco Leopoldino da. *Direito Econômico*. 4ª ed. Rio de Janeiro, Forense, 2001; 5ª ed. Rio de Janeiro, Forense, 2005.

GALBRAITH, John Kenneth. *O Novo Estado Industrial*. São Paulo, Pioneira, 1983.

JUSTEN FILHO, Marçal. *Curso de Direito Administrativo*. São Paulo, Saraiva, 2005.

MEDAUAR, Odete. *Direito Administrativo Moderno*. 8ª ed. São Paulo, Ed. RT, 2004.

NUSDEO, Fábio. *Fundamentos para uma Codificação do Direito Econômico*. Tese (Professor Titular do Departamento de Direito Econômico e Financeiro). São Paulo, Faculdade de Direito da USP, 1993.

ROSSETTI, José Paschoal, e ANDRADE, Adriana. *Governança Corporativa: Fundamentos, Desenvolvimento e Tendências*. 2ª ed. São Paulo, Atlas, 2006.

SALOMÃO FILHO, Calixto. *Regulação da Atividade Econômica: Princípios e Fundamentos Jurídicos*. 2ª ed. São Paulo, Malheiros Editores, 2008.

__________. *Regulação e Concorrência: Estudos e Pareceres*. São Paulo, Malheiros Editores, 2002.

SOUZA, Washington Peluso Albino de. *Primeiras Linhas de Direito Econômico*. 5ª ed. São Paulo, LTr, 2003.

TANAKA, Sônia Yuriko Kanashiro. *Concepção dos Contratos Administrativos*. São Paulo, Malheiros Editores, 2007.

Sítios e matérias de jornal

Diário Oficial da União/DOU 19.6.2006, Seção 1, pp. 1-11

Folha de S. Paulo 23.5.2010, caderno "Mercado", pp. B1 e B3

http://www.icn-istanbul.org

Valor Econômico 7.7.2009, p. A12

Capítulo 8

Organização Social/OS e Organização da Sociedade Civil de Interesse Público/OSCIP

SOLVEIG FABIENNE SONNENBURG

8.1 A Reforma Administrativa e seus reflexos: 8.1.1 O Terceiro Setor. 8.2 As organizações sociais/OS : 8.2.1 Fatos das organizações sociais/OS. 8.3 Organizações da sociedade civil de interesse público/OSCIPs: 8.3.1 Fatos das organizações da sociedade civil de interesse público/OSCIPs.

8.1 A Reforma Administrativa e seus reflexos

Desde a implantação do Estado Democrático no Brasil não há como negar que, dentro de suas possibilidades históricas, a Administração Pública vem tentando se adequar e criar condições para melhor atender aos interesses da sociedade no que concerne à prestação dos serviços públicos e à satisfação das necessidades coletivas de relevância.

Contudo, a atuação do Estado-administrador desde a última década do século passado vem sofrendo maior influência do pensamento neoliberal, segundo o qual não seria plenamente capaz de realizar os necessários investimentos e desempenhar eficientemente todas as atribuições que lhe foram impostas originariamente pela Constituição de 1988. Por esta razão, os neoliberais passaram a apregoar a "doutrina do Estado Mínimo", cujo objetivo é retirar o setor público de todas as áreas em que sua atuação não seja imprescindível.[1] Com efeito, para os neoliberais, no mundo dito globalizado, o extenso controle do Estado, a burocracia e a ineficiência que passaram a significar o atravancamento do progresso contrapõem-se aos acelerados interesses capitalistas.

Norberto Bobbio sintetiza este pensamento, ao afirmar que:

> "Quando a sociedade civil, sob a forma de sociedade de livre mercado, avança a pretensão de restringir os poderes do Estado ao mínimo necessário, o Estado, como mal necessário, assume a figura do Estado Mínimo, figura que o torna denominador comum de todas as expressões do pensamento liberal".[2]

A reforma do Estado, iniciada pelo Governo Collor e levada adiante no Governo Fernando Henrique, foi marcada por fortes traços do Neoliberalismo.[3] Este último Governo, aliás, promoveu amplo processo de privatização (ou desestatização) de serviços outrora restritos à esfera estatal.[4]

O projeto de reforma mirou um dos principais problemas enfrentados pela Administração Pública: a rigidez resultante da aplicação de normas burocráticas, mesmo para setores que não exigissem tanto, como os serviços sociais, ou segmentos de saúde e educação, que deveriam ser disponibilizados com mais praticidade, celeridade e eficiência.[5]

Segundo esclarece Sílvio Luís Ferreira da Rocha, a proposta do Plano Diretor da Reforma do Aparelho do Estado compreendeu a admissão da transferência de bens e serviços não exclusivos de atuação do Estado para organizações sem fins lucrativos e de direito privado, por intermédio de um processo denominado "publicização".[6]

1. Marcelo Alexandrino e Vicente Paulo, *Direito Administrativo Descomplicado*, 16ª ed., São Paulo, Método, 2008, p. 127.

2. Norberto Bobbio, *Estado, Governo, Sociedade: por uma Teoria Geral da Política*, trad. de Marco Aurélio Nogueira, Rio de Janeiro, Paz e Terra, 1987, p. 129.

3. Sílvio Luís Ferreira da Rocha, *Terceiro Setor*, 2ª ed., São Paulo, Malheiros Editores, 2006, p. 38.

4. Ressalva se faz aos serviços que permanecem sob a ingerência exclusiva do Estado, denominados *serviços indelegáveis*, que só podem ser prestados pelo Estado diretamente através de seus órgãos e agentes, que não são objeto da presente análise – como, por exemplo, o exercício do poder de polícia.

5. Sílvio Luís Ferreira da Rocha, *Terceiro Setor*, cit., 2ª ed., p. 98.

6. Idem, pp. 99-100. Muitos autores – como José dos Santos Carvalho Filho (*Manual de Direito Administrativo*, 16ª ed., Rio de Janeiro, Lumen Juris, 2006, p. 293) –, com razão, entendem inadequado o termo "publicização", pois na prática ocorre o inverso, ou seja, uma *privatização* ou *desestatização*, pois serviços públicos são transferidos para entes privados.

Esta manifesta desestatização ou "publicização" foi estratégia do próprio Estado, como meio de incrementar ou tornar mais eficiente a prestação dos serviços públicos. Nas palavras de José dos Santos Carvalho Filho:

> "O Estado, depois de abraçar, por vários anos, a execução de muitas atividades empresariais e serviços públicos, com os quais sempre teve gastos infindáveis e pouca eficiência quanto aos resultados, resolveu imprimir nova estratégia governamental: seu afastamento e a transferência das atividades e serviços para sociedades e grupos empresariais".[7]

O autor destaca, entretanto, que, no que se refere aos serviços públicos, o Estado não deixou de ser o titular, tampouco deixou de manter o controle; apenas passou a atuar de maneira diversa, delegando a terceiros a execução dos serviços, ou em regime de parceria.[8]

Segundo ele, através do cumprimento de etapas de desestatização o Estado

> "se afasta do desempenho direto da atividade ou da prestação direta de alguns serviços públicos, delegando-a a pessoas de direito privado não integrantes da Administração Pública".[9]

O professor Paulo Modesto enumerou, de maneira genérica, alguns objetivos pretendidos com as reformas administrativas que desencadearam e, gradativamente, mitigaram o campo de atuação direta do ente estatal em alguns setores da sociedade ocidental:

> "(a) Objetivo econômico: diminuir o déficit público, ampliar a poupança pública e a capacidade financeira do Estado para concentrar recursos em áreas em que é indispensável a sua intervenção direta.
>
> "(b) Objetivo social: aumentar a eficiência dos serviços sociais oferecidos ou financiados pelo Estado, atendendo melhor ao cidadão a um custo menor, zelando pela interiorização na prestação dos serviços e ampliação do seu acesso aos mais carentes.
>
> "(c) Objetivo político: ampliar a participação da cidadania na gestão da coisa pública; estimular a ação social comunitária; desenvolver esforços para a coordenação efetiva das pessoas políticas no implemento dos serviços sociais de forma associada.
>
> "(d) Objetivo gerencial: aumentar a eficácia e efetividade do núcleo estratégico do Estado, que edita leis, recolhe tributos e define as políticas públicas; permitir a adequação de procedimentos e controles formais e substituí-los, gradualmente, porém de forma sistemática, por mecanismos de controle de resultados."[10]

7. José dos Santos Carvalho Filho, *Manual de Direito Administrativo*, cit., 16ª ed., p. 290.

8. Idem, ibidem.

9. Idem, p. 293.

10. Paulo Modesto, "Reforma Administrativa e marco legal das organizações sociais no Brasil", *apud* Marcelo Alexandrino e Vicente Paulo, *Direito Administrativo Descomplicado*, cit., 16ª ed., pp. 128-129.

Segundo Paulo Modesto, o Estado, atualmente, já não tem condições de monopolizar a prestação direta, executiva, do todos os serviços sociais de interesse coletivo. Estes podem ser executados por outros sujeitos, como associações de usuários, fundações ou organizações não governamentais sem fins lucrativos, sob acompanhamento e financiamento do Estado. Lembra, entretanto, que não prover diretamente o serviço não quer dizer tornar-se irresponsável perante essas necessidades sociais básicas. Como dito anteriormente, o Estado mantém o controle. Não se trata de reduzir o Estado a mero ente regulador. O Estado apenas regulador é o Estado Mínimo, utopia conservadora insustentável ante as desigualdades das sociedades atuais. Não é este o Estado que se espera resulte das reformas em curso em todo o mundo. O Estado deve ser regulador e promotor dos serviços sociais básicos e econômicos estratégicos. Precisa garantir a prestação de serviços de saúde de forma universal, mas não deter o domínio de todos os hospitais necessários; precisa assegurar o oferecimento de ensino de qualidade aos cidadãos, mas não estatizar todo o ensino. Os serviços sociais devem ser fortemente financiados pelo Estado, assegurados de forma imparcial pelo Estado, mas não necessariamente realizados pelo aparato do Estado.[11]

Assim, é possível afirmar que o Estado "aliou-se" ou buscou parceiros junto a pessoas ou entidades privadas, mediante certas condições legalmente previstas, para melhor prover algumas necessidades ou segmentos da comunidade, sem o uso direto de sua própria estrutura. O objetivo desse procedimento é, diante da "divisão de tarefas," não só diminuir a aparelhagem estatal, atendendo, assim, a algumas áreas de interesse público, mas referidas entidades de caráter privado passaram a desempenhar funções públicas, ou atividades de cunho social, sendo-lhes atribuído o *status* de *Terceiro Setor*.

Estas novas figuras criadas com a Reforma Administrativa, que consubstanciam uma redefinição das atividades do Estado, são objeto de dúvidas e ceticismo de alguns autores, que questionam se realmente haverá melhoria no atendimento das demandas sociais.[12]

11. Paulo Modesto, *Reforma do Marco Legal do Terceiro Setor no Brasil*, disponível em *http://jus2.uol.com.br/doutrina/texto.asp?id=474* (acesso em 17.9.2010).

12. Celso Antônio Bandeira de Mello, *Curso de Direito Administrativo*, 29ª ed., São Paulo, Malheiros Editores, 2012, p. 223. O autor faz referência a Sílvio Luís Ferreira da Rocha, que afirma, à p. 38 da obra já citada (*Terceiro Setor*, 2ª ed.): "Os argumentos que justificam essa redefinição das atividades do Estado são financeiros, jurídicos e políticos e partem da premissa – não comprovada por qualquer experiência histórica recente – de que haverá, ao final do processo, uma melhoria na capacidade do Estado de atender às demandas sociais".

Entretanto, elas passaram a existir, de fato e de direito, merecendo análise acentuada, diante do aspecto prático negativo ou positivo que sua atuação possa espelhar.

8.1.1 O Terceiro Setor

Antes de adentrar o estudo específico das organizações sociais/OS e das organizações da sociedade civil de interesse público/OSCIPs, veja-se o conceito de "Terceiro Setor".

Inicialmente, cabe indicar que são três as denominações atribuíveis às principais esferas ou setores existentes na sociedade comumente conhecida: Primeiro, Segundo e Terceiro Setor.

O *Primeiro Setor* é, classicamente, o Estado – ou serviço público –, zona de atuação privativa do Estado, submetida necessariamente ao direito público, que confere diversas prerrogativas especiais ou dominantes ao Poder Público, sob a égide do art. 175 da CF. O *Segundo Setor* é a sociedade privada – atividade de exploração econômica, esfera de livre iniciativa dos particulares, voltada à realização de interesses privados, com fins lucrativos, sendo sua norma básica preconizada no art. 173 da CF.[13]

O *Terceiro Setor* é uma referência às entidades não estatais que exercem atividade administrativa, integrado por sujeitos e organizações privadas comprometidos com a realização de interesses coletivos e a proteção de valores supraindividuais.[14] Tais entidades, também denominadas "paraestatais", apresentam-se com certo hibridismo, pois, sendo privadas, desempenham função pública.[15]

Nos dizeres de Sílvio Luís Ferreira da Rocha,

> "o nome *Terceiro Setor* indica os entes que estão situados entre os setores empresarial e estatal. Os entes que integram o Terceiro Setor são entes privados, não vinculados à organização centralizada ou descentralizada da Administração Pública, mas que não almejam, entretanto, entre seus objetivos sociais, o lucro e que prestam serviço em áreas de relevante interesse social ou público".[16]

13. Paulo Modesto, *Contratos de Gestão e Termos de Parceria: Disciplina Jurídica de Acordos de Cooperação com o Terceiro Setor*, disponível em *http://www.direitodoestado.com/palestras/PAULO%20MODESTO%20-%202006-22-AGOSTO-MG-ADM-TERMO%20DE%20PARCERIA%20E%20CONTRATO%20DE%20GESTAO.pdf* (acesso em 17.9.2010).

14. Marçal Justen Filho, *Curso de Direito Administrativo*, 2ª ed., São Paulo, Saraiva, 2006, p. 137.

15. José dos Santos Carvalho Filho, *Manual de Direito Administrativo*, cit., 16ª ed., p. 292.

16. Sílvio Luís Ferreira da Rocha, *Terceiro Setor*, cit., 2ª ed., p. 15.

Diante de tais conceitos, verifica-se que as entidades do Terceiro Setor têm características próprias, com condicionantes legais específicos, e dirigidas a determinadas áreas de atuação não exclusivas do Estado.

Nesse rol de implementos administrativos, expoentes da Reforma Administrativa – objeto de críticas, inclusive –, destacam-se as figuras do Terceiro Setor denominadas *organizações sociais*/OS e as *organizações da sociedade civil de interesse público*/OSCIPs, a seguir analisadas.

8.2 As organizações sociais/OS

Como dito anteriormente, o Estado conferiu a algumas entidades privadas que se enquadrassem nas exigências necessárias uma qualificação, ou título jurídico especial, que se denominou *organização social*. As organizações sociais são reguladas pela Lei 9.637/1998.

O autor Dirley da Cunha Jr. sintetiza as características básicas das organizações sociais através das normas estabelecidas pela Lei 9.637/1998:

> "São pessoas jurídicas de direito privado, de interesse social e utilidade pública, sem fins lucrativos, instituídas por iniciativa de particulares e qualificadas pelo Poder Executivo, atendidos certos requisitos, para exercerem atividades sociais de interesse coletivo, a qual compete ao Estado realizar em caráter não exclusivo, quais sejam, o ensino, a pesquisa científica o desenvolvimento tecnológico, a proteção e preservação do meio ambiente, a cultura e a sociedade. A entidade qualificada como organização social poderá celebrar contrato de gestão com o Poder Público, com vistas à formação de parceria entre as partes para fomento e execução de atividades relativas às áreas mencionadas. Como forma de fomento, a organização social poderá receber: dotações orçamentárias específicas (tais dotações dependem de prévia autorização administrativa); cessão de servidores públicos com ônus para o Estado; permissão de uso de bens públicos sem licitação; dispensa de licitação para contratar com entes estatais (a dispensa é do ente para contratar com a organização social)".[17]

Como dito, as organizações sociais não são uma nova categoria de pessoas jurídicas criadas para exercer as atividades legalmente relacionadas, mas passam a deter uma qualificação especial, um título jurídico concedido por lei a determinadas entidades que atendam às exigências nela especificadas.[18]

17. Dirley da Cunha Jr., *Terceiro Setor: os Entes de Cooperação*, 8ª ed., Salvador, p. 228.

18. José dos Santos Carvalho Filho, *Manual de Direito Administrativo*, cit., 16ª ed., p. 292.

Deste modo, as pessoas jurídicas em questão já existem. Contudo, tais entidades poderão qualificar-se como organizações sociais deste que atendam a algumas condicionantes previstas na Lei 9.637/1998.

A entidade interessada em sustentar o título de organização social e suas atribuições deve tratar-se de pessoa jurídica de direito privado, sem fins lucrativos, e que tenha por objeto social as seguintes áreas: o ensino, a pesquisa científica, o desenvolvimento tecnológico, a proteção e preservação do meio ambiente, a cultura e a saúde.

As entidades privadas que forem admitidas como organizações sociais terão certos privilégios, por pretenderem substituir o Estado-administrador na prestação ou desenvolvimento destas áreas específicas de atuação. Poderão assumir a gestão de bens públicos, ser beneficiadas com recursos públicos e obter serviços de servidores públicos.[19]

De fato, as áreas de atuação outrora da Administração Pública, com seu orçamento, pessoal, bens necessários à atividade, são transferidas para a organização social, ou ente privado, extinguindo-se o respectivo serviço público. A organização social herda o patrimônio material e humano do órgão extinto, além de algumas benesses, já que prestará serviço de ordem publica.

Toda a operação será financiada pelo Estado, desde a autorização de uso de bens ao repasse de bens e de verbas públicas, além do pagamento do salário dos servidores.

As condições para a qualificação como organização social são apontadas na Lei 9.637/1998. Além da definição específica de seu objeto social, não podem ter fins lucrativos, devendo estar voltadas para o ensino, a pesquisa científica, o desenvolvimento tecnológico, a proteção ao meio ambiente, a cultura e a saúde. Também, as organizações sociais devem ter um conselho de administração em cuja composição haja representantes do Poder Público e entidades da sociedade civil; no caso de associação civil, membros eleitos dentre os associados; membros com notória capacidade profissional e reconhecida idoneidade moral. Os relatórios financeiros devem ser publicados obrigatoriamente uma vez por ano no *Diário Oficial da União*; há proibição de distribuição de bens ou de parcela do patrimônio líquido em qualquer hipótese.

19. Marçal Justen Filho, *Curso de Direito Administrativo*, cit., 2ª ed., p. 139.

Em caso de extinção ou desqualificação da organização social, a lei estabelece que deve haver previsão, em seus atos constitutivos, de incorporação integral do patrimônio, dos legados ou das doações que lhe forem destinados, bem como dos excedentes financeiros decorrentes de suas atividades, ao patrimônio de outra organização social qualificada no âmbito da União, da mesma área de atuação, ou ao patrimônio da União, dos Estados e do Distrito Federal ou dos Municípios, na proporção dos recursos e bens por estes alocados.

Neste caso específico, é bom recordar que a organização social não pode deter para si qualquer resultado advindo dos recursos e bens que lhe são repassados, e que devem ser redirecionados aos interesses de ordem pública.

A aprovação da outorga da qualificação como organização social dependerá, ainda, de aprovação, quanto à conveniência e oportunidade, pelo Ministro ou Titular de órgão supervisor ou regulador da área de atividade correspondente ao objeto social da entidade e do Ministro de Estado da Administração Federal e Reforma do Estado.[20] Ressalte-se questionamento do autor José Eduardo Sabo Paes quanto a este requisito. Segundo ele, não há na Lei 9.637/1998 a devida rigidez de regras objetivas que orientem a decisão da autoridade pública, sendo conferida demasiada discricionariedade governamental na qualificação da entidade. O autor surpreende-se com que decisões tão importantes, com relação a áreas sensíveis e carentes da sociedade, dependam do bom senso de poucos mandatários do Poder Executivo.[21]

De fato, é difícil delimitar quais critérios serão levados em consideração pelos detentores dos cargos especificados, lembrando que as organizações sociais passam a administrar patrimônio público que lhes é repassado.

O instrumento apto a formalizar os deveres das partes (Poder Público e organizações sociais) para o fomento das atividades objetivadas pela lei é o contrato de gestão. Nele devem constar obrigatoriamente: a especificação do programa de trabalho proposto pela organização social, a estipulação das metas a serem atingidas e os respectivos

20. Esse Ministério foi extinto pela Medida Provisória 1.795/1999, sendo suas competências absorvidas pelo hoje Ministério do Planejamento, Orçamento e Gestão e contempladas na Lei 10.683, de 28.5.2003 (Celso Antônio Bandeira de Mello, *Curso de Direito Administrativo*, cit., 29ª ed., p. 237, notas).

21. José Eduardo Sabo Paes, *Fundações e Entidades de Interesse Social: Aspectos Jurídicos, Administrativos, Contábeis e Tributários*, 4ª ed., Brasília, Brasília Jurídica, 2003, p. 103.

prazos de execução, bem como previsão expressa dos critérios objetivos de avaliação de desempenho a serem utilizados, mediante indicadores de qualidade e produtividade; os limites e critérios para despesa com remuneração e vantagens de qualquer natureza a serem percebidas pelos dirigentes empregados as organizações sociais no exercício de suas funções.

É possível constatar que o contrato de gestão vincula e viabiliza o recebimento, pela organização social, de recursos orçamentários, bens e servidores. Estes recursos pretendem ser um incentivo ao melhor desempenho das atividades. Esta é a obrigação a que se submete a Administração.[22]

Já, à organização social caberá a obrigação de desenvolver as atividades especificadas na lei, de acordo com o programa de trabalho celebrado entre ela e a Administração. É sua obrigação atingir as metas e resultados propostos e prestar contas de sua atuação e do fomento a ela destinado, sob pena de ser desqualificada, obrigando-se a reverter os bens permitidos e valores entregues, sem prejuízo das sanções cabíveis.

A fiscalização da execução do contrato de gestão celebrado será feita pelo órgão ou entidade supervisora da área de atuação correspondente à atividade fomentada. Deste modo, por exemplo, se a organização social desenvolver atividade voltada para o ensino, o órgão fiscalizador será o Ministério da Educação e Cultura.

Caso constatado o descumprimento das disposições contidas no contrato de gestão, a organização social responderá a processo administrativo, podendo ser desqualificada, respondendo seus dirigentes, individual e solidariamente, pelos danos ou prejuízos decorrentes de sua ação ou omissão; lembrando que a desqualificação importará reversão dos bens permitidos e dos valores fomentados, sem prejuízo de outras sanções cabíveis.

Em seu estudo, José Eduardo Sabo Paes elabora interessante opinião quanto ao órgão que fiscaliza a respectiva organização social. Observa que a fiscalização é do próprio órgão que aprova, por conveniência e oportunidade, a qualificação da associação ou fundação como organização social, sendo o Ministério Público acionado, via representação, caso o responsável pela fiscalização entenda que a gravidade dos fatos assim o exige.[23] Diante de tal expediente legal,

22. Sílvio Luís Ferreira da Rocha, *Terceiro Setor*, cit., 2ª ed., p. 153.

23. José Eduardo Sabo Paes, *Fundações e Entidades de Interesse Social: Aspectos Jurídicos, Administrativos, Contábeis e Tributários*, cit., 4ª ed., p. 105.

o mesmo autor transcreve a opinião do Promotor de Justiça Carlos Francisco Bandeira Lins, que reflete inconformismo diante dos dispositivos da lei ora em comento:

> "A isso se somam inconstitucionalidades tópicas. É exemplo o fato de amesquinhar-se o papel que tem o Ministério Público na defesa do patrimônio público e social. Pela medida provisória, o Ministério Público só agirá contra os dirigentes das organizações sociais a chamado do Governo – isto é, terá de esperar um aviso da raposa para coibir o roubo no galinheiro".[24]

Igualmente, Maria Sylvia Zanella Di Pietro e grande parcela de doutrinadores enunciam severas crítica à lei das organizações sociais. Segundo a autora, ela, a lei, apresenta conteúdo de imoralidade e riscos para o patrimônio público e os direitos do cidadão. Neste sentido, transcreve-se o seguinte texto de sua lavra:

> "Trata-se de entidades constituídas *ad hoc*, ou seja, com o objetivo único de se habilitarem como organizações sociais e continuar a fazer o que faziam antes, porém com nova roupagem. São entidades-fantasmas, porque não possuem patrimônio próprio, sede própria, vida própria. Elas viverão exclusivamente por conta do contrato de gestão com o Poder Público".[25]

A dispensa de licitação nos contratos de gestão é outro motivo de crítica por parte de alguns pesquisadores e entes da sociedade – o que, segundo eles, contraria os princípios constitucionais da legalidade, impessoalidade, moralidade, publicidade e economicidade preconizados no *caput* do art. 37 da CF e reiterados no art. 7º da própria lei.

É certo que tramitam perante o STF duas importantes ações diretas de inconstitucionalidade com pedido de liminar – Processo 1.943-1, interposta pelo Conselho Federal da OAB e pelo Partido dos Trabalhadores/PT; Processo 1.923-6, contra a totalidade da Lei 9.637/1998 e o art. 24, XXIV, da Lei 8.666/1993, que recepcionou a dispensa de licitação para as organizações sociais.

No pedido liminar formulado nos autos da ADI 1.943-1 a requerente afirma que, de fato, União, Estado e Municípios, fazendo uso da lei inconstitucional, estão transferindo para a iniciativa privada serviços públicos. Descentralizam-se atividades essenciais à saúde e à educação da população em discordância com a Constituição Federal. Na sequência, vale a transcrição final do trecho respectivo, extraído da petição inicial:[26]

24. Idem, ibidem.

25. Maria Sylvia Zanella Di Pietro, *Direito Administrativo*, 15ª ed., São Paulo, Atlas, 2003, p. 421.

26. É possível o acesso ``a integra da peça exordial através do *site* do STF: *www.stf.gov.br*.

> "Bens e recursos públicos, sejam eles em dinheiro diretamente transferido às organizações sociais, sejam em face do trabalho realizado por servidores públicos cedidos com ônus para o Poder Público às tais entidades privadas, estão sendo ilicitamente utilizados por alguns privilegiados pelo Estado, em detrimento dos demais interessados.
>
> "Certa, noutra vertente, ainda, a ausência de efetiva e adequada fiscalização das transferências que estão sendo feitas de hospitais e outros estabelecimentos de saúde, a 'privatização' desses estabelecimentos está levando a uma inadequada utilização desses bens estatais, que estão sendo empregados pelas 'organizações sociais' apenas em parte para o atendimento da população, uma vez que outras partes dos hospitais estão sendo usadas em prol de pacientes particulares."

De fato, o ativo de alguns órgãos públicos extintos é transferido para as respectivas organizações sociais sem que haja qualquer avaliação restrita ou atendimento a princípios constitucionais exigíveis para os atos da Administração, ficando a qualificação condicionada praticamente à discricionariedade do Ministro de Estado. Para Celso Antônio Bandeira de Mello, "na lei disciplinadora das organizações sociais chamam atenção alguns pontos nos quais se patenteiam inconstitucionalidades verdadeiramente aberrantes".[27] Segundo o autor, é inconcebível que alguém receba bens públicos móveis ou imóveis (até mesmo todo o acervo de uma entidade pública), recursos orçamentários e até servidores públicos custeados pelo Estado sem que demonstre habilitação técnica ou econômico-financeira de qualquer espécie, bastando a aquiescência de dois Ministros de Estado, ou de um Ministro e um supervisor da área correspondente à atividade exercida pela pessoa postulante ao título de "organização social".[28]

Maria Sylvia Zanella Di Pietro considera que para que a organização social se enquadrasse adequadamente nos princípios constitucionais que regem a gestão do patrimônio público seriam necessários, no mínimo: exigência de licitação para a escolha da entidade e submissão aos seus princípios; comprovação de que a entidade já existe, tem sede própria, patrimônio, capital, entre outros requisitos; demonstração de qualificação técnica e idoneidade financeira para administrar o patrimônio público; imposição de limitações salariais quando dependa de recursos orçamentários do Estado para pagar seus empregados; prestação de garantia, por administrar, a entidade, patrimônio público.

27. Celso Antônio Bandeira de Mello, *Curso de Direito Administrativo*, cit., 29ª ed., p. 243.

28. Idem, p. 244.

Enquanto não julgadas as ações diretas de inconstitucionalidade, ou qualquer outra medida que, no mínimo, altere algumas regras estabelecidas na proclamada lei, resta ao cidadão aguardar e observar, naquilo que lhe é mostrado, o comportamento das organizações sociais – se de fato prestam-se a atender a seus objetivos ou mascaram o enriquecimento ilícito e jogos de poder.

8.2.1 Fatos das organizações sociais/OS

A letra da Lei 9.637/1998 tem o condão de causar celeuma e discussões de toda ordem. Importa, contudo, que se avaliem o comportamento das organizações sociais e o efeito causado na sociedade no decorrer destes anos da aplicação de referida lei que as instituiu.

É de suma relevância observar se, de fato, as organizações sociais cumprem os objetivos para os quais foram adotadas. Neste contexto, indaga-se se os segmentos "privatizados", ou para os quais foram "publicizadas" as respectivas pessoas jurídicas de direito privado, foram mais eficientes em favor da sociedade que os correlacionados órgãos públicos.

Questões como a ocorrência de boa ou má gestão, desvio de verbas, a devida fiscalização, o atendimento ao cidadão-cliente, os prazos e resultados, a situação dos funcionários das entidades extintas, entre outros assuntos de relevância, merecem, certamente, a avaliação de toda a sociedade, pois se está falando da administração do patrimônio público e do gerenciamento de segmentos importantes da comunidade.

As organizações sociais pioneiras constam da Lei 9.637/1998, que instituiu essa modalidade de qualificação. São elas a Associação Brasileira de Tecnologia de Luz Sincroton/ABTLuS, que "herdou" o extinto Laboratório Nacional Luz Síncroton, e a Associação de Comunicação Educativa Roquette Pinto/ACERP, resultado da extinta Fundação Roquette Pinto.

O inciso I do art. 22 da lei em análise determina:

> "Art. 22. As extinções e a absorção de atividades e serviços por organizações sociais de que trata esta Lei observarão os seguintes preceitos: I – os servidores integrantes dos quadros permanentes dos órgãos e das entidades extintas terão garantidos todos os direitos e vantagens decorrentes do respectivo cargo ou emprego, e integrarão quadro em extinção nos órgãos ou nas entidades indicadas no Anexo II, sendo facultada aos órgãos e entidades supervisoras, ao seu critério exclusivo, a cessão de servidor, irrecusável para este, com ônus

para a origem, à organização social que vier a absorver as correspondentes atividades, observados os §§ 1º e 2º do art. 14; (...)".

Apesar disso, conforme artigo publicado em 31.5.2010 através de *O Globo*, é possível constatar o descontentamento da jornalista Luzia Amaral, uma das profissionais da ex-Roquette Pinto, com o tratamento conferido aos servidores públicos. Leia-se, seguir, a transcrição do texto:

> "Não questiono se o modelo de gestão das organizações sociais é ou não adequado ao Estado, ou se os métodos de fiscalização das OS são eficientes, ou, ainda, se elas representam uma panaceia para os setores da Administração, onde a gestão do Estado se mostrou incapaz.
>
> "Não sou administradora, nem entendo de finanças públicas. Mas, como ser passivo dessa experiência, sofro os efeitos que a criação de uma das primeiras OS, saídas da cabeça do ex-Min. Bresser Pereira, trouxe à minha vida funcional.
>
> "Ao extinguir a Fundação Roquette Pinto (Lei 9.637, de 15.5.1998), criando em seu lugar a Associação de Comunicação Educativa Roquette Pinto (ACETP), organização social que passou a administrar a TVE e as Rádios MEC, o Executivo jogou no limbo da Administração Federal os servidores que por quase três décadas construíram a história dessas emissoras públicas.
>
> "Cerca de 2.000 funcionários das emissoras de Rio, Brasília e Maranhão foram colocados num Quadro em Extinção do Ministério do Planejamento, sem direito de escolha. E coube ao Governo Lula, ao criar a empresa Brasil de Comunicação, em 2008, jogar a pá de cal. Mais uma vez fomos preteridos pelo Executivo e colocados à margem da Administração. Também ficarão à deriva os funcionários da ACERP, tão logo termine o contrato de gestão com a EBC. Mas isto é outra questão.
>
> "O pior resultado da criação da ACERP é que nós da ex-Roquette Pinto não temos a atenção devida pelo Governo Federal. Dispensados da TV Brasil, aguardamos numa sala do Ministério da Fazenda, no Rio, que a Medida Provisória 479 seja aprovada no Congresso para sermos redistribuídos, retomando finalmente as nossas funções. Redatores, editores, produtores, roteiristas, diretores, cinegrafistas, sonoplastas, iluminadores, cenógrafos e tantos outros técnicos, além de administrativos, aguardam a redistribuição, principalmente para o Ministério da Cultura.
>
> "Por tudo isso, é preciso esclarecer a opinião pública sobre os resultados das organizações sociais. O caso da ACERP é exemplo a ser explorado, dando voz aos envolvidos – administradores públicos, servidores da ex-Fundação Roquette Pinto e funcionários da ACERP que prestam serviço à EBC. Hoje, na TV Brasil existe uma situação esdrúxula no quadro de pessoal que mantém no ar a emissora pública de TV, bem como nas Rádios MEC.
>
> "Lá estão os celetistas da ACERP, os servidores públicos da antiga Radiobrás absorvidos pela EBC e os contratados desta (a despeito da lei federal que a criou e determina admissão por concurso público) – e, ainda, servidores federais da ex-Roquette Pinto, gerando uma série de conflitos, resultantes da disparidade de salários e da duplicidade de gerenciamento.

"A verdade precisa ser conhecida por todos. Ao Estado é devido prestar contas ao contribuinte de como gasta o dinheiro público. E à imprensa cabe ser transparente nas suas opiniões."[29]

A situação relatada demonstra absoluta falta de conexão da realidade com a pretensão legal, em tese. Por outro lado, se o objetivo precípuo que justificou a existência, no mundo jurídico, de empresas denominadas *organizações sociais* reflete metas destinadas ao melhor gerenciamento de algumas áreas pertencentes exclusivamente ao Poder Público, é inadmissível que resulte no caos acima descrito, caminhando em oposição aos princípios que permeiam a Administração Pública. Enquadramentos desta espécie devem priorizar a acomodação dos funcionários públicos, legítima e legalmente admitidos através de concurso, em detrimento de novos funcionários contratados sob o regime da Consolidação das Leis do Trabalho, e de acordo com a livre escolha dos dirigentes das associações.

Outra questão que merece reflexão apresenta-se quanto à análise da gestão das organizações sociais na área da saúde.

Os Fóruns Populares de Saúde do Paraná, Alagoas, Rio de Janeiro, São Paulo e Londrina iniciaram uma campanha pela procedência da ADI 1.923-6, fazendo circular um abaixo-assinado contra as organizações sociais. O objetivo é mostrar ao STF o descontentamento da sociedade civil organizada com o modelo de gestão das organizações sociais. Afirmam seus organizadores que, na prática, houve precariedade das condições de trabalho bem como quanto aos serviços de saúde nos locais em que elas foram implantadas. Complementam que as organizações que passaram a gerenciar os serviços de saúde estão visando ao lucro, ao invés de priorizarem um atendimento eficiente à população. É citado o exemplo das ambulâncias administradas pela organização social no Estado de São Paulo, segundo o qual a entidade ganha por quilômetro rodado – portanto, ainda que possam levar duas pessoas, carregam uma por vez, pois podem lucrar mais.[30]

No Município do Rio de Janeiro estão sendo implantadas organizações sociais na gerência dos Programas de Saúde da Família/PSFs, já se verificando processos por desvio de verbas e problemas trabalhistas, devido à má administração.[31]

29. Luzia Amaral, disponível em *http://oglobo.globo.com/opiniao/mat/2010/05/31/outra-opiniao-situacoes-esdruxulas916739895.asp*, acesso em 24.9.2010.

30. Raquel Junia, *Modelo das Organizações Sociais Pode Ser Inconstitucional*, disponível em *http://www.ufal.edu.br/ufal/utilidades/com-a-palavra/modelo-de-gestao-por-organizacoes-sociais-pode-ser-inconstitucional* (acesso em 24.9.2010).

31. Idem, ibidem.

Por outro lado, o autor José Eduardo Sabo Paes faz referência à Associação das Pioneiras Sociais/APS, instituída como serviço social autônomo, de interesse coletivo e de utilidade pública pela Lei 8.246/1991, com o objetivo de prestar assistência médica qualificada e gratuita a todos os níveis da população e de desenvolver atividades educacionais e de pesquisa no campo da saúde, em cooperação com o Poder Público. Ele assevera que referida instituição, gestora da Rede Sarah de Hospitais do Aparelho Locomotor, com o esforço e dedicação plenos de seus gestores, conseguiu implementar as metas operacionais explicitadas no contrato de gestão.[32]

Lembre-se, contudo, que não se está falando especificamente de uma organização social, mas de uma gestão exemplar instituída anteriormente, sujeita a critérios bem mais rígidos e específicos.

Não há dúvidas de que a Lei 9.637/1998 é revestida de evidentes aspectos inconstitucionais. O gerenciamento da saúde pública, dada sua importância, mereceria não a transferência da responsabilidade de sua gestão para organizações sociais ou setores privados, mas a implantação de melhorias nos próprios órgãos públicos do setor – lembrando que há repasse de patrimônio e pessoal da entidade pública pelo Estado, que ainda arca com todos os custos da operação.

Seria melhor avaliar se, ao invés de transferir toda uma estrutura do órgão público para entidade privada, não seria o caso de se admitir, através de concurso público, pessoas aptas, bem pagas, capazes de gerir a implementação dos institutos concernentes à população, nas áreas indicadas pela lei.

Questiona-se, pois: se as verbas, o pagamento de funcionários, os mesmos bens e instalações são transferidos para as organizações sociais realizarem os mesmos objetivos, qual seria a vantagem da existência destas entidades, se a gestão humana qualificada pode ser a mesma ou similar, preservando-se o bem público, sob o crivo do concurso ou de procedimento licitatório para os sequentes atos? A resposta, decerto, encontra-se em algum interesse específico e inidentificável.

8.3 Organizações da sociedade civil de interesse público/OSCIPs

As organizações da sociedade civil de interesse público/OSCIPs são disciplinadas pela Lei 9.790/1999, através da qual as pessoas

32. José Eduardo Sabo Paes, *Fundações e Entidades de Interesse Social: Aspectos Jurídicos, Administrativos, Contábeis e Tributários*, cit., 4ª ed., p. 113.

jurídicas de direito privado sem fins lucrativos, integrantes do *Terceiro Setor*, podem receber esta qualificação, sendo sua relação ou vínculo de cooperação com o Poder Público formalizado através de termo de parceria.[33]

De acordo com mencionada lei, podem qualificar-se como organizações sociais da sociedade civil de interesse público as pessoas jurídicas de direito privado, sem fins lucrativos, cujos objetivos sociais tenham, pelo menos, uma das seguintes finalidades: promoção da assistência social; promoção da cultura, defesa e conservação do patrimônio histórico e artístico; promoção gratuita da educação, observando-se a forma complementar de participação das organizações de que trata a própria lei; promoção gratuita da saúde, observando-se a forma complementar de participação das organizações de que trata a mesma lei; promoção da segurança alimentar e nutricional; defesa, preservação e conservação do meio ambiente e promoção do desenvolvimento sustentável; promoção do voluntariado; promoção do desenvolvimento econômico e social e combate à pobreza; experimentação, não lucrativa, de novos modelos socioprodutivos e de sistemas alternativos de produção, comércio, emprego e crédito; promoção de direitos estabelecidos, construção de novos direitos e assessoria jurídica gratuita de interesse suplementar; promoção da ética, da paz, da cidadania, dos direitos humanos, da Democracia e de outros valores universais; estudos e pesquisas, desenvolvimento de tecnologias alternativas, produção e divulgação de informações e conhecimentos técnicos e científicos que digam respeito às atividades mencionada acima.

Portanto, as entidades que podem ser qualificadas como OSCIPs seriam as associações, as sociedades civis e as fundações com objetivos específicos e voltadas para o interesse social. Por outro lado, a lei estabelece explicitamente, no art. 2º, um rol de entidades que não podem ser qualificadas como OSCIPs.

Os regimes estabelecidos pelas Leis 9.790/1999 e 9.637/1998 são muito parecidos, por se tratar de pessoas privadas sem fins lucrativos que exercem atividades de interesse social e recebem uma qualificação do Poder Público, observadas as exigências legais.

Contudo, há nítidas diferenças, que merecem ressalva. Nas OS é obrigatória a participação de agentes do Poder Público no conselho de administração, o que não ocorre nas OSCIPs.

33. José Eduardo Sabo Paes, *Fundações e Entidades de Interesse Social: Aspectos Jurídicos, Administrativos, Contábeis e Tributários*, cit., 4ª ed., p. 113.

Quanto à qualificação, nas OS é conferida através de ato discricionário, ou seja, com certa margem de liberdade – hipótese que, como visto anteriormente, causa inúmeras críticas doutrinárias, por se limitar praticamente à conveniência e oportunidade do administrador.

No caso OSCIPs a outorga da qualificação se dá por ato vinculado aos pressupostos da lei, significando que, uma vez preenchidos, o agente do Ministério da Justiça terá que deferir o pedido. Não há margem de liberdade para a qualificação, condicionada às exigências legais[34] – ou seja, o pedido de qualificação somente poderá ser indeferido nas hipóteses do § 3º do art. 5º da lei, e em nenhuma outra hipótese.

Importa ressaltar que o requerimento do interessado deverá ser instruído com o estatuto da sociedade registrado em cartório; ata de eleição de sua atual diretoria, balanço patrimonial e demonstração do resultado do exercício, declaração de imposto de renda - que, segundo José Eduardo Sabo Paes, foi substituída pela declaração de informações econômico-fiscais da pessoa jurídica – e inscrição no Cadastro Nacional de Pessoa Jurídica/CNPJ.[35] As informações constantes nesses documentos servem para avaliar se as entidades interessadas atendem aos requisitos legais para se qualificarem como OSCIPs.

Segundo Maria Sylvia Zanella Di Pietro, apesar das semelhanças entre as duas qualificações jurídicas, mostra-se evidente que o objetivo do Governo é diverso nos dois casos. As OS assumem as atividades desempenhadas pelo Governo. O Estado abre mão do de serviço público para transferi-lo à iniciativa privada. Quanto às OSCIPs, são empresas privadas existentes que recebem ajuda e incentivo, desde que enquadradas nos dispositivos da lei.[36]

Lembrando que o documento que formaliza a relação do Estado com as OS é o *contrato de gestão*, nas OSCIPs é celebrado um *termo de parceria* destinado à formação de vínculo de cooperação entre as partes para o fomento e a execução das atividades de interesse público previstas no art. 3º da lei.

34. Francisco de Assis Alves, *Fundações, Organizações Sociais e Agências Executivas, Organizações da Sociedade Civil de Interesse Público e Outras Modalidades de Prestação de Serviços Públicos*, *apud* Sílvio Luís Ferreira da Rocha, *Terceiro Setor*, cit., 2ª ed., pp. 81-82.

35. José Eduardo Sabo Paes, *Fundações e Entidades de Interesse Social: Aspectos Jurídicos, Administrativos, Contábeis e Tributários*, cit., 4ª ed., p. 133, notas.

36. Maria Sylvia Zanella Di Pietro, *Direito Administrativo*, cit., 15ª ed., p. 424.

Esclarece José Eduardo Sabo Paes que o *termo de parceria* "tem como essência os princípios da transparência, da competição, da cooperação e da parceria propriamente dita".[37] A liberação de recursos financeiros dependerá de prévia consulta aos Conselhos de Políticas Públicas das correspondentes áreas de atuação da entidade, nos respectivos níveis de governo.[38]

A qualificação como OSCIP não quer dizer que necessariamente será firmado o termo de parceria com órgãos governamentais e, portanto, haverá recebimento de recursos públicos. Isto poderá ocorrer considerando-se três hipóteses: desde que o órgão estatal tenha interesse em promover a parceria para a realização de projetos com a OSCIP; o órgão estatal indicará áreas de interesse para a parceria com a OSCIP, podendo realizar concursos de projetos para seleção; e ainda, há possibilidade de a própria OSCIP propor a parceria por meio de projetos, de acordo com as diretrizes e políticas do órgão estatal respectivo. Neste caso, é importante a comprovação da relevância pública do projeto, devendo o órgão governamental averiguar tanto sua conveniência quanto os benefícios para o público-alvo.[39]

Por existir liberação de recursos públicos para a execução do termo de parceria, é obrigatória a prestação de contas, prevista legalmente sua fiscalização pelo órgão do Poder Público da área de atuação correspondente à área fomentada e pelos Conselhos de Políticas Públicas das áreas correspondentes de atuação existentes em cada nível de governo.

A constatação de qualquer irregularidade ou ilegalidade na utilização dos recursos de origem pública em razão do termo de parceria ensejará a decretação da indisponibilidade dos bens dos dirigentes da OSCIP, bem como de agente público ou terceiro que possam ter enriquecido ilicitamente ou causado dano ao patrimônio público, além de outras medidas previstas na Lei 8.429/1992 e na Lei Complementar 64/1990.

Não obstante as semelhanças e diferenças que constituem as duas classificações jurídicas instituídas com o objetivo de conferir espaço dentro da esfera pública a entes privados – seja a que título for –, certo é que devem observar os princípios elementares indicados nas duas leis, ou seja: legalidade, impessoalidade, moralidade, a publicidade,

37. José Eduardo Sabo Paes, *Fundações e Entidades de Interesse Social: Aspectos Jurídicos, Administrativos, Contábeis e Tributários*, cit., 4ª ed., p. 135.

38. Idem, ibidem.

39. Idem, pp. 134-135.

economicidade e eficiência. Quis o legislador fazer esta ressalva – que deve imperar em qualquer ato público, ou relativo à Administração – talvez para conferir maior credibilidade às concessões albergadas a ambos os institutos.

Ao final das contas, a gestão e a administração realizadas nos respectivos segmentos poderão abrir uma via de mão dupla. Ou a entidade, seja ela qual for – se OS ou OSCIP –, é gerenciada por pessoas imbuídas de objetivos voltados para o interesse público e social, ou será mais um modo de mascarar a ilicitude e o enriquecimento ilícito, em detrimento da sociedade necessitada.

8.3.1 Fatos das organizações da sociedade civil de interesse público/OSCIPs

Embora a Lei 9.790/1999 não sofra tanta crítica doutrinária quanto aquela das OS, devendo, em tese, ter sua liberdade delimitada por restrições explicitamente dispostas, foi possível que uma OSCIP, denominada Centro Integrado de Apoio Profissional/CIAP, desviasse mais de R$ 300.000.000,00 dos cofres públicos. Para desviar os recursos para pessoas e empresas do grupo, o CIAP valia-se da condição de OSCIP – no caso, com propósito único de se apropriar ilegalmente de verbas recebidas por meio das parcerias com as Administrações Públicas.[40]

O exemplo da CIAP demonstra o quanto é delicada a questão do repasse de recursos públicos para entidades privadas. Se os gastos dentro da esfera do Poder Público, com as devidas medidas licitatórias, já admite querelas de toda ordem, que se dirá de inúmeras entidades espalhadas pelo Brasil que necessitam preencher requisitos pouco exigentes, a bem dizer?

Importa frisar, entretanto, que o desvio de recursos e de finalidade pode ocorrer na esfera pública ou na esfera privada. Não seria crível afirmar com certeza que todas as entidades sejam passíveis de ceder ao locupletamento ilícito.

A participação da sociedade não pode se limitar à crítica. É preciso haver a devida fiscalização e "torcer" para que a qualificação atribuída a cada entidade que se habilite seja equivalente a um tiro de

40. Disponível em *http://www.jornaldelondrina.com.br/online/conteudo.phtml?tl=1&id=1001634&tit=Entidade-com-sede-no-Parana-e-acusada-de-desviar-R300-milhoes-em-verbas-federais*, acesso em 24.9.2010.

sorte passível de melhorar a sociedade, e não causar mais descrédito nas políticas implementadas pelo Estado.

Referências Bibliográficas

ALEXANDRINO, Marcelo, e PAULO, Vicente. *Direito Administrativo Descomplicado*. 16ª ed. São Paulo, Método, 2008.

AMARAL, Luzia. Disponível em *http://oglobo.globo.com/opiniao/mat/2010/05/31/outra-opiniao-situacoes-esdruxulas_916739895.asp* (acesso em 24.9.2010).

BANDEIRA DE MELLO, Celso Antônio. *Curso de Direito Administrativo*. 29ª ed. São Paulo, Malheiros Editores, 2012.

BOBBIO, Norberto. *Estado, Governo, Sociedade: por uma Teoria Geral da Política*. Trad. de Marco Aurélio Nogueira. Rio de Janeiro, Paz e Terra, 1987.

CARVALHO FILHO, José dos Santos. *Manual de Direito Administrativo*. 16ª ed. Rio de Janeiro, Lumen Juris, 2006.

CUNHA JR., Dirley da. *Terceiro Setor: os Entes de Cooperação*. 8ª ed. Salvador.

DI PIETRO, Maria Sylvia Zanella. *Direito Administrativo*. 15ª ed. São Paulo, Atlas, 2003.

Jornal de Londrina. Disponível em *http://www.jornaldelondrina.com.br/online/conteudo.phtml?tl=1&id=1001634&tit=Entidade-com-sede-no-Parana-e-acusada-de-desviar-R-300-milhoes-em-verbas-federais* (acesso em 24.9.2010).

JUNIA, Raquel. *Modelo das Organizações Sociais Pode Ser Inconstitucional*. Disponível em *http://www.ufal.edu.br/ufal/utilidades/com-a-palavra/modelo-de-gestao-por-organizacoes-sociais-pode-ser-inconstitucional* (acesso em 24.9.2010).

JUSTEN FILHO, Marçal. *Curso de Direito Administrativo*. 2ª ed. São Paulo, Saraiva, 2006.

MODESTO, Paulo. *Contratos de Gestão e Termos de Parceria: Disciplina Jurídica de Acordos de Cooperação com o Terceiro Setor*. Disponível em *http://www.direitodoestado.com/palestras/PAULO%20MODESTO%20-%202006-22-AGOSTO-MG-ADM-TERMO%20DE%20PARCERIA%20E%20CONTRATO%20DE%20GESTAO.pdf* (acesso em 17.9.2010).

——————. *Reforma do Marco Legal do Terceiro Setor no Brasil*. Disponível em *http://jus2.uol.com.br/doutrina/texto.asp?id=474* (acesso em 17.9.2010).

PAES, José Eduardo Sabo. *Fundações e Entidades de Interesse Social: Aspectos Jurídicos, Administrativos, Contábeis e Tributários*. 4ª ed. Brasília, Brasília Jurídica, 2003.

PAULO, Vicente, e ALEXANDRINO, Marcelo. *Direito Administrativo Descomplicado*. 16ª ed. São Paulo, Método, 2008.

ROCHA, Sílvio Luís Ferreira da. *Terceiro Setor*. 2ª ed. São Paulo, Malheiros Editores, 2006.

Capítulo 9

Parceria Público-Privada/PPP

Edna Luiza Nobre

9.1 Introdução

É do consenso comum o fato de nosso País ter passado por inúmeros planos econômicos, em busca da estabilização econômica e do equilíbrio de suas contas. Tivemos os Planos "Cruzado", em 1986, "Bresser", em 1987, "Verão", em 1989, "Collor", em 1990 e 1991, e o "Plano Real" em 1994. O Governo procurava estabilizar a moeda e alcançar o crescimento econômico, e, para que isso acontecesse, foram tomadas muitas medidas econômico-financeiras, principalmente por meio de emendas à Carta Magna.

As duras regras impostas pelo Fundo Monetário Internacional/ FMI tiveram papel primordial na consolidação desse objetivo, dentro da política neoliberal – a qual foi implantada nessa gestão. Não vamos discutir se essa política foi a melhor, ou não; apenas vamos mencionar que no "Plano Real", finalmente, a moeda foi estabilizada.

Ainda havia outro problema: em razão da descapitalização estatal nessas décadas (80 e 90) e da necessidade de investimentos nas áreas de infraestrutura e de serviços públicos, o Governo precisou encontrar soluções urgentes, pois rodovias, presídios, hidrovias, linhas de transmissão de energia, saneamento, gasodutos – obras altamente dispendiosas –, necessitavam ser feitos.

O ex-Presidente Fernando Henrique Cardoso (1994 a 2002), seguindo a cartilha do FMI, privatizou as empresas brasileiras; flexibilizou, por meio de emendas constitucionais, os grandes monopólios existentes – dentre eles, o do petróleo e o das telecomunicações. Reorganizou a Administração Pública mas, no entanto, o Estado, em razão das crises que assolaram o País – econômica e fiscal –, mesmo após as privatizações, mantinha sua capacidade de financiamento no mínimo necessário e precisava encontrar uma saída rapidamente.

Teoricamente, esperava-se que o Estado estivesse mais flexível e propício para as novas ideias e investimentos e que houvesse caixa para as realizações – o que na realidade, não ocorreu. Surge, assim, no final desse mandato, calcada na experiência já vivenciada na Inglaterra, a ideia de se criar no Brasil as parcerias público-privadas/ PPPs, através da criação legal.

Com a aprovação da Lei 11.079/2004 o Governo buscou – e busca até hoje – investimentos para a infraestrutura brasileira, em parceria com o setor privado, o qual é responsável pela criação e implementação do objeto, dentro do pactuado no contrato de concessão.

Ainda há muitas divergências em relação a uma série de pontos, que serão abordados no decorrer de nossos estudos, e questiona-se muito sobre a constitucionalidade de inúmeros artigos da lei, as quais serão dirimidas pelos tribunais, uma vez que esse instituto é muito novo em nosso ordenamento jurídico.

9.2 Histórico das parcerias público-privadas/PPPs

De origem inglesa, as parcerias público-privadas/PPPs – *private finance initiative*/PFI – nasceram em 1992. Segundo Diogo Coutinho,[1] por iniciativa do Gabinete conservador de John Major, tinham como objetivo estimular empreendimentos e aumentar a participação do capital privado nas prestações de serviços públicos. Foi um projeto pioneiro na área administrativa. Outros Países também utilizam esse modelo, mas com algumas alterações, como, por exemplo, Estados Unidos, Portugal e Chile.[2] Ainda, alastraram-se, segundo Gasparini,[3] para Holanda, Alemanha, Canadá, México, Japão, Austrália, África do Sul, Filipinas, Casaquistão, Uganda, Bulgária e Islândia.

Para que elas fossem incorporadas ao nosso ordenamento jurídico havia necessidade de uma preparação técnica e um suporte infraconstitucional. Isso aconteceu na própria gestão do Governo Fernando Henrique Cardoso, com a promulgação das Leis 8.987/1995 e 9.074/1995. Essas leis já alicerçavam o caminho para as grandes mudanças que viriam, pois exigiam – e até hoje exigem – um novo posicionamento do papel estatal no Direito Brasileiro. A Lei das PPPs viria para

> "sem recorrer a novas privatizações, 'resolver' os gargalos da congestionada infraestrutura e as graves deficiências na prestação dos serviços públicos".[4] Isso, lógico, sem se desnaturar os institutos já presentes e incorporados ao direito administrativo.

Na Constituição Federal encontramos o amparo jurídico e as regras que nortearão toda a criação e a aplicação normativa, conforme explica Gasparini:

> "O fundamento constitucional, legitimador desse comportamento legislativo da União, está no inciso XXVII do art. 22 da CF. Deveras, compete privativamente à União, nos termos desses dispositivos, legislar sobre normas gerais de licitação e contratação, em todas as modalidades, para as Administrações Públicas diretas, autárquicas e fundacionais da União, Estados, Distrito Federal e Municípios, obedecido o disposto no art. 37, XXI, também da Lei Maior. Portanto, a Lei federal das PPPs, editada com esse fundamento, só é obrigatória em todos os seus termos e condições para a Administração Pública Federal, enquanto apenas suas normas gerais são obrigatórias aos Estados, Distrito Federal e Municípios, na medida em que editarem suas respectivas leis

1. Diogo Rosenthal Coutinho, "Parcerias público-privadas: relatos de algumas experiências internacionais", in Carlos Ari Sundfeld (coord.), *Parcerias Público-Privadas*, 2ª ed., São Paulo, Malheiros Editores, 2011, p. 50.

2. Para aprofundar o assunto, v. Diogo Rosenthal Coutinho, "Parcerias público-privadas: relatos de algumas experiências internacionais", cit., in Carlos Ari Sundfeld (coord.), *Parcerias Público-Privadas*, 2ª ed., pp. 45-79.

3. Diógenes Gasparini, *Direito Administrativo*, 12ª ed., São Paulo, Saraiva, 2007, p. 409.

4. Juarez Freitas, *O Controle dos Atos Administrativos e os Princípios Fundamentais*, 4ª ed., São Paulo, Malheiros Editores, 2009, p. 318.

sobre PPPs. As demais normas da Lei federal das PPPs não são obrigatórias para essas entidades".[5]

Determina o art. 174 da CF que o Estado assume, agora, um novo papel: o de regulador, normatizador, fiscalizador e indutor, e não mais empresarial, a saber:

> "Art. 174. Como agente normativo e regulador da atividade econômica, o Estado exercerá, na forma da lei, as funções de fiscalização, incentivo e planejamento, sendo este determinante para o setor público e indicativo para o setor privado".

No sentido de solucionar os problemas já aventados de caixa e para cumprir os ditames constitucionais, o Governo, em 2002, contratou o escritório de Carlos Ari Sundfeld para que fizesse um estudo preliminar sobre as PPPs. De todo esse estudo foi elaborado uma minuta, que não foi levada ao Congresso Nacional. Fernando Hadad – então Ministro do Planejamento –, aproveitando todos os estudos que já haviam sido realizados, e adepto da ideia da criação, confeccionou um novo anteprojeto de lei.[6]

Esse anteprojeto tornou-se a primeira versão oficial do projeto de lei, que foi encaminhado à Câmara dos Deputados em 19.11.2003, recebendo o n. (PL) 2.546/2003, baseado nas experiências do Direito estrangeiro e calcado no discurso da necessidade de se criar uma PPP para a realização da infraestrutura necessária.

Nessa versão entregue ao Parlamento pelo Governo, o conceito adotado para as PPPs era bastante amplo,[7] conforme a vontade única do Executivo. O Relator designado para o projeto foi o deputado Paulo Bernardo, do PT do Paraná. Mesmo assim, em 17.3.2004 ele foi aprovado pelo Plenário da Câmara dos Deputados e remetido à outra casa parlamentar. No Senado o PL recebeu o n. 10/2004, e o Relator designado foi o senador João Tenório, do PSDB do Estado de Alagoas, sendo aprovado em 4.5.2004, na Comissão de Infraestrutura.

5. Diógenes Gasparini, *Direito Administrativo*, cit., 12ª ed., p. 410.

6. Para aprofundar a parte histórica, v. Alexandre Santos de Aragão, *Direito dos Serviços Públicos*, Rio de Janeiro, Forense, 2008, e "As parcerias público-privadas – PPPs no direito positivo brasileiro", *RT* 839, Ano 94, São Paulo, Ed. RT, setembro/2005; e Maurício Portugal Ribeiro e Lucas Navarro Prado, *Comentários à Lei de PPP/Parceria Público-Privada – Fundamentos Econômico-Jurídicos*, 1ª ed., 2ª tir., São Paulo, Malheiros Editores, 2010.

7. "Art. 2º. O contrato de parceria público-privada é instrumento firmado entre o Poder Público e entes privados, destinado a estabelecer vínculo obrigacional entre as partes para implantação ou gestão de serviços e atividades de interesse público, em que o financiamento e a responsabilidade pelo investimento e pela exploração incumbem, no todo ou em parte, ao ente privado." Era uma versão de cunho muito abrangente, que buscava tutelar todos os contratos de parceria e em qualquer esfera do poder.

A discussão foi trazida a público e foram feitas inúmeras críticas ao instituto pela sociedade, políticos, imprensa e estudiosos, que resistiram, olhavam-no com muita desconfiança, principalmente em razão da amplitude que o Governo queria. E o projeto ficou estagnado no Senado Federal. Foi solicitada novamente a colaboração de estudiosos como Marçal Justen Filho, Odete Medauar, Adilson Abreu Dallari, Carlos Ari Sundfeld, Floriano de Azevedo Marques Neto, Paula Forgioni e Alexandre Santos de Aragão. Maurício Portugal Ribeiro foi chamado como representante do Banco Interamericano de Desenvolvimento/BID (em razão de um convênio firmado com o Ministério do Planejamento),[8] e em outubro/2004 houve um reforço com a integração de Marcos Barbosa Pinto.

Ao término desses trabalhos foi apresentada uma segunda versão, mais adaptada à nossa realidade. Esta versão foi analisada pelo senador Valdir Raupp, e com algumas mudanças foi rapidamente votada e aprovada na Comissão de Assuntos Econômicos. Em 9.12.2004, já com a redação definitiva, teve o mesmo tratamento pela Comissão de Constituição e Justiça, na qual o Ministro-Relator foi Rodolpho Tourinho.

Finalmente, em 21.12.2004 passou pela aprovação do Plenário do Senado Federal. O projeto retornou à Câmara dos Deputados e foi aprovado, definitivamente, no dia 22.12.2004. Após a sanção presidencial, em 30.12.2004, foi publicada a Lei federal 11.079/2004, que criou uma nova espécie de instituto no direito administrativo: as parcerias público-privadas/PPPs.

A lei está dividida em sete capítulos, a saber: "Capítulo I – Disposições Preliminares"; "Capítulo II – Dos Contratos de Parceria Público-Privada"; "Capítulo III – Das Garantias"; "Capítulo IV – Da Sociedade de Propósito Específico"; "Capítulo V – Da Licitação"; "Capítulo VI – Disposições Aplicáveis à União"; "Capítulo VII – Disposições Finais" – divididos por assuntos: jurídico, financeiro, econômico e administrativo – o que pode facilitar sua aplicação.

O objetivo de sua criação foi buscar instituto que facilitasse um sistema de parceria entre o Poder Público e a iniciativa privada, de modo a que houvesse o compartilhamento de risco, mas com financiamento privado, não tão abrangente como a versão inicial, mas que alcançasse o cumprimento das metas estipuladas pelo Governo,

8. Percebe-se o profundo interesse dos grandes grupos econômicos em fazer com que as PPPs fossem criadas no ordenamento jurídico brasileiro.

principalmente as assumidas para a eliminação da pobreza, em nível internacional.[9]

Imaginou-se, também, que, com a modernização do Estado e a implementação das PPPs os custos da construção poderiam ser menores, o que poderia gerar ganhos na eficiência e economia nos cofres públicos.

Ainda uma ponderação curiosa: a técnica legislativa prescreve que as disposições constantes dos arts. 1º a 13 bem como dos arts. 23 a 30 fossem aplicados à União, aos Estados, ao Distrito Federal e aos Municípios, e as dos arts. 14 a 22 somente à União – contrariando, assim, seu próprio art. 1º, que preceitua ser essa lei instituidora de normas gerais para licitação e contratação de PPP em âmbito dos Poderes da União, dos Estados, do Distrito Federal e dos Municípios.

Provavelmente a intenção do legislador seria burlar as leis administrativas existentes e encontrar soluções mais seguras e céleres para as PPPs que aquelas presentes no ordenamento jurídico – como, por exemplo, a questão dos precatórios, em caso de judicialização da matéria, se inadimplemento houvesse, por parte da Administração Pública, como veremos em capítulo próprio.

Logo que a Lei 11.079/2004 foi publicada os estudiosos se debruçaram sobre ela, e foram feitas análises positivas e negativas.

Para os defensores, as primeiras manifestações, em um primeiro momento, foram de alívio, como a do Dr. Fábio Coutinho Kurtz, da empresa "Conlicitação". Na mídia, afirmou que a PPP

> "(...) é resultado de um inadiável processo de modernização institucional que dotou não apenas o Brasil, como vários Países do Exterior, de eficazes instrumentos para a desestatização da atividade econômica e da prestação de serviços públicos, livrando-se, assim, das amarras impostas pelas Leis 8.666/1993 (Lei de Licitações e Contratos Administrativos) e 8.967/1995 (Lei de Concessão e Permissão de Serviços Públicos)".[10]

E continua o advogado afirmando que:

> "Até então, não dispunha o Estado de outros mecanismos legais para promover a participação da iniciativa privada em obras indispensáveis à recu-

9. A 4ª edição do *Relatório Nacional de Acompanhamento dos Objetivos de Desenvolvimento do Milênio/ODM* aponta que 27 milhões e 300 mil brasileiros ultrapassaram a linha de extrema pobreza. O índice de moradores do País nesta situação baixou – entre 1990 e 2008 – de 25,6% para 4,8%, uma redução de 81%. Com isso, o País supera o primeiro e principal objetivo de *Desenvolvimento do Milênio/ODM*, que estipulou como meta para o mundo erradicar a fome e reduzir pela metade, até 2015, a extrema pobreza registrada em 1990. Saneamento básico e educação devem ser as duas metas prioritárias.

10. Fábio Coutinho Kurtz, *Parceria Público-Privada (PPP)* **x** *Lei de Licitações*, disponível em *http://www.conlicitacao.com.br/futuro/ppp/comentarios/kurtz.php* (acesso em 15.6.2010).

peração, melhoria ou expansão de serviços e obras públicas de grande importância econômica e social, a não ser através daquelas modalidades previstas nas legislações federais, regedoras das licitações e contratos administrativos e de concessões e permissões de serviços públicos".[11]

Barros Neto[12] defende o instituto quando afirma que a sociedade "é que necessita dela" e Yves Gandra Martins ao dizer que a PPP é de uma "nítida atualidade para promover o desenvolvimento natural de serviços públicos de difícil evolução pelos métodos clássicos de licitações".[13] A partir de então, várias obras foram editadas em favor do instituto.

Mas, por outro lado, também recebeu duras críticas, sendo uma delas a de Celso Antônio Bandeira de Mello. Para ele, essa "espécie nova" é um instituto controvertido, o qual foi forjado na Inglaterra, ao tempo da Sra. Thatcher, e "acolhido entusiasticamente pelo Banco Mundial e pelo Fundo Monetário Nacional no cardápio de recomendações aos subdesenvolvidos".[14] O Mestre entendia que, na realidade, era uma imposição das instituições organizadas internacionais. E conclui seu pensamento quando aponta ser o "*crème de la crème* do Neoliberalismo". "Nem mesmo o Governo do Sr. Fernando Cardoso, em despeito de sua álacre submissão aos ditames do FMI, ousou patrociná-la, talvez por uma questão de decoro."[15]

Kiyoshi Harada pronuncia-se no sentido de ser essa lei

> "um desastre total do ponto de vista jurídico-constitucional. Representa, sem sombra de dúvida, um outro instrumento poderoso de desmontar a Administração Pública, como a terceirização e a privatização de serviços públicos não terceirizáveis nem privatizáveis".[16]

11. Idem, ibidem.

12. João Ribeiro Barros Neto, Rogério Emílio de Andrade e Sérgio Augusto Zampol Pavani (coords.), *Parcerias Público-Privadas: um Enfoque Gerencial*. São Paulo, MP, 2006, p. 134.

13. Ives Gandra da Silva Martins, Rogério Emílio de Andrade e Sérgio Augusto Zampol Pavani (coords.), *As Parcerias Público-Privadas à Luz da Constituição*, São Paulo: MP, 2006, p. 32.

14. Parece ter razão, nesse ponto, o jurista, se analisarmos a contratação de Maurício Portugal Ribeiro pelo Banco Interamericano de Desenvolvimento, em agosto/2004, como consultor especialista em direito administrativo e PPP e, em outubro/2004, de Marcos Barbosa Pinto, já mencionados anteriormente (Maurício Portugal Ribeiro e Lucas Navarro Prado, *Comentários à Lei de PPP/Parceria Público-Privada – Fundamentos Econômico-Jurídicos*, cit., 1ª ed., 2ª tir., p. 51).

15. Celso Antônio Bandeira de Mello, *Curso de Direito Administrativo*, 29ª ed., São Paulo, Malheiros Editores, 2012, p. 789, nota de rodapé 77.

16. Kiyoshi Harada, Rogério Emílio de Andrade e Sérgio Augusto Zampol Pavani (orgs.), *Inconstitucionalidade do Fundo Garantidor. Parcerias Público-Privadas*, São Paulo, MP, 2006, p. 206.

Rigolin vai mais além, ao entender que as PPPs nada mais são que um modismo, e que amanhã, por certo, se adotará um outro, conforme a plataforma política do novo governo, chegando a ser até antiético ao comentar os artigos.[17]

Juarez Freitas, mais moderado, sustenta que, a despeito da boa vontade, fica nítido que o regime das PPPs exibe uma série de imperfeições, pois elas introduzem apenas a promessa, nem sempre crível, de garantias reforçadas, e que tais garantias são coadjuvantes e carecem de respaldo constitucional. Ainda, registra que há garantias irrenunciáveis que não constam da lei mencionada (como a falta da lei do processo regulatório que torne sistêmica e sincronizada a atuação dos parceiros), e concluiu que as PPPs são um "elo imperfeito". Requer, para ele,

> "clareza solar a respeito de quem e como licite, quem decreta a caducidade, quem arbitra, quem revisa ou reajusta – é dizer, quem viabiliza, de modo duradouro, a consistência das relações plurilaterais da parceria".[18]

Independentemente das críticas recebidas, hoje as PPPs integram a Administração Pública e fazem parte de uma realidade que precisa ser bem entendida e compreendida.

É bom salientar que, independentemente da discussão na ótica federal, na seara dos Estados-membros a ideia já estava assentada antes mesmo da criação da lei, e possivelmente em razão do próprio discurso neoliberal, pregado na esfera do Governo. Em muitos dos Governos a Assembleia Legislativa havia confeccionada a lei própria. Esses Estados tiveram que adaptar seu ordenamento frente às regras gerais estampadas na Lei das PPPs.[19]

17. Diz o autor: "Se neste momento o rótulo da moda é 'parceria público-privada', amanhã, por certo, o título será outro, conforme se instaure novo governo e resolva impor seus peculiares modismos; mas o único certo é que cada governo tentará vender a imagem de haver criado instrumentos administrativos inéditos e revolucionários, quando o máximo que provavelmente fará é dar novos batizamentos a velhíssimos institutos, e novos patenteamentos a antiquíssimas invenções. Cada novo governo que se sucede, a seu tempo, inventa a roda e descobre o fogo, e os quer registrar na história como seus" (Ivan Barbosa Rigolin, *Comentários às Leis das PPPs, dos Consórcios Públicos e das Organizações Sociais*, São Paulo, Saraiva, 2008, p. 2). Ou "outra vergonha de prolixidade e ignorância jurídica" ou, ainda, "trata-se de uma perolagem flácida para dormitar bovinos" (ob. cit., p. 11).

18. Juarez Freitas, *O Controle dos Atos Administrativos e os Princípios Fundamentais*, cit., 4ª ed., p. 320.

19. Em posição contrária a essa adaptação Rigolin, quando diz: "Desse modo, entendemos que podem os Municípios – para não dizer os Estados e o Distrito Federal, que pela sua grande estrutura não devem estar muito preocupados com essa particularidade da lei – editar suas leis sem toda a rigorosa observância da Lei Federal das PPPs,

Quem nos traz o rol das leis estaduais é Diógenes Gasparini. A primeira lei foi do Estado de Minas Gerais (Lei 14.868, de 16.12.2003, e Lei 14.689, de 16.12.2003), seguido Santa Catarina (Lei 12.930, de 4.2.2004, e Decreto 1.932, de 14.6.2004, regulamentador), São Paulo (Lei 11.688, de 19.5.2004, e Decreto 48.867, de 10.8.2004, regulamentador), Distrito Federal (Lei 3.418, de 4.8.2004, e Decretos 25.398/2004 e 25.482/2004), por Goiás (Lei 14.910, de 11.8.2004), Bahia (Lei 9.290 de 27.12.2004), Ceará (Lei 13.557, de 30.12.2004), o Município de Vitória-ES (Lei 6.261, de 23.12.2004) e Rio Grande do Sul (Lei 12.334, de 13.1.2005)[20]

9.3 Conceito

Afinal, o que é uma *parceria público-privada*?

A expressão já foi utilizada em nosso País com amplitude e restrição. De forma abrangente, quando se reportava a todas as formas de relacionamento contratual de longo prazo entre a Administração Pública e os particulares; ou para designar um "relacionamento específico entre o Poder Público e a iniciativa privada, semelhante a contratos de concessão de serviços públicos, que incluíssem o pagamento pela Administração, ao concessionário, de alguma forma de subsídio";[21] e, de forma mais restritiva, como contrato de concessão de serviço público. O legislador adotou a forma mais restritiva na sua conceituação.

Para responder a questão formulada, vamos partir da própria conceituação existente na lei, a saber:

> "Art. 2º. Parceria público-privada é o *contrato* administrativo de concessão, na modalidade patrocinada ou administrativa" (grifamos).

Ao analisarmos esse artigo, verificamos que o legislador usou a forma restritiva, e a ótica visada é a estrutura econômica dos contratos. Constatamos isso pelo comando que conceitua "parceria" como

e sem as refletir como se num espelho. O que não é norma geral de contratação, porque pela matéria simplesmente não pode ser, e diga o que disser a lei, isso não tem como ser imposto *manu militari* aos demais entes federados afora a União" (Ivan Barbosa Rigolin, *Comentários às Leis das PPPs, dos Consórcios Públicos e das Organizações Sociais*, São Paulo, Saraiva, 2008, p. 7).

20. Diógenes Gasparini, *Direito Administrativo*, cit., 12ª ed., pp. 408-409.

21. Sobre a explicação detalhada dessa classificação, cf. Maurício Portugal Ribeiro e Lucas Navarro Prado, *Comentário à Lei de PPP/Parceria Público-Privada – Fundamentos Econômico-Jurídicos*, cit., 1ª ed., 2ª tir., p. 26.

sendo um *contrato* administrativo de concessão, que pode ocorrer de duas formas: patrocinada ou administrativa. As concessões comuns de serviços e obras não foram afetadas por essa lei, que é mais benéfica ao contratado, e continuam a ser regidas pelas Leis 8.987/1995 e subsequentes. Verificaremos, assim, item a item. Precisamos, nesse momento, resgatar as noções de "contrato administrativo" e "convênio administrativo".

9.3.1 Contrato administrativo

O contrato administrativo, disciplinado na Lei de Licitações, está conceituado no art. 2º, parágrafo único, que considera contrato todo e qualquer ajuste entre órgãos ou entidades da Administração Pública e particulares em que haja um acordo de vontades para a formação de vínculo e a estipulação de obrigações recíprocas, seja qual for a denominação utilizada. Esse é o conceito que vamos adotar. Ou seja: uma composição pacífica de vontades e interesses, e que faz lei entre as partes, tendo como traço a consensualidade para a formação do vínculo, na autoridade de seus termos, os quais se impõem igualmente às partes contratantes.[22]

Não se pode deixar de observar que toda contratação pressupõe uma etapa anterior em que, primeiramente, a Administração vai analisar a conveniência e a oportunidade do serviço. A opção pelo modelo das PPPs deve resultar de uma análise profunda e conjuntural, que envolverá diversos ângulos na sua apreciação.

Essa conjuntura envolve principalmente: estudos do impacto fiscal – sobre a viabilidade econômico-financeira; estudos técnicos – para se ter uma noção global do projeto, mensuração dos riscos que podem vir a surgir e estudos jurídicos, uma vez que implicará a confecção de editais e posterior contrato.

Após todos esses estudos deve-se elaborar um projeto básico; ponderar com profundidade a viabilidade do objeto, além do montante do investimento necessário para que isso aconteça. Um bom projeto é aquele que procura contemplar toda a sorte de probabilidades, a partir de profundos estudos técnicos diferentes. Assim, até a composição final um longo tempo de amadurecimento deve nortear esses trabalhos.

22. Celso Antônio Bandeira de Mello, *Curso de Direito Administrativo*, cit., 29ª ed., p. 633.

Sobre a utilização da expressão "contrato administrativo," Bandeira de Mello expõe que "as palavras são rótulos que sobrepomos às coisas", e que o ideal seria que "às realidades distintas fossem dadas titulações diferentes, para evitar confusões e extrapolações indevidas, (...)".[23] Esse alerta é dado em razão de ter o Poder Público disponibilidade sobre o serviço público e sobre a utilização de um bem público, em razão dos poderes administrativos que lhe são conferidos, enquanto o particular jamais pode ter essa disponibilidade.

Mesmo com o alerta do Mestre, a expressão é utilizada com dupla significação. Em razão dessa dicotomia – assenta Bandeira de Mello –, encontramos (a) contratos em que os poderes reconhecidos ao Poder Público advêm das disposições legais, e por isso não lhe poderão ser negados mesmo que as cláusulas contratuais não os estabeleçam, e (b) contratos em que os poderes de instabilização da relação jurídica existiriam independentemente de qualquer previsão contratual, como no caso das concessões de serviços públicos ou de utilização do domínio público. Para ele, há instabilidade porque o objeto da relação serve para identificá-la mas não é suscetível de um contrato propriamente dito. Mas conclui que

> "o certo é que não se pode impedir que a doutrina absolutamente majoritária no Brasil resolva designar sob o nome 'contratos administrativos' esta variedade de relações tão díspares".[24]

Bandeira de Mello traz sua conceituação de contrato como sendo

> "um tipo de avença travada entre a Administração e terceiros, na qual, por força de lei, de cláusulas pactuadas ou do tipo de objeto, a permanência do vínculo e as condições preestabelecidas assujeitam-se a cambiáveis imposições e interesse público, ressalvados os interesses patrimoniais do contratante privado".[25]

São os contratos administrativos

> "manifestações de vontades recíprocas, sendo uma delas da Administração Pública, que, integradas pelo consenso, têm por objeto a constituição de uma relação jurídica obrigacional, visando a atender, com prestações comutativas, a interesses distintos, um dos quais é público" – segundo Moreira Neto.[26] Esse consenso atua na composição de vontades, que originalmente são antagônicas, pois visam a interesses distintos das partes. Vejam: para Moreira Neto o antagonismo é indispensável.

23. Idem, p. 632.

24. Idem, ibidem.

25. Idem, pp. 632-633.

26. Diogo de Figueiredo Moreira Neto, *Curso de Direito Administrativo*, 14ª ed., Rio de Janeiro, Forense, 2005, p. 163.

Muito próxima a essa ideia, e de forma bem concisa, é a conceituação de Maria Sylvia Zanella Di Pietro quando afirma que a expressão "contrato administrativo" é "reservada para designar tão somente os ajustes que a Administração, nessa qualidade, celebra com pessoas físicas ou jurídicas, públicas ou privadas, para a consecução de fins públicos, segundo regime jurídico de direito público".[27]

Para Hely Lopes Meirelles, *contrato* é o

> "ajuste que a Administração Pública, agindo nessa qualidade, firma com o particular ou outra entidade administrativa para a consecução de objetivos de interesse público, nas condições estabelecidas pela própria Administração".[28]

9.3.2 Convênio

O convênio é um ato administrativo complexo em que uma entidade pública acorda com outra ou com outras entidades, públicas ou privadas, o desempenho conjunto, por cooperação ou por colaboração, de uma atividade de competência da primeira – segundo Moreira Neto.[29] Aqui, o consenso funciona como forma de conjugação de vontades autônomas, paralelas e unidirecionadas e visa à realização de interesses comuns a todas as partes. Note-se que, para o autor, ambas as partes integram a sua vontade e meios próprios para a obtenção de um resultado que atenda ao interesse delas.

O convênio não é modalidade de contrato – no que concordamos com Maria Sylvia –, sendo uma forma de ajuste entre o Poder Público e entidades públicas ou privadas para a realização de objetivos de interesse comum, mediante mútua colaboração.[30]

Na mesma linha segue Hely. Convênios

> "são acordos firmados por entidades públicas de qualquer espécie, ou entre estas e organizações particulares, para realização de objetivos de interesse comum dos partícipes".[31]

Ele ainda é peremptório ao afirmar que "*convênio* é acordo mas não é contrato", pois

> "no contrato as partes têm interesses diversos e opostos" – uma pretende o objeto do ajuste e a outra a contraprestação. No convênio os integrantes têm

27. Maria Sylvia Zanella Di Pietro, *Direito Administrativo*, 20ª ed., São Paulo, Atlas, 2007, p. 232.

28. Hely Lopes Meirelles, *Direito Administrativo Brasileiro*, 38ª ed., São Paulo, Malheiros Editores, 2012, p. 215.

29. Diogo de Figueiredo Moreira Neto, *Curso de Direito Administrativo*, cit., 14ª ed., p. 163.

30. Maria Sylvia Zanella Di Pietro, *Direito Administrativo*, cit., 20ª ed., p. 314.

31. Hely Lopes Meirelles, *Direito Administrativo Brasileiro*, cit., 38ª ed., p. 432.

interesses comuns e coincidentes; portanto, "não há partes, mas unicamente *partícipes* com as mesmas pretensões (...) a posição jurídica dos signatários é uma só – dizia o Mestre –, idêntica para todos, podendo haver apenas diversificação na cooperação de cada um, segundo suas possibilidades, para a consecução de objetivo comum, desejado por todos".[32]

Podemos concluir que, embora o legislador tenha adotado para as PPPs a nomenclatura "contrato", na realidade, o que temos, na linha tradicional, é mais próximo de um convênio administrativo.[33] Vamos designá-lo de "contrato especial", pois não há antagonismo de vontades entre o Estado e o partícipe.

Superada essa crítica inicial, esse contrato especial – gênero de duas espécies distintas: a concessão administrativa e a concessão patrocinada – tem suas características determinadas na própria lei. Como já afirmamos anteriormente, adotou o legislador um conceito menos amplo para as PPPs, o que diminuiu as dúvidas e as resistências por parte daqueles que aplicam o direito administrativo, mas não totalmente daqueles estudiosos do Direito.

Carlos Ari Sundfeld, um dos idealizadores do Projeto, esclarece que a concessão administrativa copiou da concessão tradicional a lógica econômico-contratual, como, por exemplo, "obrigação de investimento inicial; estabilidade do contrato e vigência por longo prazo, para permitir a recuperação do capital; remuneração vinculada a resultados; flexibilidade na escolha dos meios para atingir os fins previstos no contrato; etc.", "e aproveita da concessão patrocinada as regras destinadas à viabilização das garantias".[34]

Em sentido estrito, as PPPs, para Carlos Ari, "são vínculos negociais que adotam a forma de concessão patrocinada e de concessão administrativa, tal qual definidas pela Lei federal 11.079/2004";[35] ou "uma associação de capitais públicos e privados, de natureza con-

32. Idem, pp. 432-433.

33. No "Prefácio" do livro de Maurício Ribeiro, Carlos Ari Sundfeld afirma que a partir de 1990 houve uma guinada, que para ele foi "espetacular", e que a nova geração – a "DPE-90" – é a geração de um "*direito administrativo dos negócios*, distante da burocracia do clips": "(...) são a primeira geração de uma nova era. E que era!" – para ele. Afirma, ainda, que os antigos administrativistas, "fiéis ao estatismo, viram as mudanças como degradação e decadência e puseram-se a combatê-las pura e simplesmente", o que provocou um "choque entre juristas *estatistas* e *privatistas*, (...)" (in Maurício Portugal Ribeiro e Lucas Navarro Prado, *Comentários à Lei de PPP/Parceria Público-Privada – Fundamentos Econômico-Jurídicos*, cit., 1ª ed., 2ª tir., "Prefácio", pp. 21-22).

34. Carlos Ari Sundfeld. "Guia jurídico das parcerias público-privadas", in Carlos Ari Sundfeld (coord.), *Parcerias Público-Privadas*, 2ª ed, São Paulo, Malheiros Editores, 2011, p. 22.

35. Idem, pp. 22-23.

tratual, por meio da qual são repartidos o financiamento, os riscos e os resultados de um determinado empreendimento" – como afirma Zymler.[36]

Cada estudioso procurou definir as PPPs à sua maneira. Hely Lopes Meirelles conceitua as PPPs como

> "uma nova forma de participação do setor privado na implantação, melhoria e gestão da infraestrutura pública, principalmente nos setores de rodovias, ferrovias, hidrovias, portos, energia etc., como alternativa à falta de recursos estatais para investimento nessas áreas".[37]

De modo distinto, na sequência, trazemos o conceito de José Cretella Neto:

> "Contrato de parceria público-privada é o acordo firmado entre a Administração Pública e entes privados, que estabelece vínculo jurídico para implantação, expansão, melhoria ou gestão, no todo ou em parte, e sob o controle e fiscalização do Poder Público, de serviços, empreendimentos e atividades de interesse público em que haja investimento pelo parceiro privado, que responde pelo respectivo financiamento e pela execução do objeto estabelecido".[38]

Sob a ótica do objeto das PPPs, Aragão afirma que

> "são contratos de delegação da construção, ampliação, reforma ou manutenção de determinada infraestrutura e de gestão da totalidade ou parte das atividades administrativas prestadas por seu intermédio, mediante remuneração de longo prazo arcada total ou parcialmente pelo Estado, fixada em razão da quantidade ou qualidade das utilidades concretamente propiciadas pelo parceiro privado à Administração Pública ou à população".[39]

Para a administrativista Maria Sylvia,

> "a parceria público-privada é um contrato administrativo de concessão, que tem por objeto a execução de serviço público, precedida ou não de obra pública, remunerada mediante tarifa paga pelo usuário e contraprestação pecuniária do parceiro público, ou a prestação de serviço de que a Administração Pública seja a usuária direta ou indireta, com ou sem execução da obra e fornecimento e instalação de bens, mediante contraprestação do parceiro público".[40]

Na realidade, a autora simplesmente aglutinou as duas modalidades de PPP que existem na própria conceituação.

36. Benjamin Zymler e Guilherme Henrique de La Rocque Almeida, *O Controle Externo das Concessões de Serviços Públicos e das Parcerias Público-Privadas*, 2ª ed., Belo Horizonte, Fórum, 2008, p. 268.

37. Hely Lopes Meirelles, *Direito Administrativo Brasileiro*, 38ª ed., São Paulo, Malheiros Editores, 2012, p. 425.

38. José Cretella Neto, *Comentários à Lei das Parcerias Público-Privadas – PPPs*, Rio de Janeiro, Forense, 2005, p. 1.

39. Cf. o "Capítulo XIII – Parcerias Público-Privadas/PPPs", in Alexandre Santos de Aragão, *Direito dos Serviços Públicos*, cit., 2008, e "As parcerias público-privadas – PPPs no direito positivo brasileiro", cit., *RT* 839/21-22.

40. Maria Sylvia Zanella Di Pietro, *Direito Administrativo*, cit., 20ª ed., p. 285.

Podemos dizer que a PPP é um contrato administrativo de concessão, com duas subespécies, patrocinada e administrativa, havendo razoável flexibilização pelas partes contratantes, com as regras fixadas na Lei 11.079/2004 – o que pode vir a causar problemas para a Administração se o edital e, por consequência, o contrato não forem bem feitos.

Vamos estudar as espécies de PPP.

9.4 Espécies de concessões: concessão patrocinada e concessão administrativa

O art. 2º, § 1º, traz o conceito de *concessão patrocinada* como sendo a concessão de serviços públicos ou de obras públicas de que trata a Lei 8.987, de 13.2.1995, quando envolver, adicionalmente à tarifa cobrada dos usuários, contraprestação pecuniária do parceiro público ao parceiro privado.

Designa-se "concessão administrativa" como o contrato de prestação de serviços de que a Administração Pública seja a usuária direta ou indireta, ainda que envolva execução de obra ou fornecimento e instalação de bens. Essa é uma espécie nova, pois a obtenção dos serviços somente era viável por meio do contrato administrativo de serviços, previstos na Lei 8.666/1993, na conformidade de seu art. 7º. Com a implementação da Lei 11.079/2004 isso mudou.

Alertamos para a imprecisão terminológica, pois todo contrato de concessão, seja ele qual for, é um contrato administrativo. Concordamos com Maria Sylvia quando ela arguiu que essa modalidade nada mais é que um contrato de prestação de serviços à Administração Pública, um pouco mais longo e com garantias melhores;[41] ou seja, uma transfiguração dessa modalidade.

Assim sendo, a jurista entende que "uma entidade da Administração indireta não pode celebrar contrato de parceria público-privada na modalidade de concessão patrocinada, na qualidade de parceiro público", pois "não existe hipótese em que a titularidade de determinado serviço público seja originariamente de entidade da Administração indireta".[42]

41. Maria Sylvia Zanella Di Pietro, *Parcerias na Administração Pública. Concessão, Permissão, Franquia, Terceirização, Parceria Público-Privada e Outras Formas*, 7ª ed., São Paulo, Atlas, 2009, p. 157.

42. Idem, p. 72.

O legislador usou de uma artimanha para que não se pensasse na delegação, por conta e risco do serviço público – o que não é permitido –, e, por isso, usou a expressão "usuária" do serviço, direta ou indiretamente.

Ribeiro explica que, quando da idealização do projeto, a expressão "contrato administrativo" foi utilizada com sentido diverso do utilizado tradicionalmente no direito administrativo, qual seja, a delegação pelo Estado, à iniciativa privada, da exploração de um serviço cuja prestação tenha sido originalmente atribuída ao Estado, por meio de um ordenamento jurídico – constitucional ou inconstitucional –, e não a que era normalmente conhecida. O jurista não se preocupou com a desnaturação ou com as confusões que porventura viriam a acontecer.

A Lei 8.666/1993 não permite a celebração de contratos de prestação de serviços por mais de cinco anos, razão pela qual não se adotou essa terminologia, uma vez que aqui tratamos de investimentos de grande vulto e de duração bem mais longa – mas no máximo 35 anos (daí nossa concordância com Maria Sylvia).

Também fugiu-se da tipologia de subvenção, uma vez que a Lei 4.320/1964,[43] expressamente determina que para a mesma não pode haver prestação de serviços ou a entrega de bens, bem como concessão subsidiada ou subvencionada.[44] Ribeiro afirma que

> "o modelo por trás da concepção de pagamento público adotada pela Lei de PPP é o da garantia da demanda mínima, vinculada à disponibilidade do serviço".

Nesse novo modelo criado pelo legislador a Administração garante a compra de uma parte do serviço disponibilizado, independentemente de seu uso efetivo. Ainda, sobre o uso da expressão

43. Lei 4.320/1964, art. 12, § 3º: "§ 3º. Consideram-se subvenções, para os efeitos desta Lei, as transferências destinadas a cobrir despesas de custeio das entidades beneficiadas, distinguindo-se como: I – subvenções sociais, as que se destinem a instituições públicas ou privadas de caráter assistencial ou cultural sem finalidade lucrativa; II – subvenções econômicas, as que se destinem a empresas públicas ou privadas de caráter industrial, comercial, agrária ou pastoril".

44. A titulação "concessão subvencionada" para Juarez Freitas era a mais apropriada, e foi defendida em seu ensaio "O novo modelo de parcerias público-privadas (PPPs) no Brasil: características e regulação", publicado no *Anuário da Facultade de Dereito da Universidade da Coruña* 2005, 9:491-511. Ali ela reafirma que a PPP aparece em boa hora, mas carrega várias atecnias e imperfeições que precisamos escoimar com interpretação mais que declarativa ou literal. Em outra obra ele prefere "Concessão com a contraprestação pecuniária adicional pelo parceiro público" (*O Controle dos Atos Administrativos e os Princípios Fundamentais*, cit., 4ª ed., p. 327).

"concessão administrativa", Ribeiro novamente aduz que a Lei das PPPs "refere-se ao sentido econômico de 'concessão' (como contrato que exige investimento do parceiro privado em uma infraestrutura, a ser amortizada ao longo da prestação do serviço)", "e não ao sentido jurídico cunhado sob a égide da teoria do serviço público".[45] São inovações que precisamos estudar com bastante afinco.

Além dessas explicações sobre o uso do termo, o § 4º do art. 2º diz que é vedada a celebração de contrato de PPP que tenha como objeto único o fornecimento de mão de obra, o fornecimento e instalação de equipamentos ou a execução de obra pública. Acontece que na Lei das PPPs a concessão está definida como o contrato de prestação de serviços de que a Administração Pública seja a usuária direta ou indireta, ainda que envolva execução de obra ou fornecimento e instalação de bens.

Se ela é usuária direta ou indireta, Bandeira de Mello entende que ficou muito "nebulosa a caracterização da parceria na modalidade administrativa".[46] E exemplifica: o que diferencia um contrato de prestação de serviços de limpeza pública de uma concessão de serviço de limpeza pública? E responde que "o serviço, em si, é o mesmo". O que diferencia os dois é que "no primeiro o contratado é remunerado pela Administração", sendo um "mero executor do serviço", enquanto "no segundo o concessionário se remunera cobrando ele próprio sua retribuição dos usuários".[47]

Na concessão administrativa, sendo a Administração uma usuária direta ou indireta e fazendo os pagamentos para custear os investimentos, jamais essa contraprestação poderá ser tarifa, e muito menos o contrato de prestação de serviços será concessão. A qualidade de ser concessionária não pode ser adquirida como um "passe de mágica". Bandeira de Mello afirma que essa concessão administrativa nada mais é que um contrato de prestação de serviços.[48]

45. Maurício Portugal Ribeiro e Lucas *Navarro* Prado, *Comentário à Lei de PPP/ Parceria Público-Privada – Fundamentos Econômico-Jurídicos*, cit., 1ª ed., 2ª tir., pp. 66 e 70.

46. Celso Antônio Bandeira de Mello, *Curso de Direito Administrativo*, cit., 29ª ed., p. 791.

47. Idem, p. 792.

48. Bandeira de Mello tece duras críticas, a saber:

"Ocorre que é praticamente impossível e dificilmente se poderá conceber um serviço que possa ser mantido por meras tarifas nas quais a Administração compareça como simples usuária, mas na quantidade e frequência suficiente para acobertar tais serviços, maiormente se envolverem também a execução de obra ou implantação de bens.

Ainda uma última questão: será possível o emprego de concessão administrativa para a prestação de serviços públicos tendo em vista que o art. 10, § 3º, exige autorização legislativa específica (no caso de concessão patrocinada) se houver remuneração em mais de 70%?

Ora, a concessão administrativa não deve ser aplicada aos serviços públicos, mas Ribeiro (lembrem-se: ele foi um dos idealizadores do projeto) admite essa possibilidade. Para ele é perfeitamente viável, uma vez que a estrutura legal que incide sobre a concessão administrativa não é essencialmente diferente da aplicável às concessões comuns de serviço.[49] Aqui nós nos perguntamos: se um instituto pode ser utilizado indiscriminadamente pelo outro, qual a utilidade de se manter os dois no ordenamento jurídico?

Di Pietro analisa a questão e comenta que "o objetivo do legislador foi o de contornar o entendimento doutrinário de que na concessão de serviço público a remuneração não é feita pelo poder concedente". Trata-se, na realidade, de terceirização das funções do Estado, da gestão do serviço através da transferência para a iniciativa privada de atividades que sejam ou não passíveis de cobrança de

Logo, o que a Administração teria de pagar para acobertar os dispêndios da prestação do serviço, embora devesse ser uma tarifa, *não seria tarifa alguma, mas uma remuneração contratual como qualquer outra* – o que, evidentemente, descaracteriza a parceria como uma concessão. Deveras, não basta chamar um contrato de prestação de serviços como concessão para que ele adquira, como em um passe de mágica, esta qualidade. Também não basta chamar de tarifa o pagamento feito ao prestador de serviço em um contrato desta índole para que tal pagamento se converta em tarifa e o dito contrato se transforme em uma concessão; assim como não bastaria chamar uma cadeira de alto-falante para poder irradiar sons por meio dela.

"Assim, percebe-se que o que a lei visa, na verdade, por meios transversos, não confessados, *é a realizar um simples contrato de prestação de serviços* – e não uma concessão –, segundo um regime diferenciado e muito mais vantajoso para o contratado que o regime geral dos contratos; ou seja: quer ensejar aos contratantes privados (os parceiros), nas 'concessões' administrativas tanto como nas patrocinadas, vantagens e garantias capazes de atender aos mais venturosos sonhos de qualquer contratado. Pretendeu atribuir-lhes os benefícios a seguir indicados, e que existem *tanto na concessão administrativa quando na concessão patrocinada*, assim como também ofertou aos seus financiadores benefícios surpreendentes."

E termina Bandeira de Mello afirmando que "foi este meio grotesco o de que se utilizou a Prefeitura Municipal de São Paulo, na última gestão, para efetuar contratos de prestação de serviço de recolhimento de lixo, com prazo correspondente ao de concessões, atribuindo tal nome ao contrato e chamando de 'tarifa' o pagamento que fazia ao prestador. É evidente que o contrato em tais condições é nulo de pleno direito" (*Curso de Direito Administrativo*, cit., 29ª ed., pp. 792-793 e nota de rodapé 82).

49. Maurício Portugal Ribeiro e Lucas Navarro Prado, *Comentário à Lei de PPP/ Parceria Público-Privada – Fundamentos Econômico-Jurídicos*, cit., 1ª ed., 2ª tir., p. 70, nota de rodapé 7.

tarifa, podendo ou não envolver obra, fornecimento e instalação de bens. E conclui:

> "(...) se esse objeto da concessão administrativa – delegação da execução de serviço público – se revelar verdadeiro, haverá terceirização de atividade-meio (serviços administrativos) e atividade-fim (serviços sociais do Estado); de qualquer forma, a ideia é a de delegar à atividade privada a execução de serviço público".[50]

Na hora da avaliação desses contratos precisamos analisar se se estará fazendo uma burla, como aventou Di Pietro, ou se serão aplicados conforme previsto por Ribeiro.

9.5 Remuneração das PPPs

9.5.1 Remuneração na concessão administrativa

Vamos retomar a conceituação da concessão administrativa[51] trazida pela lei no art. 2º, § 1º. É um contrato de prestação de serviços em que a Administração Pública seja a usuária direta ou indireta, ainda que envolva somente o fornecimento e a instalação de bens/equipamentos ou a execução de uma obra. Há apenas para o empreendedor a contraprestação oriunda dos cofres públicos, pois não se pode cobrar tarifas do usuário, uma vez que os serviços são prestados a órgão público.

Talvez a intenção do legislador seja a de fugir dos controles rígidos impostos pela Lei de Responsabilidade Fiscal – Lei Complementar 101/2000 –, que, para tanto, institui o Fundo Garantidor das Parcerias Público-Privadas (art. 16) e o Órgão Gestor (art. 14). O objetivo nos parece ser no sentido de evitar o rompimento do contrato em razão da falta de pagamento do pactuado pelo Poder Público e a consequente interrupção da obra, lesando os administrados. Vamos analisar esses dois itens mais à frente.

9.5.2 Remuneração na concessão patrocinada

O conceito de concessão patrocinada aduzido na lei é de uma concessão de serviços públicos ou de obras públicas, de que trata a

50. Maria Sylvia Zanella Di Pietro, *Parcerias na Administração Pública. Concessão, Permissão, Franquia, Terceirização, Parceria Público-Privada e Outras Formas*, cit., 7ª ed., p. 154.

51. Juarez Freitas prefere a terminologia "concessão com a contraprestação pecuniária adicional pelo parceiro público", uma vez que supõe a remuneração parcial à conta do parceiro público ("Parcerias público-privadas (PPPs): características, regulação e princípios", *Revista Interesse Público* 6(29)/20, Porto Alegre, janeiro-fevereiro/2005).

Lei 8.987, de 13.2.1995, quando envolver, adicionalmente à tarifa cobrada dos usuários, contraprestação pecuniária do parceiro público ao parceiro privado. A remuneração provém de duas fontes: (a) oriunda dos usuários do serviço – portanto, natureza jurídica de tarifa; e (b) efetuada pelo Poder Público.

Como a lei equipara essa concessão às concessões de serviços públicos, poderá haver a percepção de receitas alternativas, complementares, acessórias ou de projetos associados, com a finalidade de tornar mais acessível o valor das tarifas aos administrados (é a própria redação do art. 11[52] da Lei 8.987/1995).[53]

A modicidade deve ser no sentido de que o valor favoreça o acesso ao serviço público – aplicação do princípio da universalidade da prestação – e não o impeça, entrave ou dificulte; portanto, deve-se analisar a *essencialidade* do serviço e a *capacidade econômica* do usuário.[54]

Cuidados deverão ser observados, pois a política tarifária deve ser aplicada no sentido de se buscar a justa remuneração. Deve-se combater o desvirtuamento das instituições, pois o Estado concedente pode acabar recebendo receitas ou, mesmo, obter lucros com a exploração do serviço – o que é um absurdo! Se houver permissão ao Estado de auferir lucro, como ficarão os interesses da população? Nesse aspecto há a necessidade de fiscalização, controles eficazes e prestação de contas efetiva. Esse controle pode ser feito pelos usuários, pelo Ministério Público e pelas organizações civis, além daqueles entes previstos na legislação brasileira, que precisam estar atentos.

52. "Art. 11. No atendimento às peculiaridades de cada serviço público, poderá o poder concedente prever, em favor da concessionária, no edital de licitação, a possibilidade de outras fontes provenientes de receitas alternativas, complementares, acessórias ou de projetos associados, com ou sem exclusividade, com vistas a favorecer a modicidade das tarifas, observado o disposto no art. 17 desta Lei.

"Parágrafo único. As fontes de receita previstas neste artigo serão obrigatoriamente consideradas para a aferição do inicial equilíbrio econômico-financeiro do contrato."

53. V. Fernando Vernalha Guimarães, *Parceria Público-Privada: Caracterização dos Tipos Legais e Aspectos Nucleares de seu Regime Jurídico*, tese (Doutorado em Direito do Estado), Curitiba/PR, Faculdade de Direito da Universidade Federal do Paraná/UFPR, 2008, 615 pp., pp. 191-208, em que fez profundo estudo sobre as variantes dessas receitas.

54. Somente para acrescer, Floriano Marques Neto anota que *tarifa módica* "é aquela praticada com o menor valor possível para cobrir os custos de operação, ensejar o retorno dos investimentos e conferir margem razoável de retorno ao prestador. Por definição, tarifa módica não será deficitária" ("As políticas de universalização, legalidade e isonomia: o caso do 'telefone social'", *Revista de Direito Público da Economia* 14/81, Belo Horizonte, Fórum, 2006).

Uma pergunta, neste instante precisa ser feita: qual é o máximo a ser desembolsado pelo Estado para o pagamento do parceiro privado na concessão patrocinada?

Nos termos do art. 10, § 3º, a contraprestação pecuniária que pode ser desembolsada pelo Estado está limitada pela lei em até 70%, teoricamente. Mas o legislador acresceu que, se for mais de 70%, deverá ser precedida por autorização legislativa.[55] Ou seja: pode haver a contraprestação total desembolsada por parte do Estado – o que contraria o intuito da lei, que é o parceiro socorrer o Estado, funcionando como captador dos recursos não existentes. Se há recursos a serem pagos pelo Estado, por que não se utilizar as concessões comuns? São perguntas que esperamos que o tempo nos responda.

9.5.3 Formas de pagamento da remuneração

As formas de pagamento previstas são várias, e podem ser feitas diretamente ou indiretamente.

As regras estão no art. 6º da Lei das PPPs, a saber: diretamente, através de ordem bancária; ou indiretamente, seja por meio de cessão de créditos não tributários, outorga de direitos em face da Administração Pública, outorga de direitos sobre bens públicos dominicais, ou outros meios admitidos em lei.

O contrato poderá prever o pagamento ao parceiro privado de remuneração variável vinculada ao seu desempenho, conforme metas e padrões de qualidade e disponibilidade definidos no contrato (art. 6º, parágrafo único). Essa é uma inovação interessante, pois costumeiramente observamos que o Estado muitas vezes honra seus compromissos financeiros embora não tenha percebido totalmente a prestação. Para se evitar isso há a opção de, à medida que for entregando a obra, por exemplo, ir percebendo a contraprestação.

O contrato deverá prever qual a forma do pagamento da remuneração e como acontecerá sua atualização, como é normal na forma contratual convencional.

A novidade encontra-se nas cláusulas contratuais de atualização automática de valores, baseadas em índices e fórmulas matemáticas e que serão aplicadas sem necessidade de homologação pela Admi-

55. Art. 10, § 3º: "§ 3º. As concessões patrocinadas em que mais de 70% (setenta por cento) da remuneração do parceiro privado for paga pela Administração Pública dependerão de autorização legislativa específica".

nistração Pública, exceto se esta publicar na Imprensa Oficial, onde houver, até o prazo de 15 dias após a apresentação da fatura, razões fundamentadas nessa lei ou no contrato para a rejeição da atualização (§ 1º do art. 5º), voltadas sempre para a recomposição da equação econômico-financeira do contrato pactuado.

Juarez Freitas reitera que

> "a PPP apresenta mecanismo (algo otimista demais) de 'atualização automática' ou por decurso do prazo, que supõe extrema eficiência regulatória, para não gerar conflitos à guisa de evitá-los".[56]

Concordamos com Juarez, pois hoje o País está estável, mas esses contratos podem ter uma duração de até 35 anos.

É importante que reiteremos que, por determinação do art. 7º, o pagamento da contraprestação pela Administração Pública será obrigatoriamente precedido da disponibilização do serviço objeto do contrato de PPP, podendo, nos termos do contrato, efetuar o pagamento da contraprestação relativa a parcela fruível de serviço objeto do contrato de PPP, e aí será variável – ou seja, o pagamento decorre do cumprimento da obrigação contraída pelo concessionário na disponibilização do serviço. Assim, não se pode adiantar o pagamento por um serviço ou uma obra que não tenha sido disponibilizado, o que tenderia a acabar com muitos desvios que marcaram nosso passado.

9.6 Finalidade das PPPs

A Constituição Federal expressamente determina que a Administração Pública direta e indireta de qualquer dos Poderes da União, dos Estados, do Distrito Federal e dos Municípios obedecerá aos princípios de legalidade, impessoalidade, moralidade, publicidade e eficiência (art. 37, *caput*).

Em breves linhas precisamos repassar que as Constituições, como muito bem ministrado por Daniel Sarmento,[57] são compostas de regras jurídicas e princípios.

> "Uma Constituição que só contivesse princípios não emprestaria a segurança jurídica e previsibilidade necessárias ao ordenamento, mas uma Constituição fundada exclusivamente em regras não possuiria a plasticidade necessária à acomodação dos conflitos que eclodem na sociedade".

56. Juarez Freitas, *O Controle dos Atos Administrativos e os Princípios Fundamentais*, cit., 4ª ed., p. 323.

57. Daniel Sarmento, *A Ponderação de Interesses na Constituição Federal*, Rio de Janeiro, Lumen Juris, 2000, p. 195.

Vamos também adotar a noção de *princípios* como normas que exigem a realização de algo, da melhor forma possível, de acordo com as possibilidades fácticas e jurídicas, no sentido de que os princípios não proíbem, permitem ou exigem algo em termos de tudo ou nada, apenas impõem a otimização de um direito ou de um bem jurídico.[58]

Embora utilizados como equivalentes, "regra" e "princípios" não são sinônimos. Robert Alexy afirma que existe uma diferença de grau e de qualidade entre *normas* e *princípios*, e que para a teoria dos direitos fundamentais é uma das colunas mestras.[59] Segundo suas ponderações:

> "Princípios são normas que ordenam que algo seja realizado na maior medida possível dentro das possibilidades jurídicas e fáticas existentes. São mandamentos de otimização, que são caracterizados por poderem ser satisfeitos em graus variados e pelo fato de que a medida devida de sua satisfação não depende somente das possibilidades fáticas, mas também das possibilidades jurídicas".
>
> E continua: "O âmbito das possibilidades jurídicas é determinado pelos princípios e regras colidentes. Por sua vez, as regras são normas que são sempre satisfeitas ou não satisfeitas. Se uma regra vale, então, deve se fazer exatamente aquilo que ela exige: nem mais, nem menos. Regras contêm, portanto, determinação do âmbito daquilo que é fática e juridicamente possível. Isso significa que a distinção entre regras e princípios é uma distinção qualitativa, e não uma distinção de grau. Toda norma é ou uma regra ou um princípio".[60]

Após essas breves linhas podemos concluir que o estampado no art. 37, *caput*, da CF são princípios. Além de obedecer aos princípios de legalidade, impessoalidade, moralidade, publicidade e eficiência, as PPPs devem honrar o princípio da economicidade (procurando, quando for o caso, a tarifa mais módica para o usuário), a continuidade da prestação do serviço público etc., bem como inúmeras regras que demandarão anuência, como aquelas enumeradas na Lei de Licitações e na Lei de Concessões, quando for o caso.

É fundamental referir a eficiência como norma-diretriz. A Administração quer serviços de qualidade, e estes devem ser preatados pela PPP. Essa parceria deve garantir uma obra com qualidade, ao menor custo e tempo. Mas essa eficiência também deve ser observada pelo Estado.

58. J. J. Gomes Canotilho, *Direito Constitucional*, 6ª ed., Coimbra, Livraria Almedina, 1996, p. 534.

59. Robert Alexy, *Teoria dos Direitos Fundamentais*, 2ª ed., São Paulo, Malheiros Editores, 2011, pp. 85-86.

60. Idem, pp. 90-91.

Em razão desse matizes é que se impõe à Administração um dever de eficiência no emprego dos recursos da sociedade. A diretriz de eficiência terá papel preponderante na fase de programação e no cumprimento das metas estabelecidas no contrato. Leia-se: *dever* de objetivar sempre resultados eficientes e econômicos nas ações de programação, execução e conclusão de PPPs. Afinal, os recursos são públicos, embora no primeiro momento do contrato apenas o parceiro injete capital privado.

Ainda sobre a eficiência, Hely ensina que a mesma constitui imperativo da atuação da Administração Pública. É aquilo que se impõe a todo agente público no sentido de realizar suas atribuições "com presteza, perfeição e rendimento funcional". Para o Mestre, a função administrativa não se contenta mais apenas em cumprir os atos com legalidade, mas agora exige resultados positivos no seu desempenho, voltados à satisfação das necessidades da comunidade e de seus membros.[61] Por isso, merecerão muito cuidado as fases que antecedem a preparação do edital e os estudos preliminares.

Por fim, para ilustrar o tema, José Cretella Neto prefere que o termo "eficiência" – adotado pelo constituinte – seja substituído por "eficácia". Ele explica que a eficiência tem duas facetas: em relação ao modo de atuação do agente público e em relação à forma de organizar, estruturar e disciplinar a Administração Pública. Para o jurista, a *eficiência* consistiria em fazer as coisas da melhor maneira possível, enquanto a *eficácia* consistiria em fazer da maneira necessária.[62] Não obstante, ainda preferimos a expressão "eficiência", também adotada pela Carta Magna.

9.7 Objeto da concessão e aplicação da Lei de Concessões

A parceria pode ter por objeto a prestação do serviço público (concessão patrocinada) ou a prestação da qual a Administração seja usuária, direta ou indiretamente, podendo ser de obras, fornecimento de bens, sua instalação, sempre mediante a contraprestação pelo parceiro público (concessão administrativa). Enquanto na primeira existe a tarifa do usuário, na segunda isso não existe, pois o Poder Público exclusivamente fornece a contraprestação ao parceiro privado.

61. Hely Lopes Meirelles, *Direito Administrativo Brasileiro*, cit., 38ª ed., p. 98.

62. José Cretella Neto, *Comentários à Lei das Parcerias Público-Privadas*, 2ª ed., Rio de Janeiro, GZ, 2010, p. 46.

Às concessões administrativas deve ser aplicado, adicionalmente, o disposto nos arts. 21, 23, 25 e 27 a 39 da Lei 8.987, de 13.2.1995, e no art. 31 da Lei 9.074, de 7.7.1995, além do estatuído em lei própria.

Às concessões patrocinadas será aplicado, subsidiariamente, o disposto na Lei 8.987, de 13.2.1995, e nas leis que lhe são correlatas.

Todas as outras modalidades de concessões comuns continuam regidas pela Lei 8.987, de 13.2.1995, e pelas leis que lhe são correlatas, não lhes sendo aplicada a Lei das PPPs.

Vamos nos apropriar da conceituação de *concessão comum* dada por Alexandre Santos de Aragão, que aduz:

"(...) na forma descentralizada de prestação de serviço público, o Poder Público transfere a sua titularidade, ou simplesmente a sua execução, por outorga ou delegação, a entidade da Administração indireta ou a particular. Haverá transferência da titularidade e da execução do serviço se a entidade para a qual for transferido tiver personalidade jurídica de direito público (autarquias e fundações de direito público). Se for pessoa jurídica de direito privado, integrante da Administração indireta (fundações públicas de direito privado, empresas públicas e sociedades de economia mista) ou não (basicamente, concessionários ou permissionários), a transferência será apenas da execução do serviço".[63]

Em razão da similitude ente a concessão comum e a concessão patrocinada é que Maria Sylvia enumera os pontos comuns e alerta que a semelhança entre os dois institutos quase permitiria afirmar que a concessão patrocinada rege-se pela Lei 8.987/1995 em tudo o que não for derrogado pela Lei das PPPs.

São estes os pontos comuns enumerados pela autora:

"(a) a existência de *cláusulas regulamentares* no contrato, resultantes da atividade de regulação; (b) a outorga de *prerrogativas públicas* ao parceiro privado; (c) a sujeição do parceiro privado aos *princípios* inerentes à prestação de serviços públicos: continuidade, mutabilidade, igualdade dos usuários, além dos mencionados no art. 6º da Lei 8.987/1995; (d) reconhecimento de *poderes* ao parceiro público, como encampação, intervenção, uso compulsório de recursos humanos e materiais da empresa concessionária, poder de direção e de controle sobre a execução do serviço, poder sancionatório e o poder de decretar a caducidade; (e) reversão, ao término do contrato, de bens do parceiro privado afetados à prestação do serviço; (f) a natureza pública dos bens da concessionária afetados à prestação do serviço; (g) responsabilidade civil, por danos causados a terceiros, regida por normas publicísticas; (h) efeitos trilaterais da concessão: sobre o poder concedente, o parceiro privado e os usuários".[64]

63. Alexandre Santos de Aragão, *Direito dos Serviços Públicos*, Rio de Janeiro, Forense, 2007, p. 560.

64. Maria Sylvia Zanella Di Pietro, *Direito Administrativo*, cit., 20ª ed., p. 287.

A autora ainda cita os artigos da Lei 8.987/1995 que se aplicam à concessão patrocinada, a saber:

"(a) direitos e obrigações dos usuários (art. 7º); (b) política tarifária (arts. 9º a 13), no que couber; (c) cláusulas essenciais do contrato (art. 23), no que não contrariarem os encargos do art. 5º da Lei 11.079; (d) encargos do poder concedente (art. 29); (e) encargos do concessionário (art. 31); (f) intervenção (arts. 32 a 34); (g) responsabilidade por prejuízos causados ao poder concedente e a terceiros (art. 25, *caput*); (h) subcontratação (art. 25, §§ 1º a 3º); (i) subconcessão (art. 26); (j) transferência da concessão (art. 27), com as restrições contidas no art. 9º da Lei 11.079 quanto à transferência de controle acionário; (k) formas de extinção, abrangendo advento do termo, encampação, caducidade, rescisão ou anulação (arts. 35 a 39); (l) reversão (art. 36); (m) licitação (arts. 15, §§ 3º e 4º, 18, 19 e 21), no que não contrariar as normas dos arts. 11 a 13 da Lei 11.079; (n) controle da concessionária (art. 30 da Lei 8.987/1995 e arts. 31 e 36 da Lei 9.074/1995)".[65]

O § 4º do art. 2º estabelece três limitações ou vedações impeditivas à celebração de contrato de PPP: (a) *em razão do valor* – o contrato não pode ter valor inferior a R$ 20.000.000,00; (b) *em razão do tempo* – o período de prestação do serviço, ou seja, o prazo do contrato, não pode ser inferior a cinco anos; ou (c) *em razão do objeto* – não pode ter por objeto único o fornecimento de mão de obra, o fornecimento e instalação de equipamentos ou a execução de obra pública.

Como é natural no direito administrativo a impossibilidade de delegação das funções indelegáveis da Administração – ou seja, da regulação, do poder de polícia, das atividades exclusivas do Estado ou do poder jurisdicional –, portanto, não podem ser objeto de contrato, reafirmando o legislador essa proibição no art. 4º, III, da aludida lei.

Para outras atividades Marçal Justen Filho ressalva ser

"perfeitamente possível que competências atinentes à execução de serviços públicos e outros poderes regulatórios acessórios e secundários sejam transferidos a outros entes – repita-se, seja por via do consórcio público, seja pelos meios atualmente disponíveis".[66]

Há entendimento[67] que sustenta ser possível a transformação da concessão comum em patrocinada, uma vez que o objeto é o mesmo

65. Idem, ibidem.

66. Marçal Justen Filho, Marcos Juruena Villela Souto e Fábio Medina Osório (coords.), *Direito Administrativo. Novos Sujeitos na Administração Pública: os Consórcios Públicos Criados pela Lei Federal 11.107/2005 (Estudos em Homenagem a Diogo de Figueiredo Moreira Neto)*, Rio de Janeiro, Lumen Juris, 2006, p. 687.

67. Posição defendida por Carlos Ari Sundfeld, "Guia jurídico das parcerias público-privadas", cit., in Carlos Ari Sundfeld (coord.), *Parcerias Público-Privadas*, 2ª ed., p. 36. Sundfeld sustenta a possibilidade de a Administração Pública assumir o pagamento de parte da tarifa, como subvenção econômica aos usuários, observando-se os arts. 10, 22 e 28 da Lei das PPPs.

para ambas. A diferença está no modo da contraprestação remuneratória: na concessão comum o concessionário recebe tarifas dos usuários e, às vezes, receitas alternativas, não oriundas do Estado; enquanto na patrocinada, como já explanamos anteriormente, a contraprestação provém da Administração Pública. É óbvio que nesse caso a Administração deverá rever o contrato e as cláusulas contratuais, de modo a manter o equilíbrio econômico-financeiro. O contrário não é possível. Não julgamos conveniente essa transformação, por ferir as regras estipuladas no edital, que vincula as partes.

Vamos finalizar com as palavras que Celso Antônio Bandeira de Mello, incisivamente, profere:

> "Como a lei pretende que as parcerias público-privadas (PPPs) sejam consideradas modalidades de concessão de serviço público, *obviamente seu objeto só pode ser a prestação de um serviço público* (ainda que para isto necessite englobar outras atividades); vale dizer: seu objeto será necessariamente a *prestação de utilidade ou comodidade fruível singularmente pelos administrados*. Assim, toda tentativa de efetuar PPPs tendo como objeto alguma atividade que não seja serviço público seria aberrante, resultando em evidente nulidade do contrato".[68]

9.8 Titulares da parceria

9.8.1 Sujeito ativo

O art. 1º da lei institui normas gerais para licitação e contratação de PPP no âmbito dos Poderes da União, dos Estados, do Distrito Federal e dos Municípios.

E seu parágrafo único se aplica: (a) aos órgãos da Administração Pública direta; (b) aos fundos especiais; (c) às autarquias e às fundações públicas; (d) às empresas públicas, às sociedades de economia mista; e (e) às demais entidades controladas direta ou indiretamente pela União, Estados, Distrito Federal e Municípios.

Portanto, vamos iniciar resgatando o conceito de "órgão público". Celso Antônio afirma que "*órgãos públicos são unidades abstratas que sintetizam os vários círculos de atribuições do Estado*",[69] ou que os mesmos "nada mais significam que círculos de atribuições, os feixes individuais de poderes repartidos no interior da personalidade estatal

68. Celso Antônio Bandeira de Mello, *Curso de Direito Administrativo*, cit., 29ª ed., p. 790.

69. Idem, p. 144.

e expressados através dos agentes neles providos". Na linguagem de Marcello Caetano:

> "Órgão é o elemento da pessoa coletiva que consiste num centro institucionalizado de poderes funcionais a ser exercido pelo indivíduo ou pelo colégio de indivíduos que nele estiverem providos, com o objetivo de exprimir a vontade juridicamente imputável a essa pessoa coletiva".[70]

Hely afirmava que os órgãos públicos

> "são centros de competência instituídos para o desempenho de funções estatais, através de seus agentes, cuja atuação é imputada à pessoa jurídica a que pertencem".[71] Por sua vez, Maria Sylvia afirma órgão público que é uma "unidade que congrega atribuições exercidas pelos agentes públicos que o integram com o objetivo de expressar a vontade do Estado".[72]

As entidades, sendo pessoas jurídicas, podem ser públicas ou privadas. As entidades estatais, segundo Hely,

> "são pessoas jurídicas de direito público que integram a estrutura constitucional do Estado e têm poderes políticos e administrativos, tais como a União, os Estados-membros, os Municípios e o Distrito Federal".[73]

O Decreto-lei 200/1967 regulou a estrutura administrativa da organização federal. Por ele, a Administração Pública Federal passou a ser dividida em direta e indireta. Na direta encontramos a estrutura administrativa da Presidência da República e seus Ministérios. Na indireta, as autarquias, as empresas públicas, as sociedades de economia mista e as fundações públicas (com natureza jurídica de direito privado).

Maria Sylvia alerta que:

> "(...) quanto à aplicação da lei às entidades da Administração indireta, o parágrafo único do art. 1º causa certa perplexidade e será de aplicação limitada. Isto porque a delegação de serviços públicos a concessionárias e a outorga a entidades da Administração indireta são duas modalidades de descentralização de atividades de que o Poder Público é titular. Não existe hipótese em que a titularidade de determinado serviço público seja originariamente de entidade da Administração indireta. Quando ela desempenha um serviço público, já o faz porque o respectivo titular houve por bem criá-la com essa finalidade específica. Não há a possibilidade de se transferir a execução de serviços a terceiros; o que se pode é celebrar contratos de prestação de serviços, de execução de obra ou de fornecimento, com base na Lei 8.666/199393, ou, se atuar como concessionária de serviço público, pode fazer subconcessão, com fundamento no art. 26 da Lei 8.987/1995".

70. Marcello Caetano, *Manual de Direito Administrativo*, 7ª ed., Coimbra, Coimbra Editora, 1965, p. 154.

71. Hely Lopes Meirelles, *Direito Administrativo Brasileiro*, cit., 38ª ed., p. 68.

72. Maria Sylvia Zanella Di Pietro, *Direito Administrativo*, cit., 20ª ed., p. 47.

73. Hely Lopes Meirelles, *Direito Administrativo Brasileiro*, cit., 38ª ed., p. 67.

Critica a autora, afirmando que uma entidade da Administração indireta não pode fazer contratos de PPP na modalidade de concessão patrocinada, na qualidade de parceiro público, e sim na modalidade de concessão administrativa, e desde que o contrato não tenha por objeto a prestação de serviço público de titularidade do Poder Público.[74]

Apenas para exemplificar, o STF, no julgamento da ADI 1.717-6, relacionada à transformação dos conselhos profissionais em pessoas jurídicas de direito privado, posicionou-se no sentido de que as funções típicas do Estado, dotadas de coercibilidade, não podem ser exercidas por pessoas de direito privado, em razão do exercício do poder de polícia em face de seus profissionais vinculados.

Para poderem fazer a contratação há a necessidade de outorga a estas entidades de certas atribuições que caracterizam o poder concedente.

Carlos Ari Sundfeld não compartilha desse entendimento, e já teve oportunidade de se manifestar no sentido de que

> "não se confundem o regime da pessoa com o regime da atividade. Empresa que executa atividade pública sujeita-se ao direito público, no que respeita a essa atividade".[75]

As fundações públicas, em razão do Decreto-lei 200/1967 (com a redação dada pela Lei 7.596/1987), sempre tiveram natureza privada.[76] Após a Constituição Federal de 1988 e a Emenda Constitucional 19/1998 criou-se uma celeuma, pois primeiro a Constituição Federal apenas se reportava a "fundação", e a Emenda Constitucional 19/1998 passou a falar em "fundações públicas".

Infelizmente a doutrina tem se dividido, afirmando alguns terem as fundações públicas natureza privada, em consonância com o Decreto-lei 200/1967; e outros que sua natureza é pública, como se fossem autarquias fundacionais ou fundações autárquicas; e outros, de natureza jurídica privada, disciplinadas pelas regras do Código Civil, sempre na dependência de sua lei criadora.

74. Maria Sylvia Zanella Di Pietro, *Parcerias na Administração Pública. Concessão, Permissão, Franquia, Terceirização, Parceria Público-Privada e Outras Formas*, cit., 7ª ed., p. 284.

75. Carlos Ari Sundfeld, "Empresa estatal pode exercer o poder de polícia", *Boletim de Direito Administrativo* 2(2)/101, São Paulo, NDJ, fevereiro/1993.

76. "Art. 5º. (...) IV – *fundação pública* é a entidade dotada de *personalidade jurídica de direito privado*, sem fins lucrativos, criada em virtude de autorização legislativa, para o desenvolvimento de atividades que não exijam execução por órgãos ou entidades de direito público, com autonomia administrativa, patrimônio próprio gerido pelos respectivos órgãos de direção e funcionamento custeado por recursos da União e de outras fontes" (grifamos).

Para completar a desorganização na interpretação, uma pequena minoria reconhece exclusivamente natureza pública a todas as fundações governamentais criadas a partir da Carta de 1988.

Vamos deixar claro que desde seu nascedouro as fundações eram designadas por "fundações públicas," mas sempre tiveram sua natureza jurídica vinculada ao direito privado. Talvez se os legisladores conhecessem com profundidade o Decreto-lei 200/1967 essas anomalias teriam sido evitadas.

Hoje, independentemente do posicionamento da doutrina e da manifestação assumida pelo STF, encontramos fundações públicas de natureza pública e de natureza privada.[77]

Os fundos são conceituados como sendo o produto de receitas especificadas que, por lei, se vinculam à realização de determinados objetivos ou serviços, facultada a adoção de normas peculiares de aplicação (Lei 4.320/1964); e quando forem dotados de personalidade serão eles mesmos sujeitos de PPP. Caso contrário seu agente administrador é que figurará como parceiro.

Para Cretella Neto esses fundos só poderão ser públicos, excluídos, naturalmente, aqueles de natureza privada. Preceitua que os mesmos são dotados de *personalidade judiciária*, equiparando-se à massa falida, à herança jacente e ao condomínio em edifícios, que podem figurar na relação jurídico-processual na qualidade de partes.[78]

Os consórcios são pessoas jurídicas de direito público ou privado, criadas por lei específica, formados associativamente, a partir da

77. STF, RE 101.126/84, rel. Min. Moreira Alves, de onde se extraiu o seguinte trecho do acórdão: "(...) nem toda fundação instituída pelo Poder Público é fundação de direito privado. As fundações, instituídas pelo Poder Público, que assumem a gestão de serviço estatal e se submetem a regime administrativo previsto, nos Estados-membros, por leis estaduais são fundações de direito público, e, portanto, pessoas jurídicas de direito público. Tais fundações são espécie do gênero 'autarquia', aplicando-se a elas a vedação a que alude o § 2º do art. 99 da CF".

E, mais recentemente: "A distinção entre fundações públicas e privadas decorre da forma como foram criadas, da opção legal pelo regime jurídico a que se submetem, da titularidade de poderes e também da natureza dos serviços por elas prestados. A norma questionada aponta para a possibilidade de serem equiparados os servidores de toda e qualquer fundação privada, instituída ou mantida pelo Estado, aos das fundações públicas. Sendo diversos os regimes jurídicos, diferentes são os direitos e os deveres que se combinam e formam os fundamentos da relação empregatícia firmada. A equiparação de regimes, inclusive o remuneratório, que se aperfeiçoa pela equiparação de vencimentos, é prática vedada pelo art. 37, XIII, da Constituição brasileira e contrária à Súmula n. 339 do STF – Precedentes" (ADI 191-RS, rela. Min. Cármen Lúcia, j. 29.11.2007, *DJe* 7.3.2008).

78. José Cretella Neto, *Comentários à Lei das Parcerias Público-Privadas*, cit., 2ª ed., p. 29.

conjugação de duas ou mais pessoas políticas, para a gestão associada de serviços públicos (Lei 11.107/2005). Talvez para os Municípios essa aglutinação seja a solução de seus problemas, pois sozinhos não terão condições de celebrar contratos dessa natureza, em razão do dispêndio do valor. Para a formação de uma PPP deve-se prever um contrato, cujo valor estimado esteja fixado em quantia superior a R$ 20.000.000,00 – o que muitas vezes inviabiliza uma obra para Município com poucos recursos. O consórcio público voltado para a convergência de interesses de Municípios na execução de objetivos de interesse coletivo poderá ser viável.

E, por último, a lei menciona ainda as demais entidades controladas direta ou indiretamente pela União, Estados, Distrito Federal e Municípios como sujeitos de PPP.

Fernando Guimarães, em profundo estudo acerca das PPPs, afirma que as empresas controladas direta ou indiretamente pelas pessoas políticas podem ser sujeitos ativos para contratar na forma na Lei 101.079/2004:

> "É evidente que, no que toca ao exame da concessão patrocinada, exige-se como pressuposto a condição destes entes ao exercício de competências próprias do poder concedente. Por isso, só estarão legitimados à celebração de contratos de concessão patrocinada entes que tenham recebido por lei competências desta ordem. As considerações acima podem ser emprestadas à hipótese.
>
> "Parece-me, contudo, que a sua inclusão no âmbito subjetivo da lei aproveita ao regime da concessão administrativa. Pressupôs-se a iniciativa daqueles entes para a celebração de contratos de concessão administrativa. Assim como a Lei 8.666/1993 remete seu âmbito de aplicação amplamente a todas as entidades controladas direta ou indiretamente pelas pessoas públicas, exigindo-lhes a observância de certos procedimentos e deveres para o desempenho de atividade contratual por ente controlado pelo Poder Público (porquanto se pressupõe, nesta condição, a manipulação de recursos públicos), a Lei de PPP impõe-lhes, por igual, as amarras jurídicas pertinentes à celebração de contratos concessórios cuja celebração lhes esteja franqueada. É induvidoso que tais entidades poderão praticar ajustes reconduzíveis ao modelo da concessão administrativa; e, quando assim for, terão de observar os procedimentos e exigências inscritos na Lei de PPPs."[79]

9.8.2 Sujeito passivo

Será o particular que cumpra todos os requisitos exigidos na licitação. Deve ter capacidade técnica e a qualificação necessária. Portanto, não pode ser qualquer um, escolhido aleatoriamente pela

79. Fernando Vernalha Guimarães, *Parceria Público-Privada: Caracterização dos Tipos Legais e Aspectos Nucleares de seu Regime Jurídico*, cit., p. 276.

Administração Pública. Deve se submeter a concorrência, nos termos do art. 10 da lei, e demonstrar ter todo o suporte econômico. Afinal – reitera-se –, estamos tratando de contratos cujo montante seja de, no mínimo, R$ 20.000.000,00.

9.9 Investimento e prazo do contrato de concessão

O concessionário deve fazer um investimento nunca inferior a R$ 20.000.000,00; e, uma vez pronta a infraestrutura, a mesma deverá ser usada por um período de pelo menos cinco anos.[80] O legislador intentou evitar que se usasse a concessão como alternativa ao contrato previsto na Lei de Licitações. É de bom alvitre também mencionar que o prazo máximo estipulado na lei para a vigência do contrato, compatível com a amortização dos investimentos realizados, não poderá ser inferior a 5 – como já foi dito – nem superior a 35 anos, incluindo-se eventual prorrogação (art. 5º, I).

Carlos Ari Sundfeld explica que não devemos pensar que a concessão administrativa seja apenas um contrato de prestação de serviços. Esse contrato inclui "a realização de investimentos pelo concessionário para criação, ampliação ou recuperação da infraestrutura" – e não se restringe à execução de obra pública –, "a serem amortizados no prazo do contrato (...)", em montante nunca inferior a R$ 20.000.000,00.[81]

80. "Art. 2º. Parceria público-privada é o contrato administrativo de concessão, na modalidade patrocinada ou administrativa.

"§ 1º. Concessão patrocinada é a concessão de serviços públicos ou de obras públicas de que trata a Lei n. 8.987, de 13 de fevereiro de 1995, quando envolver, adicionalmente à tarifa cobrada dos usuários, contraprestação pecuniária do parceiro público ao parceiro privado.

"§ 2º. Concessão administrativa é o contrato de prestação de serviços de que a Administração Pública seja a usuária direta ou indireta, ainda que envolva execução de obra ou fornecimento e instalação de bens.

"§ 3º. Não constitui parceria público-privada a concessão comum, assim entendida a concessão de serviços públicos ou de obras públicas de que trata a Lei n. 8.987, de 13 de fevereiro de 1995, quando não envolver contraprestação pecuniária do parceiro público ao parceiro privado.

"§ 4º. É vedada a celebração de contrato de parceria público-privada: I – cujo valor do contrato seja inferior a R$ 20.000.000,00 (vinte milhões de Reais); II – cujo período de prestação do serviço seja inferior a 5 (cinco) anos; ou III – que tenha como objeto único o fornecimento de mão de obra, o fornecimento e instalação de equipamentos ou a execução de obra pública."

81. Carlos Ari Sundfeld, "Guia jurídico das parcerias público-privadas", cit., in Carlos Ari Sundfeld (coord.), *Parcerias Público-Privadas*, 2ª ed., p. 31.

9.10 Diretrizes

As diretrizes que norteiam o instituto estão previstas no art. 4º da Lei das PPPs.

Elas estabelecem que na contratação da PPP será observado o seguinte: (a) eficiência no cumprimento das missões de Estado e no emprego dos recursos da sociedade; (b) respeito aos interesses e direitos dos destinatários dos serviços e dos entes privados incumbidos da sua execução; (c) indelegabilidade das funções de regulação, jurisdicional, do exercício do poder de polícia e de outras atividades exclusivas do Estado; (d) responsabilidade fiscal na celebração e execução das parcerias; (e) transparência dos procedimentos e das decisões; (f) repartição objetiva de riscos entre as partes; (g) sustentabilidade financeira e vantagens socioeconômicas dos projetos de parceria.

Rigolin, de uma forma grosseira, afirma que essas diretrizes resumem o mesmo

> "rol de arengas, escrito por desocupados para desocupados, que invariavelmente se leem nas leis administrativistas, quais discursos de formatura de colegiais".[82]

Mais comedido, Bandeira de Mello sustenta que:

> "Com exceção da 'repartição objetiva de riscos entre as partes', todas as demais diretrizes, obviamente, não precisariam ser referidas". Para ele, "ninguém no mundo imaginaria que os contratos em apreço deveriam buscar *ineficiência* tanto no cumprimento das missões estatais quanto no emprego de recursos; nem que deveriam *desrespeitar os interesses e direitos dos destinatários* dos serviços e dos entes privados incumbidos da sua execução; nem que, por via deles, fossem *delegados a função jurisdicional do Estado, ou sua função regulatória, ou o exercício do poder de polícia ou de quaisquer outras atividades que o próprio dispositivo menciona como 'exclusivas do Estado'*, nem que as parcerias se empenhassem na busca da *irresponsabilidade fiscal*; como também ninguém suporia que ditos contratos devessem primar pela *falta de transparência* dos procedimentos e das decisões. Do mesmo modo, não se suporia que vieram para promover a *insustentabilidade financeira* e *desvantagens socioeconômicas*. Assim, seria o caso de perguntar: por que tais dispositivos foram incluídos na lei?".[83]

Em nota de rodapé responde a essa pergunta dizendo que:

> "Antes mesmo de imaginar uma resposta, já se pode saber que o preparo da lei em questão foi atribuído a alguém alheio à esfera jurídica, pois quem fosse

82. Ivan Barbosa Rigolin, *Comentários às Leis das PPPs, dos Consórcios Públicos e das Organizações Sociais*, cit., p. 11.

83. Celso Antônio Bandeira de Mello, *Curso de Direito Administrativo*, cit., 29ª ed., p. 797.

deste ramo jamais cometeria uma infantilidade de tal ordem. Deve ser coisa de economista ou administrador. Para explicar a existência de um artigo simplório a este nível não nos acode ao espírito senão a hipótese de que seu propósito seja a ingênua suposição de, por tal modo, granjear boa receptividade para as parcerias, fazer supor que se tratou de uma lei bem-intencionada e arrefecer a atenção para o escandaloso cúmulo de garantias inconstitucionais ofertadas aos parceiros privados e seus financiadores".[84]

Não vamos entrar no mérito das palavras dos juristas. As diretrizes existem, e podemos, a partir daquilo que está mencionado, exigir que o Estado cumpra o estipulado, muito embora não saibamos, com absoluta certeza, quais as missões do nosso Estado.

9.11 Cláusulas essenciais do contrato de PPP

As cláusulas dos contratos de PPP atenderão ao disposto no art. 23 da Lei 8.987, de 13.2.1995, no que couber, devendo também prever:

"I – o prazo de vigência do contrato, compatível com a amortização dos investimentos realizados, não inferior a 5 (cinco), nem superior a 35 (trinta e cinco) anos, incluindo eventual prorrogação; II – as penalidades aplicáveis à Administração Pública e ao parceiro privado em caso de inadimplemento contratual, fixadas sempre de forma proporcional à gravidade da falta cometida, e às obrigações assumidas; III – a repartição de riscos entre as partes, inclusive os referentes a caso fortuito, força maior, fato do príncipe e álea econômica extraordinária; IV – as formas de remuneração e de atualização dos valores contratuais; V – os mecanismos para a preservação da atualidade da prestação dos serviços; VI – os fatos que caracterizem a inadimplência pecuniária do parceiro público, os modos e o prazo de regularização e, quando houver, a forma de acionamento da garantia; VII – os critérios objetivos de avaliação do desempenho do parceiro privado; VIII – a prestação, pelo parceiro privado, de garantias de execução suficientes e compatíveis com os ônus e riscos envolvidos, observados os limites dos §§ 3º e 5º do art. 56 da Lei n. 8.666, de 21 de junho de 1993, e, no que se refere às concessões patrocinadas, o disposto no inciso XV do art. 18 da Lei n. 8.987, de 13 de fevereiro de 1995; IX – o compartilhamento com a Administração Pública de ganhos econômicos efetivos do parceiro privado decorrentes da redução do risco de crédito dos financiamentos utilizados pelo parceiro privado; X – a realização de vistoria dos bens reversíveis, podendo o parceiro público reter os pagamentos ao parceiro privado, no valor necessário para reparar as irregularidades eventualmente detectadas".

Os contratos poderão prever, adicionalmente:

"I – os requisitos e condições em que o parceiro público autorizará a transferência do controle da sociedade de propósito específico para os seus

84. Idem, ibidem, nota de rodapé 85.

financiadores, com o objetivo de promover a sua reestruturação financeira e assegurar a continuidade da prestação dos serviços, não se aplicando para este efeito o previsto no inciso I do parágrafo único do art. 27 da Lei n. 8.987, de 13 de fevereiro de 1995; II – a possibilidade de emissão de empenho em nome dos financiadores do projeto em relação às obrigações pecuniárias da Administração Pública; III – a legitimidade dos financiadores do projeto para receber indenizações por extinção antecipada do contrato, bem como pagamentos efetuados pelos fundos e empresas estatais garantidores de parcerias público-privadas".

A Lei de Concessões (Lei 8.987/1995) estatui quais são as cláusulas essenciais do contrato de concessão. Diz o art. 23 da lei:

"São cláusulas essenciais do contrato de concessão as relativas: I – ao objeto, à área e ao prazo da concessão; II – ao modo, forma e condições de prestação do serviço; III – aos critérios, indicadores, fórmulas e parâmetros definidores da qualidade do serviço; IV – ao preço do serviço e aos critérios e procedimentos para o reajuste e a revisão das tarifas; V – aos direitos, garantias e obrigações do poder concedente e da concessionária, inclusive os relacionados às previsíveis necessidades de futura alteração e expansão do serviço e consequente modernização, aperfeiçoamento e ampliação dos equipamentos e das instalações; VI – aos direitos e deveres dos usuários para obtenção e utilização do serviço; VII – à forma de fiscalização das instalações, dos equipamentos, dos métodos e práticas de execução do serviço, bem como à indicação dos órgãos competentes para exercê-la; VIII – às penalidades contratuais e administrativas a que se sujeita a concessionária e sua forma de aplicação; IX – aos casos de extinção da concessão; X – aos bens reversíveis; XI – aos critérios para o cálculo e a forma de pagamento das indenizações devidas à concessionária, quando for o caso; XII – às condições para prorrogação do contrato; XIII – à obrigatoriedade, forma e periodicidade da prestação de contas da concessionária ao poder concedente; XIV – à exigência da publicação de demonstrações financeiras periódicas da concessionária; XV – ao foro e ao modo amigável de solução das divergências contratuais".

Os contratos relativos à concessão de serviço público precedido da execução de obra pública deverão, adicionalmente:

"I – estipular os cronogramas físico-financeiros de execução das obras vinculadas à concessão; e II – exigir garantia do fiel cumprimento, pela concessionária, das obrigações relativas às obras vinculadas à concessão" (parágrafo único do art. 23).

O contrato de concessão poderá prever o emprego de mecanismos privados para resolução de disputas decorrentes ou relacionadas ao contrato, inclusive a arbitragem, a ser realizada no Brasil e em Língua Portuguesa, nos termos da Lei 9.307/1996 (art. 23-A).

Além de todas essas regras, há outras. Nas "Disposições Preliminares" da Lei de Licitações encontramos cláusulas essenciais para todos os contratos públicos no art. 55, que preceitua:

"Art. 55. São cláusulas necessárias em todo contrato as que estabeleçam: I – o objeto e seus elementos característicos; II – o regime de execução ou a forma de fornecimento; III – o preço e as condições de pagamento, os critérios, data-base e periodicidade do reajustamento de preços, os critérios de atualização monetária entre a data do adimplemento das obrigações e a do efetivo pagamento; IV – os prazos de início de etapas de execução, de conclusão, de entrega, de observação e de recebimento definitivo, conforme o caso; V – o crédito pelo qual correrá a despesa, com a indicação da classificação funcional programática e da categoria econômica; VI – as garantias oferecidas para assegurar sua plena execução, quando exigidas; VII – os direitos e as responsabilidades das partes, as penalidades cabíveis e os valores das multas; VIII – os casos de rescisão; IX – o reconhecimento dos direitos da Administração, em caso de rescisão administrativa prevista no art. 77 desta Lei; X – as condições de importação, a data e a taxa de câmbio para conversão, quando for o caso; XI – a vinculação ao edital de licitação ou ao termo que a dispensou ou a inexigiu, ao convite e à proposta do licitante vencedor; XII – a legislação aplicável à execução do contrato e especialmente aos casos omissos; XIII – a obrigação do contratado de manter, durante toda a execução do contrato, em compatibilidade com as obrigações por ele assumidas, todas as condições de habilitação e qualificação exigidas na licitação.

"§ 1º. *(Vetado).*

"§ 2º. Nos contratos celebrados pela Administração Pública com pessoas físicas ou jurídicas, inclusive aquelas domiciliadas no Estrangeiro, deverá constar necessariamente cláusula que declare competente o foro da sede da Administração para dirimir qualquer questão contratual, salvo o disposto no § 6º do art. 32 desta Lei.

"§ 3º. No ato da liquidação da despesa, os serviços de contabilidade comunicarão, aos órgãos incumbidos da arrecadação e fiscalização de tributos da União, Estado ou Município, as características e os valores pagos, segundo o disposto no art. 63 da Lei n. 4.320, de 17 de março de 1964."

Ou seja, se a PPP for uma concessão de serviço público precedida de obras públicas, o contrato deverá conter todos os itens mencionados, além dos facultativos previstos no art. 5º, § 2º, da Lei das PPPs. Os artigos da Lei de Concessões, da Lei das PPPs e da Lei de Licitações, em relação às cláusulas obrigatórias, ora se repetem, ora se contradizem. Somente o tempo nos dará uma melhor visão sobre o problema.

9.12 Dos riscos compartilháveis

Nos contratos regidos exclusivamente pela Lei de Licitações os riscos são assumidos exclusivamente pela Administração Pública. Na Lei de Concessões o risco é assumido pelo concessionado, com exceção dos referentes a caso fortuito, força maior, fato do príncipe e álea econômica extraordinária, entregues à Administração.

Bandeira de Mello acentua que na concessão comum

> "o concessionário age por sua conta, risco e perigos, de sorte que não são repartidos os riscos inerentes a qualquer empreendimento (...), isto é, os que correspondem à chamada *álea ordinária*. Inversamente, correm por conta do concedente os que resultem da chamada *álea extraordinária*, ou seja, os oriundos do fato do príncipe, os compreendidos no âmbito da teoria da imprevisão e das chamada sujeições imprevistas. Também por conta do concedente correm os riscos que resultem de suas faltas contratuais, os quais, por óbvio, sempre haverão de ser imputados ao seu causador, nada importando, quanto a isto, tratar-se de concessão comum ou PPP".[85]

O mesmo não acontece na Lei das PPPs, embora se aplique a Lei de Concessões. O legislador previu a possibilidade de compartilhar os riscos, pois estamos tratando de contrato cuja duração poderá perfazer 35 anos – e, nesse meio tempo, a conjuntura econômica poderá mudar, podendo levar ao descontrole das contas públicas e ao comprometimento orçamentário.

É salutar que se ressalte que, devido à longa duração do contrato, as gerações futuras estarão assumindo o compromisso de honrar as contas assumidas no presente. O Governo, visando a solucionar seus problemas presentes, teria o bônus, enquanto os encargos seriam pagos pela geração futura – o que também é criticado. Em todo caso, é muito importante a análise dos projetos, para se avaliar o montante a ser assumido pela geração futura e todos os riscos, bem como a forma desse compartilhamento de responsabilidades.

Outra novidade, ainda sobre os riscos, é que esse compartilhamento pode ser, inclusive, referente a caso fortuito, força maior, fato do príncipe e álea econômica extraordinária – mas devem, contudo, estar pactuados no contrato.

Os riscos podem ser de ordem política, contratual, ambiental, inadimplemento em razão de erros do projeto ou de sua execução ou, mesmo, de imposição de alterações por parte da Administração, e até mesmo por riscos regulatórios.

Sua alocação deverá produzir, segundo Zymler, os efeitos de incentivar o parceiro a disponibilizar o serviço no prazo estipulado; aumentar a qualidade do serviço; incrementar a geração de receitas e conferir maior credibilidade às receitas e às despesas.[86]

Mas precisamos ponderar que, independentemente da vontade da lei, não nos parece possível onerar o parceiro privado com o encargo

85. Celso Antônio Bandeira de Mello, *Curso de Direito Administrativo*, cit., 29ª ed., p. 798.

86. Benjamin Zymler e Guilherme Henrique de La Rocque Almeida, *O Controle Externo das Concessões de Serviços Públicos e das Parcerias Público-Privadas*, cit., 2ª ed., p. 292.

de repartir riscos oriundos de fato do príncipe. Nesse aspecto concordamos com Bandeira de Mello e Maria Sylvia Zanella Di Pietro, calcados no princípio constitucional da responsabilidade do Estado. Por este princípio, estampado no art. 37 da CF de 1988, o Poder Público é que teria que assumir as consequências de seu ato. Só o tempo poderá dizer se o princípio da responsabilidade objetiva – de teor constitucional – pode ser derrogado por uma regra infraconstitucional, pois aí estaremos diante de uma subversão da ordem, em nome de uma boa intenção – desonerar o Estado.

Bandeira de Mello alerta que os riscos oriundos da teoria da imprevisão podem ser divididos entre os parceiros:

> "(...). Se o parceiro privado atuou sobre informações técnicas que hajam sido oferecidas e afiançadas como bastantes pelo Poder Público, o surgimento de situação imprevista resultará de responsabilidade de quem as forneceu. Não havendo tal circunstância, aí, sim, caberá repartição dos prejuízos.
>
> "Cumpre ter cuidado com o que pode ser caracterizado como *fortuito*. Nesta tipologia não se poderia incluir o insucesso na estimativa quanto ao afluxo de usuários do serviço ou seu superveniente declínio, sob a arguição de que sobrevieram causas fortuitas para determinar tal resultado. Os prejuízos que disto decorram terão de ser inteiramente suportados pelo parceiro privado, sem divisão alguma com o parceiro público, pois fazem parte da álea normal do empreendimento."[87]

Não se pode deixar de consignar que a responsabilidade pelo acompanhamento e pelo controle da execução do objeto da parceria é da Administração Pública, sem serem descartados a fiscalização por parte da sociedade civil e o papel do Ministério Público, como fiscal da lei.

9.13 Das garantias especiais

As obrigações pecuniárias contraídas pela Administração Pública poderão ser garantidas mediante uma série de situações, de discutida constitucionalidade pela doutrina. O legislador quis "blindar"[88] esses contratos concedendo tratamento privilegiado ao contratado, em relação aos outros contratos – o que por si só, já poderia ensejar a discussão sobre se estar ferindo o princípio da isonomia das partes.

Prevê o art. 8º da lei que as garantias podem ser:

87. Celso Antônio Bandeira de Mello, *Curso de Direito Administrativo*, cit., 29ª ed., p. 798.

88. Expressão usada por Juarez Freitas, "Parcerias público-privadas (PPPs):

"I – vinculação de receitas, observado o disposto no inciso IV do art. 167 da Constituição Federal; II – instituição ou utilização de fundos especiais previstos em lei; III – contratação de seguro-garantia com as companhias seguradoras que não sejam controladas pelo Poder Público; IV – garantia prestada por organismos internacionais ou instituições financeiras que não sejam controladas pelo Poder Público; V – garantias prestadas por fundo garantidor ou empresa estatal criada para essa finalidade; VI – outros mecanismos admitidos em lei".

As primeiras questões a serem sopesadas são sobre a usurpação de competência para a concessão de garantias e a vinculação de receitas, a serem feitas nos moldes do art. 167 da CF de 1088; a utilização da arbitragem para os contratos administrativos; e, finalmente, sobre a previsão de fundos garantidores das obrigações pecuniárias (uma grande polêmica é sobre se é, ou não, constitucional a forma traçada pelo legislador).

9.13.1 Usurpação de competência e a vinculação de receitas

Em primeiro lugar, vamos observar o que diz a Constituição Federal. Em seu art. 163 preceitua:

"*Lei complementar* disporá sobre: (...) III – *concessão de garantias* pelas entidades públicas; (...)" (grifamos). E, no art. 167: "São vedados: (...) IV – *a vinculação de receita de impostos* a órgão, *fundo* ou despesa, ressalvadas a repartição do produto da arrecadação dos impostos a que se referem os arts. 158 e 159, a destinação de recursos para as ações e serviços públicos de saúde, para manutenção e desenvolvimento do ensino e para realização de atividades da Administração Tributária, como determinado, respectivamente, pelos arts. 198, § 2º, 212 e 37, inciso XXII, e a prestação de garantias às operações de crédito por antecipação de receita, previstas no art. 165, § 8º, bem como o disposto no § 4º deste artigo; (...)" (grifamos).

Na primeira análise superficial da lei percebemos que o constituinte quer que fundos garantidores de obrigações pecuniárias sejam criados por lei complementar, e não lei ordinária, como é o caso das PPPs – o que geraria a inconstitucionalidade por usurpação de competência, defendida pelos administrativistas publicistas.

Bandeira de Mello é claro e incisivo nesse aspecto. Para ele:

"A Lei 11.079 veio possibilitar aos parceiros privados: (a) que ao contratado sejam dadas garantias literalmente inimagináveis nos contratos em geral, tais as que constam do art. 8º, isto é: a vinculação de receitas – *o que é inconstitucional*; instituição de fundos especiais previstos em lei – *o que também é inconstitucional* e não poderia mesmo ser feito enquanto não sobrevenha lei complementar regulando a instituição de fundos; contratação de seguro-garantia com companhias seguradoras não controladas pelo Poder Público; garantias prestadas por organismos financeiros internacionais ou instituições financeiras não controladas pelo Poder Público ou por fundo garantidor ou *empresa estatal criada para esta finalidade* ou outros mecanismos admitidos em lei – sendo, outrossim, *inconstitucionais estas duas últimas hipóteses*; (...)".[89]

Kiyoshi Harada,[90] em longo parecer confeccionado a pedido da OAB, entende que os inciso I e II do art. 8º estão eivados de vícios de inconstitucionalidade, por violarem o inciso IV do art. 167 da CF.

Aponta o jurista algumas impropriedades na Lei das PPPs, também reproduzidas e aceitas integralmente por Bandeira de Mello e Maria Sylvia Zanella Di Pietro, a saber:

> "(1) que se partiu da premissa errônea de que a vinculação estaria restrita à receita de impostos. As garantias do texto constitucional referem-se às operações de crédito (que é uma modalidade de empréstimo de curto prazo) e que os mesmos só podem ser realizados em obediência ao art. 38 da Lei de Responsabilidade Fiscal; (2) a vinculação e o '*direcionamento do produto de arrecadação tributária*, principal e regular fonte de receita pública, *dá-se por meio da Lei Orçamentária Anual*, aprovada pela *Casa do Povo* (art. 165, III, e §§ 5º, 6º, 7º e 8º, da CF)' e que é indispensável que tanto a receita compulsória quanto a despesa pública sejam previamente aprovadas pelo povo, por meio do Parlamento. Não há como o legislador ordinário, fora a Lei Orçamentária Anual, vincular receitas públicas estimadas a esta ou àquela finalidade, com total *esvaziamento das funções política e econômica do orçamento público*; (3) a receita pública comporta três espécies: (a) *receita originária* (a patrimonial mobiliária e imobiliária e a industrial, comercial e de serviços); (b) *receita tributária* (as taxas, os impostos, a contribuição de melhoria, as contribuições sociais de intervenção no domínio econômico e de interesse das categorias profissionais ou econômicas; as contribuições sociais de seguridade social e o empréstimo compulsório); (c) *receita creditícia* (o crédito público ou a dívida pública, interna e externa); (4) o art. 167, IV, em sua parte final, se reporta à prestação de garantias às operações de crédito por antecipação de receita, mas o autor afirma que as mesmas nada têm em comum com as garantias utilizadas costumeiramente no direito privado ou mesmo no direito administrativo, em celebração de contrato administrativo, uma vez que o particular, nesse caso, é quem deve prestá-las. Em caso de inadimplência, aplica-se a execução em face da Fazenda Pública, e o recebimento se dará na forma do art. 100 da CF. Portanto, precatório".

Por fim, ele conclui que estamos diante de uma impossibilidade jurídica de a *receita pública geral* garantir obrigações pecuniárias contraídas pelo Poder Público em face deste ou daquele particular, sob pena de se violar os princípios da impessoalidade e da moralidade,

89. Celso Antônio Bandeira de Mello, *Curso de Direito Administrativo*, cit., 29ª ed., pp. 793-794.

90. Kiyoshi Harada, Rogério Emílio de Andrade e Sérgio Augusto Zampol Pavani (orgs.), *Inconstitucionalidade do Fundo Garantidor. Parcerias Público-Privadas*, cit., p. 216.

insertos no art. 37 da CF e que são de observância impositiva, nos precisos termos do art. 100,[91] *caput*, da Carta Política.[92]

Em sentido contrário à posição apresentada encontramos Ribeiro,[93] defendendo a constitucionalidade da vinculação. Inicia alegando que a expressão "entidade pública" não é unívoca. Para ele, o art. 163, III, da CF é uma norma de finanças públicas, voltada para impor limites à concessão de garantia, pois no momento que uma obrigação não é solvida surge uma despesa adicional. Para ele, apenas precisam ser veiculadas por lei complementar aquelas que, além de tratarem de garantias, tenham por finalidade assegurar a responsabilidade fiscal. As demais regras sobre concessão de garantias poderão ser implementadas por meio de legislação ordinária.

Pontua, ainda, que os arts. 32 e 40 da Lei de Responsabilidade Fiscal estão voltados apenas para o impacto que a concessão de garantias por entidade pública pode ter sobre as finanças públicas, e que "pretender que toda e qualquer norma que trate de concessão de garantia por entidade pública seja veiculada por lei complementar significaria impor declaração de inconstitucionalidade a diversos outros dispositivos, ou até mesmo a diplomas legais inteiros".[94] Essa tese vem ganhando adeptos nos meios acadêmicos, e já encontramos algumas teses de Doutorado sendo publicadas nesse sentido.[95]

Alexandre Aragão relembra que o grande problema da discussão do Projeto de Lei das PPPs foram as obrigações econômicas assumidas pelo Governo com as PPPs, ou seja, como elas devem ser contabilizadas – se como dívida ou como despesa; e optaram por classificar a PPP não como uma operação de crédito ou compra de uma obra a prazo pela Administração, e sim como contratação de um serviço

91. "Art. 100. Os pagamentos devidos pelas Fazendas Públicas Federal, Estaduais, Distrital e Municipais, em virtude de sentença judiciária, far-se-ão exclusivamente na ordem cronológica de apresentação dos precatórios e à conta dos créditos respectivos, *proibida a designação de casos ou de pessoas nas dotações orçamentárias e nos créditos adicionais abertos para este fim*" (grifamos).

92. Kiyoshi Harada, Rogério Emílio de Andrade e Sérgio Augusto Zampol Pavani (orgs.), *Inconstitucionalidade do Fundo Garantidor. Parcerias Público-Privadas*, cit., pp. 205-213.

93. Maurício Portugal Ribeiro e Lucas Navarro Prado, *Comentário à Lei de PPP/Parceria Público-Privada – Fundamentos Econômico-Jurídicos*, cit., 1ª ed., 2ª tir., p. 212.

94. Idem, p. 213.

95. Fernando Vernalha Guimarães, "Parceria público-privada: caracterização dos tipos legais e aspectos nucleares de seu regime jurídico", *Revista Jurídica* 2009, Curitiba, UniCuritiba, p. 276.

com remuneração atrelada à sua disponibilidade e ao cumprimento de metas.[96]

Sobre a veiculação de normas de finanças por lei ordinária, Aragão também pontua que a solução encontrada foi fazer com que a norma do art. 22[97] da Lei das PPPs se dirigisse somente à União, como uma autolimitação de gastos, e não como uma norma de finanças públicas – o que, no seu entender, resolveria o problema da constitucionalidade formal.

Entendemos que é muito perigoso fazer ou utilizar jogo de palavras simplesmente para alcançar um objetivo desejado. Não podemos concordar com burlar o texto constitucional intentando vincular receitas, garantindo ao parceiro privado a certeza da contraprestação, e dar ao Estado o caráter privado que ele não tem.

9.13.2 Arbitragem

O instrumento convocatório conterá, nos termos do art. 11, a minuta do contrato. Indicará expressamente a submissão da licitação às normas das PPPs e observará, no que couber, os §§ 3º e 4º do art. 15 e os arts. 18, 19 e 21 da Lei 8.987, de 13.2.1995, podendo ainda prever o emprego de mecanismos privados de resolução de disputas, inclusive a arbitragem, a ser realizada no Brasil e em Língua Portuguesa, nos termos da Lei 9.307, de 23.9.1996, para dirimir conflitos decorrentes ou relacionados ao contrato.

Como se sabe, a arbitragem é instituto que admite que o conflito não seja apresentado ao Judiciário. Aragão afirma que esse inciso foi acrescido para

> "tranquilizar os investidores privados de que, no caso das PPPs, ocorrendo inadimplência do Estado, eles não passarão por tamanhas dificuldades, que a Lei 11.079/2004 criou uma série de regras especiais em relação às dívidas

96. Alexandre Santos de Aragão, *Direito dos Serviços Públicos*, cit., 2008, pp. 686-689, e "As parcerias público-privadas – PPPs no direito positivo brasileiro", cit., RT 839/21-22.

97. "Art. 22. A União somente poderá contratar parceria público-privada quando a soma das despesas de caráter continuado derivadas do conjunto das parcerias já contratadas não tiver excedido, no ano anterior, a 1% (um por cento) da receita corrente líquida do exercício, e as despesas anuais dos contratos vigentes, nos 10 (dez) anos subsequentes, não excedam a 1% (um por cento) da receita corrente líquida projetada para os respectivos exercícios."

do Estado com o parceiro privado, e que, não há como se negar, constituem exceção ao caminho que os credores em geral têm que percorrer para receber o pagamento de dívidas do Estado".[98]

Como assevera Toshio Mukai:

> "Uma corrente entende que isso não seria possível, sob o argumento de que a arbitragem não pode ser utilizada em questões que envolvam o Poder Público, por estarem em jogo direitos públicos, indisponíveis. Outra corrente entende ser possível, desde que a lei autorize tal possibilidade".[99]

Bandeira de Mello é da corrente que propugna pela inconstitucionalidade. Para ele, o emprego da arbitragem

> "seria inadmissível nos contratos administrativos em geral e *a fortiori* nas concessões de serviço ou obra pública, seja em que modalidade for, por estar em causa o interesse público, que não é bem disponível, mas *res extra commercium* e ao respeito do qual só o Poder Judiciário poderia emitir juízo decisório. Assim, tal dispositivo consideramo-lo *inconstitucional*, (...)".[100]

Sobre a Administração imperam os princípios da supremacia do interesse público sobre o privado e da indisponibilidade do interesse público, pelos quais há impossibilidade de livre disposição dos interesses ou bens classificados como de interesse público. O administrador é um fiel cumpridor da lei, ao contrário do particular, que tem a liberdade de agir, e somente pode fazer ou deixar de fazer alguma coisa em virtude de lei. Direcionada por esses princípios, a Lei 8.666/1993 estatuiu cláusulas de proteção estatal, denominadas *cláusulas exorbitantes*, que, frente ao novo modelo proposto, estão sendo totalmente reformuladas.

Se os interesses públicos podem ser disponibilizados ao interesse de grupos econômicos ou interesses particulares, não ficariam as instituições brasileiras instáveis com o passar do tempo, perdendo sua própria essência?

Além dessas, ainda restam outras indagações a serem respondidas pela doutrina e pelos tribunais, a saber: (a) Será a arbitragem uma alternativa eficaz para a solução dos conflitos entre a Administração Pública e o empreendedor? (b) Vai-se aplicar o princípio da indispo-

98. Alexandre Santos de Aragão, *Direito dos Serviços Públicos*, cit., 2008, pp. 690-691, e "As parcerias público-privadas – PPPs no direito positivo brasileiro", cit., *RT* 839/24.

99. Toshio Mukai, *Parcerias Público-Privadas: Comentários à Lei Federal 11.079/2004, às Leis Estaduais de Minas Gerais, Santa Catarina, São Paulo, Distrito Federal, Goiás, Bahia, Ceará, Rio Grande do Sul e à Lei Municipal de Vitória/ES*, Rio de Janeiro/São Paulo, Forense Universitária, 2005, p. 19.

100. Celso Antônio Bandeira de Mello, *Curso de Direito Administrativo*, cit., 29ª ed., p. 794.

nibilidade dos bens públicos em face dessa previsão? (c) É constitucional ou inconstitucional essa resolução de conflitos nos contratos de parceria? (d) Quais seriam as espécies de disputas contratuais arbitráveis, e como seriam conciliadas no ordenamento jurídico vigente? São perguntas para as quais ainda não temos respostas efetivas.

Se olharmos atentamente, o objetivo do legislador foi no sentido de fazer com que o empreendedor não se sujeitasse à regra dos precatórios, estampada no art. 100 da CF de 1988. Para burlar essa regra, a Lei das PPPs previu a criação do Fundo Garantidor de PPPs – o que, por si só, já caracteriza artimanha para fugir das regras aplicáveis à Administração. Isso fere flagrantemente o princípio da isonomia entre as partes. Para uns, tudo; para outros, a lei – velho brocardo jurídico que se aplica aqui.

José Emílio Nunes Pinto garante:

> "A arbitragem, na medida em que confere celeridade à solução e permite que a controvérsia seja dirimida por especialistas, vem ao encontro do desejo de todos". Mas pondera que "nem todas as questões surgidas em contratos dessa natureza poderão ser objeto de arbitragem", muitas vezes por se tratar de direitos indisponíveis, caso em que se deverá recorrer ao Poder Judiciário. E que "deve-se ter cuidado extremo na redação da respectiva cláusula compromissória", bem como na elaboração de mecanismos escalonados ou multietapas de solução de controvérsias.[101]

A Lei de Arbitragem prescreve, em seu art. 25, que, sobrevindo no curso da arbitragem controvérsia acerca de direitos indisponíveis e verificando-se que de sua existência, ou não, dependerá o julgamento, o árbitro ou o tribunal arbitral remeterá as partes à autoridade competente do Poder Judiciário, suspendendo o procedimento arbitral. A questão a ser tratada aqui acaba sendo sobre a relativização da indisponibilidade do interesse público, que, até então, era regra-diretriz no Direito Brasileiro.

Não se criticam as boas novidades, a ideia não é essa. Mas a boa nova não pode ser um trator que passa por cima de todos os institutos administrativos. Se permitirmos que autarquias não sejam mais autarquias, que fundações não sejam mais fundações, acabaremos perdendo o controle das instituições, ao sabor do poder econômico instituidor.

101. Vamos entender por *multietapas* (tradução livre da denominação inglesa *multitiered dispute resolution system*) uma etapa de negociação direta entre as partes envolvidas, com vistas a solucionar de forma satisfatória a controvérsia; e, não sendo esta capaz de eliminá-la, as partes recorrerão, então, à arbitragem (José Emílio Nunes Pinto, "A percepção de risco nas parcerias público-privadas e a Lei 11.079/2004 e seus mitigantes", *Jus Navigandi* 549, Ano 9, Teresina, 7.1.2005 (disponível em *http://jus2.uol.com.br/doutrina/texto.asp?id=6156*, acesso em 18.6.2010).

As boas ideias devem vir e ser implantadas, mas sem que para isso o "jeitinho brasileiro" seja utilizado. No fundo, tudo acaba sendo um desrespeito à matéria administrativista, frente ao direito econômico. A conciliação entre os interesses é salutar para um Estado Democrático de Direito, mas sem destruir suas raízes e a base institucional.

9.13.3 Fundo Garantidor de PPPs

9.13.3.1 *Constitucionalidade duvidosa*

Outro delicado problema a ser apresentado é a questão da instituição do Fundo Garantidor de PPPs por meio de lei ordinária, conforme previsto na lei. Vamos nos ater apenas a dois incisos do art. 8º:

> "Art. 8º. As obrigações pecuniárias contraídas pela Administração Pública em contrato de parceria público-privada poderão ser garantidas mediante: (...) II – instituição ou utilização de fundos especiais previstos em lei; e (...) V – garantias prestadas por Fundo Garantidor ou empresa estatal criada para essa finalidade."
>
> "A União, suas autarquias e fundações públicas estão autorizadas a participar, no limite global de R$ 6.000.000.000,00 (seis bilhões de reais), que terá por finalidade prestar garantia de pagamento de obrigações pecuniárias assumidas pelos parceiros públicos federais em virtude das parcerias de que trata esta Lei" (art. 16).

Somente para esclarecer nossa posição, vamos trazer o texto constitucional, novamente:

> "Art. 165. Leis de iniciativa do Poder Executivo estabelecerão: (...).
>
> "(...).
>
> "§ 9º. Cabe à *lei complementar*: (...) II – *estabelecer* normas de gestão financeira e patrimonial da Administração direta e indireta, bem como *condições para a instituição e funcionamento de fundos*" (grifamos).

Kyioshi Harada faz a seguinte indagação:

> "Se a Constituição Federal extinguiu todos os fundos até então existentes, com exceção dos fundos resultantes de isenções fiscais, e subordinou a criação de novos fundos a *prévia* regulamentação, *por lei complementar*, das 'condições para a instituição e funcionamento de fundos', como é possível ao legislador ordinário autorizar a instituição de um Fundo específico em que a União ingressa com a bagatela de R$ 6.000.000.000,00?
>
> "Esse Fundo híbrido, designado pela sigla *FGP*, é composto de bens e direitos do Poder Público e do particular, e tem *natureza privada*, segundo prescrição de seu *art. 16, § 1º*.
>
> "E, por ter sido impingida a natureza privada, esse FGP 'será criado, administrado, gerido e representado judicial e extrajudicialmente por instituição financeira controlada, direta ou indiretamente, pela União, com observância das

normas a que se refere o inciso XXII do art. 4º da Lei 4.595, de 31.12.1964', consoante dispõe o art. 17 da lei examinanda"[102] (grifamos).

Em razão dessa criação, a doutrina mais tradicional tece inúmeras críticas, a começar por Maria Sílvia Zanella Di Pietro, a saber:

> "Também é juridicamente inaceitável que autarquias e fundações públicas em geral, não identificadas na lei, possam destinar uma parte de sua receita e de seu patrimônio à constituição desse Fundo. As entidades da Administração indireta estão sujeitas ao princípio da especialidade, que significa a vinculação aos fins para os quais foram instituídas. Elas não podem destinar parcelas de sua receita ou de seu patrimônio a finalidade diversa, sem autorização legislativa específica. Todas elas são criadas ou autorizadas por lei, que define os seus fins, o seu patrimônio, a sua receita. Se uma ou algumas dessas entidades dispõem de bens excedentes às suas necessidades, a lei terá que especificá-las e indicar os bens transferíveis ao Fundo. Não pode ser dada uma autorização em branco às autarquias e fundações públicas em geral para destinarem verbas orçamentárias próprias, bens móveis ou imóveis ou mesmo direitos de que sejam titulares. Sem autorização legislativa específica essa destinação caracterizaria ato de improbidade administrativa definido no art. 10 da Lei 8.429, de 2.6.1992. Há que se lembrar, também, que essa destinação não poderá fazer-se com infringência à Lei de Responsabilidade Fiscal (Lei Complementar 101, de 4.5.2000), exatamente pelo fato de tratar-se de lei complementar a que as leis ordinárias se sujeitam hierarquicamente".[103]

A administrativista relembra que os fundos não são dotados de personalidade jurídica e, amparada no parecer de Kyoshi Harada, novamente se posiciona por sua inconstitucionalidade. Bandeira de Mello segue a mesma linha.[104]

Novamente vamos trazer as palavras de Kyoshi Harada, que melhor ilustra, com seus pensamentos, a nossa posição:

> "Como é possível a União, contumaz devedora de dívidas oriundas de condenação judicial, subtrair R$ 6.000.000.000,00 do seu orçamento anual, para compor um Fundo destinado a garantir futuros, possíveis e eventuais credores, como bem assinalado pela Consulente? Qual a fonte dessa extraordinária e espantosa despesa? Mais tributos? Mais dívida pública? Mais privatização? De duas, uma: ou aumenta a receita pública, ou reduz outras despesas. Redução de despesas não se ajusta à nossa tradição. Por isso, uma coisa é certa: o contribuinte irá arcar com essa nova despesa, qualquer que seja o meio escolhido para custeá-la, porque o Estado não produz e nem é sua função produzir riquezas.

102. Kiyoshi Harada, Rogério Emílio de Andrade e Sérgio Augusto Zampol Pavani (orgs.), *Inconstitucionalidade do Fundo Garantidor. Parcerias Público-Privadas*, cit., p. 220.

103. Maria Sylvia Zanella Di Pietro, *Parcerias na Administração Pública. Concessão, Permissão, Franquia, Terceirização, Parceria Público-Privada e Outras Formas*, cit., 7ª ed., p. 161.

104. Celso Antônio Bandeira de Mello, *Curso de Direito Administrativo*, cit., 29ª ed., p. 778.

"Outrossim, esses R$ 6.000.000.000,00, a salvo de contingenciamento e de sequestros para honrar os precatórios judiciais descumpridos, ficam fora da fiscalização e controle externo, a ser exercido pelo Congresso Nacional com auxílio do TCU, na forma do art. 71 da CF. Os controles, interno e privado, nem pensar!

"Enfim, a participação da União, das autarquias e das fundações públicas nesse FGP, ou a utilização de fundos especiais que deveriam ter sido extintos, contraria *em bloco* os dispositivos constitucionais pertinentes à Administração Pública e à matéria financeira.

"Atenta contra os princípios da razoabilidade, da proporcionalidade, da moralidade e da publicidade (art. 37 da CF); dribla o art. 165, § 9º, II, da CF e o art. 36 do ADCT; infringe o art. 167, IV, da CF; contraria o princípio da quantificação dos créditos orçamentários inserto no art. 167, VII; violenta o princípio das fixação prévia das despesas, que está previsto no art. 167, II. Ademais, esvazia, em parte, o conteúdo dos arts. 70 e 71 da CF, que cometem ao Congresso Nacional a importantíssima missão de fiscalizar e controlar os gastos públicos, ferindo de morte o princípio da legitimidade, que deve presidir o controle sob o prisma da legalidade e da economicidade da execução orçamentária e financeira"[105] (grifamos).

A lei silencia sobre a criação dos fundos em níveis estadual, municipal e distrital, talvez em razão do grande vulto para sua formação.

O estranho é que, sendo um fundo privado, terá patrimônio próprio separado do patrimônio dos cotistas e será sujeito de direitos e obrigações próprios – o que faz com que não consigamos classificá-lo nem na lei dos fundos, nem na lei de organização da Administração Pública. Vamos às suas características, para entendê-lo melhor.

9.13.3.2 *Características do Fundo Garantidor*

O patrimônio do Fundo será formado pelo aporte de bens e direitos realizado pelos cotistas, por meio da integralização de cotas e pelos rendimentos obtidos com sua administração. Relembre-se que integram o Fundo a União, suas autarquias e fundações públicas – ou seja, bens públicos que irão integrar um fundo de caráter privado. Se esses bens forem de uso especial ou de uso comum, deverá ser providenciada sua desafetação expressa e de forma individualizada.

Aqui cabe uma pergunta: bens públicos serão separados do patrimônio estatal e integrarão um "fundo" com natureza privada? Isso é possível?

105. Kiyoshi Harada, Rogério Emílio de Andrade e Sérgio Augusto Zampol Pavani (orgs.), *Inconstitucionalidade do Fundo Garantidor. Parcerias Público-Privadas*, cit., pp. 221-222.

A integralização das cotas poderá ser realizada em dinheiro, títulos da dívida pública, bens imóveis dominicais, bens móveis, inclusive ações de sociedade de economia mista federal, excedentes ao necessário para manutenção de seu controle pela União ou outros direitos com valor patrimonial (v. art. 14 da Lei das PPPs).

A sociedade de economia mista é constituída de capital público e privado, e o Estado, em regra, detém a maioria das ações na sociedade de economia mista majoritária. Se o capital for 100% estatal, teremos a empresa pública. A ressalva anterior é para que o limite estatal seja preservado, sob pena de desnaturar a entidade, quando há divisão das ações.

A integralização de bens mencionada acima será feita independentemente de licitação, mediante prévia avaliação e autorização específica do Presidente da República, por proposta do Ministro da Fazenda.

Sobre a responsabilidade, o FGP responderá por suas obrigações com os bens e direitos integrantes de seu patrimônio, não respondendo os cotistas por qualquer obrigação do Fundo, salvo pela integralização das cotas que subscreverem. Se integralizarem, a União, suas autarquias e fundações públicas responderão.

É uma nova figura no direito administrativo, pois, nos termos do art. 17, o FGP será criado, administrado, gerido e representado judicial e extrajudicialmente por instituição financeira controlada, direta ou indiretamente, pela União, com observância das normas a que se refere o inciso XXII do art. 4º da Lei 4.595, de 31.12.1964, sem nos esquecermos de sua natureza jurídica de direito privado, constituído de patrimônio composto de origem pública.

Essa lei dispõe sobre a política e as instituições monetárias, bancárias e creditícias, bem como sobre a criação do Conselho Monetário Nacional/CMN, a quem cabe estatuir normas sobre as operações das instituições financeiras públicas, para preservar sua solidez e adequar seu funcionamento aos objetivos específicos (art. 4º, XXII, da Lei 4.595/1964).

Sundfeld afirma que o FGP é um

> "ente dotado de personalidade jurídica própria, de natureza privada" e que é "uma nova espécie de pessoa jurídica governamental federal, concebida para fins específicos, mas enquadrada no gênero 'empresa pública', pois seu capital é inteiramente público, subscrito pela União, suas autarquias e fundações públicas, no limite expressamente previsto pela lei (art. 16, *caput*). Sua

instituição observou inteiramente a exigência do art. 37, XIX, da CF, tendo sido autorizada pela Lei das PPPs, com todos os requisitos necessários".[106]

O estatuto e o regulamento do FGP serão aprovados em assembleia dos cotistas, a representação da União na assembleia dos cotistas dar-se-á nos termos do previsto na Lei Orgânica da Procuradoria-Geral da Fazenda Nacional e o representante legal deverá ser o Procurador da Fazenda Nacional.[107]

Caberá à instituição financeira deliberar sobre a gestão e alienação dos bens e direitos do FGP, zelando pela manutenção de sua rentabilidade e liquidez.

Como devemos enquadrar esse Fundo? Foi criado por lei, mas não tem personalidade jurídica. É um órgão ou uma entidade?

A Administração direta é o conjunto dos órgãos públicos, enquanto na indireta encontramos as entidades criadas para a prestação de serviço público, conforme previsto no art. 4º, II, do Decreto-lei 200/1967.

Sônia Tanaka[108] nos traz os requisitos de todas as entidades: criação através de lei específica; personalidade jurídica; capacidade específica; controle estatal somente no que se refere à sujeição ao princípio da especialização (supervisão ministerial ou tutela administrativa); capacidade de autoadministração, com patrimônio próprio e orçamento público; sujeição às regras da licitação para a celebração dos contratos administrativos; realização de concurso público para ingresso de seus servidores públicos; controle externo, exercido pelo Poder Legislativo com o auxílio do Tribunal de Contas; responsabilidade objetiva; obediência aos princípios da legalidade, moralidade, publicidade e eficiência.

106. Carlos Ari Sundfeld, "Guia jurídico das parcerias público-privadas", cit., in Carlos Ari Sundfeld (coord), *Parcerias Público-Privadas*, 2ª ed., p. 43.

107. Nos termos do Decreto-lei 147, de 3.2.1967, art. 10. Ao Procurador-Geral da Fazenda Nacional compete: "(...) V – representar e defender os interesses da Fazenda Nacional, podendo delegar competência, para esse fim, a Procurador da Fazenda Nacional: a) nos atos constitutivos e nas assembleias de sociedades de economia mista e outras entidades de cujo capital participe o Tesouro Nacional; b) nos atos, de que participe o Tesouro Nacional, relativos a subscrição, compra, venda ou transferência de ações de sociedades; c) nos contratos, acordos ou ajustes de natureza fiscal ou financeira em que intervenha, ou seja parte, de um lado, a União, e, de outro, o Distrito Federal, os Estados os Municípios, as autarquias, as empresas públicas, as sociedades de economia mista, ou entidades estrangeiras, bem como os de concessões; e d) em outros atos, quando o determinar o Ministro da Fazenda ou se assim dispuser lei, decreto ou regimento".

108. Sônia Yuriko Kanashiro Tanaka, "Administração indireta no Brasil", in Sônia Yuriko Kanashiro Tanaka (coord.), *Direito Administrativo*, São Paulo, Malheiros Editores, 2008, p. 147.

A autora também traz a conceituação de "empresa pública" como sendo "a entidade dotada de personalidade jurídica de direito privado, com patrimônio próprio e capital exclusivo da União, criada por lei para a exploração de atividade econômica que o governo seja levado a exercer por força de contingência ou de conveniência administrativa, podendo revestir-se de qualquer das formas admitidas em Direito".[109]

Ora, se o Fundo é empresa pública, como quer Ribeiro, que exploração de atividade econômica ela faz? A atividade financeira (garantidora), agora, virou atividade econômica? Como pode ser constituído de bens oriundos da União, suas autarquias ou fundações públicas? Esse Fundo tem um objetivo – prestar garantia de pagamentos de obrigações pecuniárias –, e, realmente, não conseguimos classificá-lo corretamente.

Para complicar um pouco mais a questão, o legislador criou – na terminologia de Di Pietro – um Fundo específico dentro do FGP, destinado a garantir um contrato de parceria determinado. Esse Fundo (patrimônio de afetação – constituído por registro em Cartório de Registro de Títulos e Documentos ou, no caso de bem imóvel, no Cartório de Registro Imobiliário correspondente) não se comunicará com o restante do patrimônio do FGP, ficando vinculado exclusivamente à garantia em virtude da qual tiver sido constituído, não podendo ser objeto de penhora, arresto, sequestro, busca e apreensão ou qualquer ato de constrição judicial decorrente de outras obrigações do FGP (v. art. 21). Ou seja: dentro do patrimônio total (oriundo de fonte pública) é afetada uma parte à qual é dada destinação diversa daquela prevista inicialmente.

Se os bens da União, autarquias e fundações são públicos e, por determinação da Constituição Federal, são impenhoráveis, como é possível que parte desses bens possa estar sujeita a penhora, arresto, sequestro, busca e apreensão, e outros não? Aliás, como pode bem público, oriundo da União, ou autarquias ou fundações, estar sujeito a penhora? Isso fere os princípios da razoabilidade e da isonomia. Parece que o legislador, para dar certeza ao adimplemento da obrigação, prestigia grupos especiais – o que pode macular também o princípio da impessoalidade, norte constitucional para a destinação dos recursos orçamentários.

Acrescemos novamente que, apenas por tais bens estarem vinculados a um Fundo, os mesmos não podem perder essa natureza de

109. Idem, p. 163.

públicos, sob pena de se instabilizar as instituições e macular o texto constitucional.

Sem nos alongarmos mais nessa questão dos bens, relembramos que o art. 5º da Lei de Licitações traça como diretriz que as obrigações relativas ao fornecimento de bens, locações, realização de obras e prestação de serviços devem obedecer, para cada fonte diferenciada de recursos, a estrita ordem cronológica das datas de suas exigibilidades – o que a Lei das PPPs descumpre flagrantemente.

9.13.4 Garantias

As garantias estão estatuídas no § 1º do art. 18 e serão prestadas proporcionalmente ao valor da participação de cada cotista, sendo vedada a concessão de garantia cujo valor presente líquido, somado ao das garantias anteriormente prestadas e demais obrigações, supere o ativo total do FGP.

A assembleia dos cotistas é que deliberará a modalidade das garantias, dentre as seguintes:

> "I – fiança, sem benefício de ordem para o fiador; II – penhor de bens móveis ou de direitos integrantes do patrimônio do FGP, sem transferência da posse da coisa empenhada antes da execução da garantia; III – hipoteca de bens imóveis do patrimônio do FGP; IV – alienação fiduciária, permanecendo a posse direta dos bens com o FGP ou com agente fiduciário por ele contratado antes da execução da garantia; V – outros contratos que produzam efeito de garantia, desde que não transfiram a titularidade ou posse direta dos bens ao parceiro privado antes da execução da garantia; VI – garantia, real ou pessoal, vinculada a um patrimônio de afetação constituído em decorrência da separação de bens e direitos pertencentes ao FGP".

Importante observar que, como as garantias são prestadas proporcionalmente, isso permitirá a distribuição dos prejuízos, em caso de inadimplência, por todos os cotistas. Para elucidar o tema, vamos nos socorrer do exemplo dado por Ribeiro.[110] Imaginemos um FGP composto por três cotistas: União, com ½ das quotas; a autarquia "A" com ¼ e a autarquia "B" com ¼. A autarquia "A" celebra um contrato cuja garantia prestada foi o equivalente a ¼ do total do patrimônio do Fundo e ela não honra o compromisso. Em consequência, o valor das cotas de todos os cotistas será reduzido, e não apenas o valor das cotas da autarquia, em razão da distribuição dos prejuízos, na medida da

110. Maurício Portugal Ribeiro e Lucas Navarro Prado, *Comentário à Lei de PPP/Parceria Público-Privada – Fundamentos Econômico-Jurídicos*, cit., 1ª ed., 2ª tir., p. 367.

participação de cada um, sem alterar a proporção das cotas estipuladas inicialmente, ou seja, o já pactuado ¼ do total.

A quitação pelo parceiro público de cada parcela de débito garantido pelo FGP importará exoneração proporcional da garantia, o que nada mais é que a aplicação da regra estatuída no direito privado.

O § 2º do art. 18 prevê uma situação inusitada e é alvo, novamente, de inúmeras críticas. O FGP poderá prestar contragarantias a seguradoras, instituições financeiras e organismos internacionais que garantirem o cumprimento das obrigações pecuniárias dos cotistas em contratos de PPPs.

Em caso de inadimplência – ou seja, no caso de crédito líquido e certo, constante de título exigível aceito e não pago pelo parceiro público –, a garantia poderá ser acionada pelo parceiro privado, a partir do 45º dia do seu vencimento.

Prevê também no § 5º do art. 18 da citada lei que o parceiro privado poderá acionar a garantia relativa a débitos constantes de faturas emitidas e ainda não aceitas pelo parceiro público, desde que, transcorridos mais de 90 dias de seu vencimento, não tenha havido sua rejeição expressa por ato motivado. Antes desse prazo não será possível esse acionamento, assim como se houver a rejeição expressa dos débitos. O artigo afirma que a quitação de débito pelo FGP importará sua sub-rogação nos direitos do parceiro privado e que, em caso de inadimplemento, os bens e direitos do Fundo poderão ser objeto de constrição judicial e alienação, para satisfazer as obrigações garantidas.

Cretella Neto entende que esses dois privilégios não se justificam, uma vez que permitirão ao parceiro embutir os juros de mora nos montantes devidos, o que encarecerá o valor dos pagamentos.[111]

Além deste autor, Bandeira de Mello faz, novamente, críticas profundas, ao afirmar que a lei creditou ao contratado "garantias literalmente inimagináveis nos contratos em geral" e "garantias prestadas por organismos financeiros internacionais ou instituições financeiras não controladas pelo Poder Público ou por fundo garantidor ou *empresa estatal criada para esta finalidade* ou outros mecanismos admitidos em lei – sendo, outrossim, *inconstitucionais estas duas últimas hipóteses*".[112]

111 . José Cretella Neto, *Comentários à Lei das Parcerias Público-Privadas*, cit., 2ª ed., p. 143.

112. Celso Antônio Bandeira de Mello, *Curso de Direito Administrativo*, cit., 29ª ed., p. 794.

O FGP não pagará rendimentos a seus cotistas, assegurando-se a qualquer deles o direito de requerer o resgate total ou parcial de suas cotas, correspondente ao patrimônio ainda não utilizado para a concessão de garantias, fazendo-se a liquidação com base na situação patrimonial do Fundo.

Em caso de dissolução do FGP, deliberada pela assembleia dos cotistas, a mesma ficará condicionada à prévia quitação da totalidade dos débitos garantidos ou à liberação das garantias pelos credores, e seu patrimônio será rateado entre os cotistas, com base na situação patrimonial à data da dissolução.

9.14 Da sociedade de propósito específico/SPE

A Lei das PPPs, em seu art. 9º, criou uma sociedade de propósito específico/SPE, com a finalidade de implantar e gerir o objeto da parceria, de forma obrigatória, e não mais como era prevista na Lei de Concessões, de forma facultativa (art. 20 da Lei 8.987/1995).

Justificou-se essa exigência legal para permitir à Administração contratar com pessoa jurídica perfeitamente individuada e com objeto social definido, o que facilitaria muito para o Poder Público.

Essa sociedade poderá assumir a forma de companhia aberta, com valores mobiliários, admitida a negociação no mercado, devendo obedecer a padrões de governança corporativa e adotar contabilidade e demonstrações financeiras padronizadas, conforme regulamento.

O mais plausível é que essa sociedade se constitua como sociedade anônima, pelas seguintes razões: transparência das transações, prestação de contas, capitalização fácil no mercado, financiamento de investimentos, alienação no mercado de ações e, principalmente, em razão do montante envolvido (acima de R$ 20.000.000,00). Pensamos que não há impedimento a que seja constituída sob a forma de limitada ou sociedade anônima, aberta ou fechada.

Fica vedado à Administração Pública ser titular da maioria do capital votante das sociedades. Essa regra não se aplica à eventual aquisição da maioria do capital votante da SPE por instituição financeira controlada pelo Poder Público em caso de inadimplemento de contratos de financiamento.

Essa regra pretende impedir que o parceiro privado se transforme em uma empresa pública ou mesmo em uma sociedade de economia pública, gerida pela Poder Público, de modo sub-reptício, burlando a lei instituidora e sem ser originado pela lei.

O art. 9º, § 1º, preceitua que a transferência do controle da SPE estará condicionada a autorização expressa da Administração Pública, nos termos do edital e do contrato, "observada as regras do parágrafo único do art. 27 da Lei n. 8.987, de 13 de fevereiro de 1995". Em outras palavras: o controle pode ser transferido para os financiadores – o que nos parece destoar de todos os princípios em que se pauta o Estado Brasileiro. E, no caso presente, o legislador criou duas regras conflitantes. Vamos aplicar o art. 5º, § 2º, I, ou o art. 9º, § 1º?

O art. 5º, § 2º, I, pontua:

> "§ 2º Os contratos poderão prever adicionalmente: I – os requisitos e condições em que o parceiro público autorizará a transferência do controle da sociedade de propósito específico para os seus financiadores, com o objetivo de promover a sua reestruturação financeira e assegurar a continuidade da prestação dos serviços, *não se aplicando para este efeito o previsto no inciso I do parágrafo único do art. 27 da Lei n. 8.987, de 13 de fevereiro de 1995*" (grifos nossos).

Por sua vez, encontramos na Lei de Concessões o parágrafo único do art. 27, que foi renomeado e transformado em § 1º pela Lei 11.196/2005, com a seguinte redação:

> "Art. 27. A transferência de concessão ou do controle societário da concessionária sem prévia anuência do poder concedente implicará a caducidade da concessão.
>
> "§ 1º. Para fins de obtenção da anuência de que trata o *caput* deste artigo, o pretendente deverá: I – atender às exigências de capacidade técnica, idoneidade financeira e regularidade jurídica e fiscal necessárias à assunção do serviço; e II – comprometer-se a cumprir todas as cláusulas do contrato em vigor".

"Atender às exigências de capacidade técnica, idoneidade financeira e regularidade jurídica e fiscal, necessárias à assunção do serviço" e "comprometer-se a cumprir todas as cláusulas do contrato em vigor" são pré-requisitos para que a transferência seja acatada. Afastar a aplicação desse artigo avilta os ditames constitucionais.

Diante dessa antinomia, é mais salutar aplicar o art. 27 da Lei de Concessões, sob pena de se ferir o princípio do interesse público, pois, sendo serviço público, deve se submeter aos princípios da continuidade, adequação, eficiência, moralidade administrativa, isonomia, razoabilidade e outros.[113]

Sobre o assunto, Bandeira de Mello posiciona-se veementemente pela inconstitucionalidade dessa sociedade e afirma que o contrato permitiu essa transferência

113. Nesse sentido: Maria Sylvia Zanella Di Pietro, *Parcerias na Administração Pública. Concessão, Permissão, Franquia, Terceirização, Parceria Público-Privada e Outras Formas*, cit., 7ª ed., p. 166.

"com o objetivo de promover sua reestruturação financeira e assegurar a continuidade da prestação dos serviços, sem que estes tenham necessidade de possuir 'capacidade técnica, idoneidade financeira e regularidade jurídica e fiscal necessárias à assunção do serviço', que lhes seriam exigíveis a teor do parágrafo único do art. 27 da Lei 8.987, de 13.2.1995, mas expressamente afastadas neste caso (!) – o que, de resto, é *gritantemente* inconstitucional".[114]

9.15 Órgão Gestor das PPPs

A lei prevê a instituição, por decreto, de Órgão Gestor de PPPs federais, com competência para:

"I – definir os serviços prioritários para execução no regime de parceria público-privada; II – disciplinar os procedimentos para celebração desses contratos; III – autorizar a abertura da licitação e aprovar seu edital; IV – apreciar os relatórios de execução dos contratos".[115]

114. Celso Antônio Bandeira de Mello, *Curso de Direito Administrativo*, cit., 29ª ed., p. 795.

115. Cf. art. 14 da Lei 11.079/2004, o qual tem a seguinte redação:

"Art. 14. Será instituído, por decreto, Órgão Gestor de Parcerias Público-Privadas Federais, com competência para: *[v. Decreto 5.385/2005]* I – definir os serviços prioritários para execução no regime de parceria público-privada; II – disciplinar os procedimentos para celebração desses contratos; III – autorizar a abertura da licitação e aprovar seu edital; IV – apreciar os relatórios de execução dos contratos.

"§ 1º. O órgão mencionado no *caput* deste artigo será composto por indicação nominal de um representante titular e respectivo suplente de cada um dos seguintes órgãos: I – Ministério do Planejamento, Orçamento e Gestão, ao qual cumprirá a tarefa de coordenação das respectivas atividades; II – Ministério da Fazenda; III – Casa Civil da Presidência da República.

"§ 2º. Das reuniões do Órgão a que se refere o *caput* deste artigo para examinar projetos de parceria público-privada participará um representante do órgão da Administração Pública direta cuja área de competência seja pertinente ao objeto do contrato em análise.

"§ 3º. Para deliberação do Órgão Gestor sobre a contratação de parceria público-privada, o expediente deverá estar instruído com pronunciamento prévio e fundamentado: I – do Ministério do Planejamento, Orçamento e Gestão, sobre o mérito do projeto; II – do Ministério da Fazenda, quanto à viabilidade da concessão da garantia e à sua forma, relativamente aos riscos para o Tesouro Nacional e ao cumprimento do limite de que trata o art. 22 desta Lei.

"§ 4º. Para o desempenho de suas funções, o Órgão citado no *caput* deste artigo poderá criar estrutura de apoio técnico com a presença de representantes de instituições públicas.

"§ 5º. O Órgão de que trata o *caput* deste artigo remeterá ao Congresso Nacional e ao Tribunal de Contas da União, com periodicidade anual, relatórios de desempenho dos contratos de parceria público-privada.

"§ 6º. Para fins do atendimento do disposto no inciso V do art. 4º desta Lei, ressalvadas as informações classificadas como sigilosas, os relatórios de que trata o § 5º deste artigo serão disponibilizados ao público, por meio de rede pública de transmissão de dados."

Nunca é demais afirmar que o legislador deixou a critério dos Estados-membros e dos Municípios a questão dos seus Órgãos Gestores, e somente disciplina como será organizado seu Órgão Gestor de PPPs.

O Decreto 5.385, de 4.3.2005, regulamentou o art. 14 da Lei das PPPs e instituiu o Comitê Gestor de Parceria Público-Privada Federal/CGP, que será integrado por um representante (titular e suplente) dos seguintes órgãos: Ministério do Planejamento, Orçamento e Gestão, que o coordenará, Ministério da Fazenda e a Casa Civil da Presidência da República.

De forma curiosa, o decreto cria uma Comissão Técnica das Parcerias Público-Privadas/CTP, integrada por órgãos estatais (Ministérios) e as seguintes entidades: Banco Nacional de Desenvolvimento Econômico e Social/BNDES, Banco do Brasil S/A e Caixa Econômica Federal/CEF – organizações com bastante interesse financeiro nas questões empreendedoras.

Ao Ministro de Estado do Planejamento, Orçamento e Gestão competirá designar os membros do CGP, indicados pelos titulares dos órgãos. Esse órgão deliberará mediante resoluções.

Das reuniões do órgão para examinar projetos de PPP, apenas na ótica federal, participará um representante do órgão da Administração Pública direta cuja área de competência seja pertinente ao objeto do contrato em análise.

Para deliberação do Órgão Gestor sobre a contratação de PPP, o expediente deverá estar instruído com pronunciamento prévio e fundamentado do Ministério do Planejamento, Orçamento e Gestão sobre o mérito do projeto e do Ministério da Fazenda quanto à viabilidade da concessão da garantia e à sua forma, relativamente aos riscos para o Tesouro Nacional e ao cumprimento do limite de que trata o art. 22 da lei.

Como os contratos que são feitos sob a forma de PPPs são longos (5 a 35 anos), o legislador acresceu, no art. 22, que a União somente poderá contratar PPP quando a soma das despesas de caráter continuado derivadas do conjunto das parcerias já contratadas não tiver excedido, no ano anterior, a 1% da receita corrente líquida do exercício e as despesas anuais dos contratos vigentes, nos 10 anos subsequentes, não excedam a 1% da receita corrente líquida projetada para os respectivos exercícios. Exatamente para não onerar a gestão política nova que está ingressando e não comprometer a folha de despesas.

9.16 Controle

Antes de analisarmos o sistema de controle na Lei das PPPs, relembremos que na Lei de Concessões estão previstas formas de controles, que Maria Sylvia Zanella Di Pietro condensa da seguinte forma:

> "(a) previsão genérica de fiscalização pelo poder concedente, com a cooperação dos usuários (art. 3º); (b) competência do poder concedente para fiscalizar permanentemente a prestação do serviço (art. 29, I); (c) competência do poder concedente para cumprir e fazer cumprir as disposições regulamentares do serviço e as cláusulas contratuais e zelar pela boa qualidade do serviço (art. 29, V e VII); (d) direito de acesso aos dados relativos a administração, contabilidade, recursos técnicos, econômicos e financeiros da concessionária (art. 30); (e) direito de acesso, em qualquer hora, aos equipamentos e às instalações integrantes do serviço, bem como aos seus registros contábeis (art. 31, V)".[116]

Além dessas situações, a Lei das PPPs disciplina que o Órgão Gestor remeterá ao Congresso Nacional e ao TCU, com periodicidade anual, relatórios de desempenho dos contratos de PPP, e os relatórios serão disponibilizados ao público, por meio de rede pública de transmissão de dados, ressalvadas as informações classificadas como sigilosas.

Por outro lado, não se pode esquecer que as agências reguladoras devem exercer um papel fundamental. Os Ministérios e as agências reguladoras, nas suas respectivas áreas de competência, devem submeter o edital de licitação ao Órgão Gestor, proceder à licitação, acompanhar e fiscalizar os contratos de PPP.

Nos termos do art. 14 da Lei das PPPs, deverão encaminhar ao órgão supracitado, com periodicidade semestral, relatórios circunstanciados acerca da execução dos contratos de PPP, na forma definida em regulamento.

Teremos, na ótica o Legislativo, o controle por parte do Congresso Nacional e do Tribunal de Contas; pelo Executivo, a fiscalização feita pelos Ministérios e agências reguladoras; bem como o Ministério Público, como fiscal da lei.

Não podemos deixar de mencionar que na Constituição encontramos mecanismos de controle interno – político, financeiro, administrativo –, além de outros encontráveis nas Leis de Improbidade

116. Maria Sylvia Zanella Di Pietro, *Parcerias na Administração Pública. Concessão, Permissão, Franquia, Terceirização, Parceria Público-Privada e Outras Formas*, cit., 7ª ed., p. 83.

Administrativa, da Ação Popular, da Ação Civil Pública, na Lei do Meio Ambiente e até mesmo na Lei de Concessões.

As questões passíveis de controvérsias podem ser submetidas ao Poder Judiciário se não for pactuada a via da arbitragem no contrato entre os parceiros.

O usuário, tanto na via de ação popular quanto no direito de petição, ou quando chamado na consulta pública, já estudada anteriormente, exerce seu papel de cidadão e deve fiscalizar as contas.

A informação é pública, e em razão disto os relatórios serão disponibilizados ao público, por meio de rede pública de transmissão de dados – o que torna mais fácil o acesso do usuário.

A Constituição Federal já lhe garantia essa participação, na forma da lei, na Administração Pública direta e indireta, sob a forma de exercer o direito às reclamações relativas à prestação dos serviços públicos em geral, asseguradas a manutenção de serviços de atendimento ao usuário e a avaliação periódica, externa e interna, da qualidade dos serviços.

9.17 Concorrência

A obediência à Lei de Licitações é uma regra geral a que a Administração Pública deve se submeter. Como estamos tratando de grande empreendimento, sua realização será na modalidade de concorrência. Só que a concorrência prevista na Lei das PPPs não é a mesma concorrência prevista na Lei de Licitações. Novamente o legislador fez inovação (talvez em nome da celeridade), e combinou a técnica da concorrência normal, como previsto na Lei de Licitações, com as regras do pregão – o que vai gerar muitas confusões, pois um instituto em direito administrativo precisa estar muito bem conceituado e sedimentado. Não se pode dar a nominação de "concorrência" a um procedimento que foi modificado, somente para disfarçar a intenção verdadeira do legislador, que era burlar a Lei de Licitações. Não sabemos se estamos diante de um pregão especializado ou de uma concorrência pregoada.

Nesse momento se entende por que o legislador fez tanta questão de deixar claro, no art. 1º, que essa lei estava instituindo normas gerais para licitação e contratação para as PPPs. Portanto, vamos relembrar como acontece a concorrência na Lei de Licitações para, após, analisar como acontece na Lei das PPPs.

9.17.1 Concorrência na Lei de Licitações

Concorrência é a modalidade de licitação entre quaisquer interessados que, na fase inicial de habilitação preliminar, comprovem possuir os requisitos mínimos de qualificação exigidos no edital para execução de seu objeto, segundo a Lei de Licitações. É modalidade apropriada para os contratos de grande vulto, obras e serviços de engenharia de valor superior a R$ 1.500.000,00 ou compras e serviços que não sejam de engenharia acima de R$ 650.000,00.

A Lei de Licitações ainda prevê que a modalidade concorrência deve ser adotada nos seguintes casos, independentemente do valor: (a) compra de bens imóveis; (b) alienações de bens imóveis para as quais não tenha sido adotada a modalidade leilão; (c) concessões de direito real de uso, serviço ou obra pública; e (d) licitações internacionais.

As fases da concorrência prevista na Lei de Licitações podem ser assim resumidas:

• *edital* – fase interna da licitação;

• *habilitação dos concorrentes* – os licitantes apresentam documentos pessoais. A Administração recebe os documentos, lavra a ata, abre os envelopes e analisa se os licitantes preenchem os requisitos mínimos para participar da licitação. Em regra são analisadas: a habilitação jurídica; a regularidade fiscal; a capacidade técnica e condições econômico-financeiras;

• *exame e classificação das propostas*; e

• *homologação* – ratificação da legalidade do procedimento e adjudicação.

Nas concorrências de grande vulto deve realizar-se uma audiência pública, antes do edital, para que a sociedade possa debater a conveniência e a oportunidade da licitação, conforme o art. 39 da Lei de Licitações.

9.17.2 Concorrência na Lei das PPPs

9.17.2.1 *Regras gerais da Lei de Concessões aplicáveis à PPP*

A modalidade obrigatória a ser utilizada deve ser a concorrência, como já foi dito anteriormente, com algumas alterações e inversões de fases. Inicialmente deve obedecer ao procedimento previsto na

Lei 8.666, mas o edital observará, no que couber, certas disposições da Lei 8.987/1995.

O poder concedente deverá recusar as propostas manifestamente inexequíveis ou financeiramente incompatíveis com os objetivos da licitação; e, em igualdade de condições, será dada preferência à proposta apresentada por empresa brasileira.

Os estudos, investigações, levantamentos, projetos, obras e despesas ou investimentos já efetuados, vinculados à concessão, de utilidade para a licitação, realizados pelo poder concedente ou com sua autorização, estarão à disposição dos interessados, devendo o vencedor da licitação ressarcir os dispêndios correspondentes, especificados no edital.

O edital de licitação será elaborado pelo poder concedente e conterá, segundo a Lei de Concessões, aplicável nesse caso, o seguinte:

> "I – o objeto, metas e prazo da concessão; II – a descrição das condições necessárias à prestação adequada do serviço; III – os prazos para recebimento das propostas, julgamento da licitação e assinatura do contrato; IV – prazo, local e horário em que serão fornecidos, aos interessados, os dados, estudos e projetos necessários à elaboração dos orçamentos e apresentação das propostas; V – os critérios e a relação dos documentos exigidos para a aferição da capacidade técnica, da idoneidade financeira e da regularidade jurídica e fiscal; VI – as possíveis fontes de receitas alternativas, complementares ou acessórias, bem como as provenientes de projetos associados; VII – os direitos e obrigações do poder concedente e da concessionária em relação a alterações e expansões a serem realizadas no futuro, para garantir a continuidade da prestação do serviço; VIII – os critérios de reajuste e revisão da tarifa; IX – os critérios, indicadores, fórmulas e parâmetros a serem utilizados no julgamento técnico e econômico-financeiro da proposta; X – a indicação dos bens reversíveis; XI – as características dos bens reversíveis e as condições em que estes serão postos à disposição, nos casos em que houver sido extinta a concessão anterior; XII – a expressa indicação do responsável pelo ônus das desapropriações necessárias à execução do serviço ou da obra pública, ou para a instituição de servidão administrativa; XIII – as condições de liderança da empresa responsável, na hipótese em que for permitida a participação de empresas em consórcio; XIV – nos casos de concessão, a minuta do respectivo contrato, que conterá as cláusulas essenciais referidas no art. 23 da Lei de Concessões, quando aplicáveis; XV – nos casos de concessão de serviços públicos precedida da execução de obra pública, os dados relativos à obra, dentre os quais os elementos do projeto básico que permitam sua plena caracterização, bem assim as garantias exigidas para essa parte específica do contrato, adequadas a cada caso e limitadas ao valor da obra; XVI – nos casos de permissão, os termos do contrato de adesão a ser firmado" (Lei 8.987/1995, art. 18).

Quando permitida, na licitação, a participação de empresas em consórcio, observar-se-ão as seguintes normas:

"I – comprovação de compromisso, público ou particular, de constituição de consórcio, subscrito pelas consorciadas; II – indicação da empresa responsável pelo consórcio; III – apresentação dos documentos (...) por parte de cada consorciada; IV – impedimento de participação de empresas consorciadas na mesma licitação, por intermédio de mais de 1 (um) consórcio ou isoladamente" (Lei 8.987/1995, art. 19).

O licitante vencedor fica obrigado a promover, antes da celebração do contrato, a constituição e registro do consórcio, e a empresa-líder do consórcio é a responsável perante o poder concedente pelo cumprimento do contrato de concessão, sem prejuízo da responsabilidade solidária das demais consorciadas.

9.17.2.2 *Fase precedente*

Além da subsunção ao estabelecido no item anterior, a licitação deverá ser precedida de estudo técnico, que demonstre: (a) a conveniência e a oportunidade da contratação, mediante identificação das razões que justifiquem a opção pela forma de parceria público-privada; (b) que as despesas criadas ou aumentadas não afetarão as metas de resultados fiscais previstas na Lei Complementar 101/2000 (Lei de Responsabilidade Fiscal/LRF), havendo necessidade de compensação ou adequação para os exercícios seguintes; e (c) quando for o caso, conforme as normas editadas na forma do art. 25 da Lei das PPPs, a observância dos limites e condições decorrentes da aplicação dos arts. 29, 30 e 32 da LRF, pelas obrigações contraídas pela Administração Pública relativas ao objeto do contrato (art. 10, I, da Lei 11.079/2004).

Serão necessários: a elaboração de estimativa do impacto orçamentário-financeiro nos exercícios em que deva vigorar o contrato; a declaração do ordenador da despesa de que as obrigações contraídas pela Administração Pública no decorrer do contrato são compatíveis com a Lei de Diretrizes Orçamentárias; obediência à Lei Orçamentária Anual e previsão no Plano Plurianual, com estimativa do fluxo de recursos públicos suficientes para o cumprimento, durante a vigência do contrato e por exercício financeiro, das obrigações contraídas pela Administração Pública.

Como estamos tratando de obras vultosas, sempre que o objeto do contrato exigir, deve o edital ser precedido da licença ambiental prévia ou expedição das diretrizes para o licenciamento ambiental do empreendimento, o que permitirá o acompanhamento do projeto por órgãos estatais de outras áreas.

À sociedade civil será dada ciência, uma vez que a consulta pública é obrigatória e será feita nos moldes do inciso VI do art. 10 da Lei 11.079/2004, a saber:

> "VI – submissão da minuta de edital e de contrato à consulta pública, mediante publicação na Imprensa Oficial, em jornais de grande circulação e por meio eletrônico, que deverá informar a justificativa para a contratação, a identificação do objeto, o prazo de duração do contrato, seu valor estimado, fixando-se prazo mínimo de 30 (trinta) dias para recebimento de sugestões, cujo termo dar-se-á pelo menos 7 (sete) dias antes da data prevista para a publicação do edital".

9.17.2.3 *Procedimento*

A licitação inicia com a abertura do processo administrativo, autuado, protocolado e numerado, contendo a autorização respectiva, a indicação sucinta de seu objeto e do recurso próprio para a despesa, e ao qual serão juntados, oportunamente:

> I – edital ou convite e respectivos anexos, quando for o caso; II – comprovante das publicações do edital resumido, na forma do art. 21 desta Lei, ou da entrega do convite; III – ato de designação da Comissão de Licitação, do leiloeiro administrativo ou oficial, ou do responsável pelo convite; IV – original das propostas e dos documentos que as instruírem; V – atas, relatórios e deliberações da Comissão Julgadora; VI – pareceres técnicos ou jurídicos emitidos sobre a licitação, dispensa ou inexigibilidade; VII – atos de adjudicação do objeto da licitação e da sua homologação; VIII – recursos eventualmente apresentados pelos licitantes e respectivas manifestações e decisões; IX – despacho de anulação ou de revogação da licitação, quando for o caso, fundamentado circunstanciadamente; X – termo de contrato ou instrumento equivalente, conforme o caso; XI – outros comprovantes de publicações; XII – demais documentos relativos à licitação (art. 38 da Lei 8.666/1993 – Lei de Licitações).

No edital convocatório devem estar contidos a minuta prévia do contrato, as exigências acerca da(s) garantia(s) e o uso, ou não, da arbitragem.

O procedimento licitatório deverá obedecer, além dos requisitos anteriores, aos do art. 12 da Lei das PPPs, que, sendo lei especial, derroga a lei geral, nesta qualidade.

A Comissão de Licitação pode, em caso de melhor técnica, antecipar a etapa de qualificação de propostas técnicas, desclassificando-se os licitantes que não alcançarem a pontuação mínima, os quais não participarão das etapas seguintes, mesmo que apresentem preço vantajoso para a Administração. Ou seja: "As fases de habilitação e julgamento poderão ser invertidas, de modo que, se o primeiro colocado vier a ser desclassificado, só então se examinará a habilitação do segundo classificado, e assim sucessivamente"[117] – o que já é previsto como obrigatório para o pregão e como discricionário para a concessão de serviço público.

Outra inovação é a possibilidade da combinação de critérios. A Lei de Concessões[118] permite a utilização dos critérios de (a) menor valor da tarifa e (b) menor valor da tarifa combinado com melhor técnica. Na Lei das PPPs, além desses dois, podem ser utilizados: (a) menor valor da contraprestação e (b) melhor técnica com o de menor valor da contraprestação, a ser paga pelo parceiro público, na conformidade dos pesos exigidos no edital.

O edital definirá a forma de apresentação das propostas econômicas, admitindo-se (a) propostas escritas em envelopes lacrados ou (b) propostas escritas seguidas de lances em viva voz. E poderá prever a possibilidade de saneamento de falhas, de complementação de insuficiências ou, ainda, de correções de caráter formal no curso do procedimento, desde que o licitante possa satisfazer as exigências dentro do prazo fixado no instrumento convocatório.[119]

Bandeira de Mello alerta que, "dependendo da hipótese, tal tolerância pode ferir o princípio da igualdade e dar margem a favoritismos, gerando nulidade".[120]

Essa possibilidade de combinação de várias modalidades dispostas em leis diferentes – ou seja, pregão e licitação para a modalidade de concorrência – descaracteriza o instituto. Daí nossa afirmação no sentido de que essa concorrência não é a concorrência como a conhe-

117. Celso Antônio Bandeira de Mello, *Curso de Direito Administrativo*, cit., 29ª ed., p. 799.

118. Lei 8.987/1995: "Art. 15. No julgamento da licitação será considerado um dos seguintes critérios: I – o menor valor da tarifa do serviço público a ser prestado; II – a maior oferta, nos casos de pagamento ao poder concedente pela outorga da concessão; III – a combinação, dois a dois, dos critérios referidos nos incisos I, II e VII; IV – melhor proposta técnica, com preço fixado no edital; V – melhor proposta em razão da combinação dos critérios de menor valor da tarifa do serviço público a ser prestado com o de melhor técnica; VI – melhor proposta em razão da combinação dos critérios de maior oferta pela outorga da concessão com o de melhor técnica; ou VII – melhor oferta de pagamento pela outorga após qualificação de propostas técnicas" (redação dada pela Lei 9.648/1998).

119. Maria Sylvia Zanella Di Pietro, em sua obra *Parcerias na Administração Pública. Concessão, Permissão, Franquia, Terceirização, Parceria Público-Privada e Outras Formas* (5ª ed., São Paulo, Atlas, 2005, p. 176), pontua que é uma medida salutar, "que certamente evitará muitas das controvérsias suscitadas por licitantes inabilitados ou desclassificados no curso do procedimento".

120. Celso Antônio Bandeira de Mello, *Curso de Direito Administrativo*, cit., 29ª ed., p. 799.

cemos da Lei de Licitações, pois acaba parecendo mais um pregão a que se aplica a técnica da concorrência.

Esses lances em viva voz, mencionados acima, serão sempre oferecidos na ordem inversa da classificação das propostas escritas, sendo vedado ao edital limitar a quantidade de lances – o que é muito salutar.

Outra questão interessante encontra-se no inciso II do § 1º do art. 12, a saber:

> "II – o edital poderá restringir a apresentação de lances em viva voz aos licitantes cuja proposta escrita for no máximo 20% (vinte por cento) maior que o valor da melhor proposta".

O edital poderá prever, portanto, uma faculdade, nos termos do art. 13: a inversão da ordem das fases de habilitação e julgamento, hipótese em que:

> "I – encerrada a fase de classificação das propostas ou o oferecimento de lances, será aberto o invólucro com os documentos de habilitação do licitante mais bem classificado, para verificação do atendimento das condições fixadas no edital; II – verificado o atendimento das exigências do edital, o licitante será declarado vencedor; III – inabilitado o licitante melhor classificado, serão analisados os documentos habilitatórios do licitante com a proposta classificada em segundo lugar, e assim, sucessivamente, até que um licitante classificado atenda às condições fixadas no edital; IV – proclamado o resultado final do certame, o objeto será adjudicado ao vencedor nas condições técnicas e econômicas por ele ofertadas".

9.18 Penalidades

A Lei das PPPs afirma, em seu art. 29, que serão aplicáveis, no que couber, as penalidades previstas no Decreto-lei 2.848, de 7.12.1940 (Código Penal), na Lei 8.429, de 2.6.1992 (Lei da Improbidade Administrativa), na Lei 10.028, de 19.10.2000 (Lei dos Crimes Fiscais), no Decreto-lei 201, de 27.2.1967, e na Lei 1.079, de 10.4.1950, sem prejuízo das penalidades financeiras previstas contratualmente.

Novamente o legislador deixou uma lacuna. A quem se aplicam esses artigos? Ao empreendedor? Ao parceiro público? Se for ao empreendedor, em que proporção?

Estamos diante de mais uma impropriedade na redação da norma, que poderá trazer problemas no futuro. Aduz o artigo que essas penalidades independem das penalidades financeiras previstas no contrato. Essa penalidade é para as partes contratuais, enquanto no art. 29 encontramos a previsão da penalidade para o agente público que pratica a ilegalidade.

Relembramos que o art. 5º, II, prevê as penalidades aplicáveis à Administração Pública e ao parceiro privado em caso de inadimplemento contratual, fixadas sempre de forma proporcional à gravidade da falta cometida e às obrigações assumidas.

A Administração Pública não pode vir a sofrer sanções penais; mas seus agentes, que agirem nessa qualidade, dolosa ou culposamente, podem, após o devido processo legal. Não se vislumbra a possibilidade de o parceiro público responder penalmente, pois o Estado – que exerce o poder sancionador – estaria sancionando a si mesmo, o que é uma incoerência.

9.19 Conclusão

O presente capítulo visou apenas a fornecer instrumentos para que se possa analisar a Lei das PPPs de forma mais crítica e à luz das instituições existentes no Direito Brasileiro. Não vamos esgotar o assunto, essa não é a nossa intenção, mas, sim, aprofundar o debate sobre a questão.

A experiência brasileira vai demonstrar se essa instituição é boa, ou não, para o País. Inúmeras parcerias vêm sendo feitas – saneamento básico, saneamento ambiental –, e há inúmeros projetos sobre a formação de outras – como presídios.

Para o sucesso das PPPs no Direito Brasileiro, precisamos contar com a estabilidade econômica do Estado, pois para contratos de longa duração relações sólidas devem ser construídas. A corrupção deve ser combatida, para que a transparência e a impessoalidade contratual possam trazer os benefícios prometidos.

Um Estado comprometido com as questões sociais precisa traçar as metas que demonstrem ser o interesse público seu alvo e que as parcerias que serão feitas buscam cumprir os ideais do desenvolvimento social e a eliminação da pobreza e da marginalidade. Isso implica governos responsáveis, com plataformas políticas claras e interesses voltados aos cidadãos – o que não nos parece ser verdadeiro, o tempo inteiro.

Os grandes desafios a serem ultrapassados estarão ligados, principalmente, ao cumprimento da Lei de Responsabilidade Fiscal e das regras contratuais, principalmente sobre as garantias.

Como vamos garantir e resguardar o sigilo empresarial, tão característico do direito privado, com as questões envolvendo o Fundo

Garantidor, conforme estatuído na lei? Haverá a possibilidade de se ter sigilo?

Será possível, ainda, aplicar a arbitragem para as questões que rotineiramente eram consideradas indisponíveis?

Precisamos acreditar em crescimento, pois com ele a população se desenvolve e, assim, estaria justificado o nascimento dessa lei tão controvertida, que é a Lei das PPPs.

Referências Bibliográficas

ALEXY, Robert. *Teoria dos Direitos Fundamentais*. 2ª ed. São Paulo, Malheiros Editores, 2011.

ALMEIDA, Guilherme Henrique de La Rocque, e ZYMLER, Benjamin. *O Controle Externo das Concessões de Serviços Públicos e das Parcerias Público-Privadas*. 2ª ed. Belo Horizonte, Fórum, 2008.

ANDRADE, Rogério Emílio de, BARROS NETO, João Ribeiro, e PAVANI, Sérgio Augusto Zampol (coords.). *Parcerias Público-Privadas: um Enfoque Gerencial*. São Paulo, MP, 2006.

ANDRADE, Rogério Emílio de, HARADA, Kiyoshi, e PAVANI, Sérgio Augusto Zampol (orgs.). *Inconstitucionalidade do Fundo Garantidor. Parcerias Público-Privadas*. São Paulo, MP, 2006.

ANDRADE, Rogério Emílio de, MARTINS, Ives Gandra da Silva, e PAVANI, Sérgio Augusto Zampol (coords.). *As Parcerias Público-Privadas à Luz da Constituição*. São Paulo, MP, 2006.

ARAGÃO, Alexandre Santos de. "As parcerias público-privadas – PPPs no direito positivo brasileiro". *RT* 839. Ano 94. São Paulo, Ed. RT, setembro/2005.

————. *Direito dos Serviços Públicos*. Rio de Janeiro, Forense, 2007 e 2008.

BANDEIRA DE MELLO, Celso Antônio. *Curso de Direito Administrativo*. 29ª ed. São Paulo, Malheiros Editores, 2012.

BARROS NETO, João Ribeiro, ANDRADE, Rogério Emílio de, e PAVANI, Sérgio Augusto Zampol (coords.). *Parcerias Público-Privadas: um Enfoque gerencial*. São Paulo, MP, 2006.

BLANCHET, Luiz Alberto. *Parceiras Público-Privadas. Comentários à Lei 11.079, de 30 de Dezembro de 2004*. Curitiba, Juruá, 2006.

BRAGA, Fabiana Andrada do Amaral Rudge. "PPP: o Fundo Garantidor, a execução das garantias e a compatibilidade com o sistema constitucional de precatórios". *Revista de Direito da Associação dos Procuradores do Novo Estado do Rio de Janeiro* XVII. Rio de Janeiro, Lumen Juris, 2006.

CAETANO, Marcello. *Manual de Direito Administrativo*. 7ª ed. Coimbra, Coimbra Editora, 1965.

CANOTILHO, J. J. Gomes. *Direito Constitucional*. 6ª ed. Coimbra, Livraria Almedina, 1996.

CARVALHO FILHO, José dos Santos. *Manual de Direito Administrativo*. 19ª ed. Rio de Janeiro, Lumen Juris, 2008.

COUTINHO, Diogo Rosenthal. "Parcerias público-privadas: relatos de algumas experiências internacionais". In: SUNDFELD, Carlos Ari (coord.). *Parcerias Público-Privadas*. 2ª ed. São Paulo, Malheiros Editores, 2011.

CRETELLA NETO, José. *Comentários à Lei das Parcerias Público-Privadas*. 2ª ed. Rio de Janeiro, GZ, 2010.

CUNHA JR., Dirley da. *Curso de Direito Administrativo*. 7ª ed. Salvador, JusPodivm, 2008.

DI PIETRO, Maria Sylvia Zanella. *Direito Administrativo*. 20ª ed. São Paulo, Atlas, 2007.

——————. *Parcerias na Administração Pública. Concessão, Permissão, Franquia, Terceirização, Parceria Público-Privada e Outras Formas*. 5ª ed. São Paulo, Atlas, 2005; 7ª ed. São Paulo, Atlas, 2009.

FERREIRA, Jussara Suzi Assis Borges Nasser, e KURACHI, Nilton Kiyoshi. "As parcerias público-privadas e os novos desafios do Estado contemporâneo". *Argumentum – Revista de Direito da Universidade de Marília* 6. Marília/SP, Unimar, 2006.

FREITAS, Juarez. *O Controle dos Atos Administrativos e os Princípios Fundamentais*. 4ª ed. São Paulo, Malheiros Editores, 2009.

——————. "O novo modelo de parcerias público-privadas (PPPs) no Brasil: características e regulação". *Anuario da Facultade de Direito da Universidade da Coruña* 9/491-511. 2005.

——————. "Parcerias público-privadas (PPPs): características, regulação e princípios". *Revista Interesse Público* 6(29). Porto Alegre/RS, janeiro-fevereiro/2005.

GASPARINI, Diógenes. *Direito Administrativo*. 12ª ed. São Paulo, Saraiva, 2007.

——————. "Visão geral das parcerias público-privadas". In: ANDRADE, Rogério Emílio, BARROS NETO, João Ribeiro, e PAVANI, Sérgio Augusto Zampol (coords.). *Parcerias Público-Privadas: um Enfoque Gerencial*. São Paulo, MP, 2006.

GUIMARÃES, Fernando Vernalha. *Parceria Público-Privada: Caracterização dos Tipos Legais e Aspectos Nucleares de seu Regime Jurídico*. Tese (Doutorado em Direito do Estado), Faculdade de Direito da Universidade Federal do Paraná/UFPR. Curitiba/PR, 2008 (615 pp.).

HARADA, Kiyoshi, ANDRADE, Rogério Emílio de, e PAVANI, Sérgio Augusto Zampol (orgs.). *Inconstitucionalidade do Fundo Garantidor. Parcerias Público-Privadas*. São Paulo, MP, 2006.

JUSTEN FILHO, Marçal. *Curso de Direito Administrativo*. São Paulo, Saraiva, 2005.

————. *Teoria Geral das Concessões de Serviço Público*. São Paulo, Dialética, 2003.

————, OSÓRIO, Fábio Medina, e SOUTO, Marcos Juruena Villela (coords.). *Direito Administrativo. Novos Sujeitos na Administração Pública: os Consórcios Públicos Criados pela Lei Federal 11.107/05 (Estudos em Homenagem a Diogo de Figueiredo Moreira Neto)*. Rio de Janeiro, Lumen Juris, 2006.

KURACHI, Nilton Kiyoshi, e FERREIRA, Jussara Suzi Assis Borges Nasser. "As parcerias público-privadas e os novos desafios do Estado contemporâneo". *Argumentum – Revista de Direito da Universidade de Marília* 6. Marília/SP, Unimar, 2006.

KURTZ, Fábio Coutinho *Parceria Público-Privada (PPP)* **x** *Lei de Licitações*. Disponível em *http://www.conlicitacao.com.br/futuro/ppp/comentarios/kurtz.php* (acesso em 15.6.2010).

MARINELA, Fernanda de Souza Santos. *Direito Administrativo*. Salvador, Jus Podivm, 2005.

MARQUES NETO, Floriano. "As políticas de universalização, legalidade e isonomia: o caso do 'telefone social'". *Revista de Direito Público da Economia* 14. Belo Horizonte, Fórum, 2006.

MARTINS, Ives Gandra da Silva, ANDRADE, Rogério Emílio de, e PAVANI, Sérgio Augusto Zampol (coords.). *As Parcerias Público-Privadas à Luz da Constituição* São Paulo, MP, 2006.

MEIRELLES, Hely Lopes. *Direito Administrativo Brasileiro*. 38ª ed. São Paulo, Malheiros Editores, 2012.

MILESKI, Hélio Saul. "Parcerias público-privadas: fundamentos, aplicação e alcance da lei, elementos definidores, princípios, regras específicas para licitações e contratos, aspectos controvertidos, controle e perspectivas de aplicação da Lei 11.079, de 30.12.2004". *Revista Bimestral de Direito Público Interesse Público* 29. Ano VI. Porto Alegre, Notadez, janeiro/fevereiro/2005.

MONTEIRO, Vera. "PPP – Aspectos fiscais". In: SUNDFELD, Carlos Ari (coord.). *Parcerias Público-Privadas*. 2ª ed. São Paulo, Malheiros Editores, 2011.

MOREIRA NETO, Diogo de Figueiredo. *Curso de Direito Administrativo*. 14ª ed. Rio de Janeiro, Forense, 2005.

MOTTA, Carlos Pinto Coelho. *Eficácia nas Licitações e Contratos*. 10ª ed. Belo Horizonte, Del Rey, 2005.

MUKAI, Toshio. *Parcerias Público-Privadas. Comentários à Lei Federal 11.079/2004, às Leis Estaduais de Minas Gerais, Santa Catarina, São Paulo, Distrito Federal, Goiás, Bahia, Ceará, Rio Grande do Sul e à Lei Municipal de Vitória/ES*. Rio de Janeiro, Forense Universitária, 2005.

OSÓRIO, Fábio Medina, JUSTEN FILHO, Marçal, e SOUTO, Marcos Juruena Villela (coords.). *Direito Administrativo. Novos Sujeitos na Administração Pública: os Consórcios Públicos Criados pela Lei Federal 11.107/2005 (Estudos em Homenagem a Diogo de Figueiredo Moreira Neto)*. Rio de Janeiro, Lumen Juris, 2006.

PAVANI, Sérgio Augusto Zampol, ANDRADE, Rogério Emílio de, e BARROS NETO, João Ribeiro (coords.). *Parcerias Público-Privadas: um Enfoque Gerencial*. São Paulo, MP, 2006.

PAVANI, Sérgio Augusto Zampol, ANDRADE, Rogério Emílio de, e HARADA, Kiyoshi (orgs.). *Inconstitucionalidade do Fundo Garantidor. Parcerias Público-Privadas*. São Paulo, MP, 2006.

PAVANI, Sérgio Augusto Zampol, ANDRADE, Rogério Emílio de, e MARTINS, Ives Gandra da Silva (coords.). *As Parcerias Público-Privadas à Luz da Constituição*. São Paulo, MP, 2006.

PESTANA, Márcio. *A Concorrência Pública na Parceria Público-Privada (PPP)*. São Paulo, Atlas, 2006.

PORTO NETO, Benedicto. "Licitação para contratação de parceria público-privada". In: SUNDFELD, Carlos Ari (coord.). *Parcerias Público-Privadas*. 2ª ed. São Paulo, Malheiros Editores, 2011.

PRADO, Lucas Navarro, e RIBEIRO, Maurício Portugal. *Comentários à Lei de PPP/Parceria Público-Privada – Fundamentos Econômico-Jurídicos*. 1ª ed., 2ª tir. São Paulo, Malheiros Editores, 2010.

RIBEIRO, Maurício Portugal, e PRADO, Lucas Navarro. *Comentários à Lei de PPP/Parceria Público-Privada – Fundamentos Econômico-Jurídicos*. 1ª ed., 2ª tir. São Paulo, Malheiros Editores, 2010.

RIGOLIN, Ivan Barbosa. *Comentários às Leis das PPPs, dos Consórcios Públicos e das Organizações Sociais*. São Paulo, Saraiva, 2008.

SARMENTO, Daniel. *A Ponderação de Interesses na Constituição Federal*. Rio de Janeiro, Lumen Juris, 2000.

SOUTO, Marcos Juruena Villela, JUSTEN FILHO, Marçal, e OSÓRIO, Fábio Medina (coords.). *Direito Administrativo. Novos Sujeitos na Administração Pública: os Consórcios Públicos Criados pela Lei Federal 11.107/05 (Estudos em Homenagem a Diogo de Figueiredo Moreira Neto)*. Rio de Janeiro, Lumen Juris, 2006.

SUNDFELD, Carlos Ari. "Empresa estatal pode exercer o poder de polícia". *Boletim de Direito Administrativo* 2(2). São Paulo, NDJ, fevereiro/1993.

——————. "Guia jurídico das parcerias público-privadas". In SUNDFELD, Carlos Ari (coord.). *Parcerias Público-Privadas*. 2ª ed. São Paulo, Malheiros Editores, 2011.

TANAKA, Sônia Yuriko Kanashiro. "Administração indireta no Brasil". In: TANAKA, Sônia Yuriko Kanashiro (coord.). *Direito Administrativo*. São Paulo, Malheiros Editores, 2008.

ZYMLER, Benjamin, e ALMEIDA, Guilherme Henrique de La Rocque. *O Controle Externo das Concessões de Serviços Públicos e das Parcerias Público-Privadas*. 2ª ed. Belo Horizonte, Fórum, 2008.

***Sites* da Internet**

DE LIMA, Ariane Catenaci. *A (In)Constitucionalidade da Execução das Garantias Integrantes do Fundo Garantidor de Parcerias Público-Privadas*. Disponível em *http://www2.uel.br/revistas/direitopub/pdfs/VOLUME_2/num_1/ARIANE%20CATENACI.pdf* (acesso em 2.4.2009).

HARADA, Kiyoshi. "Inconstitucionalidade do Fundo Garantidor das Parcerias Público-Privadas. Art. 8º da Lei 11.079/2004". *Jus Navigandi* 587. Ano 9. Teresina, fevereiro/2005. Disponível em *http://jus2.uol.com.br/pecas/texto.asp?id=615* (acesso em 18.6.2010).

PINTO, José Emílio Nunes. "A percepção de risco nas parcerias público-privadas e a Lei 11.079/2004 e seus mitigantes". *Jus Navigandi* 549. Ano 9. Teresina, 7.1.2005. Disponível em *http://jus2.uol.com.br/doutrina/texto.asp?id=6156* (acesso em 18.6.2010).

Dissertações

GUIMARÃES, Fernando Vernalha. *Parceria Público-Privada: Caracterização dos Tipos Legais e Aspectos Nucleares de seu Regime Jurídico*. Tese (Doutorado em Direito do Estado). Faculdade de Direito da Universidade Federal do Paraná/UFPR. Curitiba/PR, 2008 (615 pp.).

KURACHI, Nilton Kiyoshi. *A Parceria Público-Privada como Instrumento Efetivo do Desenvolvimento Econômico e Social*. Dissertação (Mestrado em Empreendimentos Econômicos, Desenvolvimento e Mudança Social). Faculdade de Direito da Universidade de Marília/UNIMAR. Marília/SP, 2007 (205 pp.).

Legislação

BRASIL. *Constituição da República Federativa do Brasil* (promulgada em 5.10.1988).

__________. Lei Complementar n. 101, de 4.5.2000.

__________. Lei n. 11.079, de 30.12.2004.

__________. Lei n. 8.666, de 21.6.1993.

__________. Lei n. 9.074, de 7.7.1995.

Capítulo 10

Consórcios Públicos

Wagner Serpa Júnior

10.1 Introdução

Temos a pretensão de aqui desenvolver um breve estudo a respeito dos consórcios públicos, os quais podem ser apresentados, a partir de uma ideia inicial e genérica, a fim de introduzir o tema que será abordado, como parcerias firmadas entre entes federados (União, Estados, Distrito Federal e Municípios) para a realização de objetivos de interesse comum.

O tema "consórcios públicos" sempre foi – e ainda é – polêmico e delicado, especialmente por envolver aspectos jurídicos bastante relevantes, como o federalismo, a competência legislativa, os regimes jurídicos de direito público e privado, a natureza jurídica – entre outros –, os quais serão abordados ou, pelo menos, tangenciados ao longo deste trabalho.

A própria Constituição Federal, quando trata da competência comum entre os entes federativos, demonstra expressa preocupação com a cooperação entre a União e os Estados, o Distrito Federal e os Municípios, tendo em vista o equilíbrio do desenvolvimento e do bem-estar em âmbito nacional, assinalando a necessidade de edição de lei complementar para tratar do assunto (art. 23, parágrafo único).

Esse cuidado com a cooperação entre os entes federados é observado também no art. 241 da Carta Magna, quando afirma que os consórcios públicos e os convênios de cooperação entre os entes federados serão disciplinados por lei, autorizando a gestão associada de serviços públicos bem como a transferência total ou parcial de encargos, serviços, pessoal e bens essenciais à continuidade dos serviços transferidos.

De fato, nem todos os órgãos da Federação – em especial inúmeros Municípios – têm condições, de per si, de promover suas políticas públicas, notadamente a prestação de certos serviços públicos, sem o apoio de outras unidades federativas. É o caso, por exemplo, da construção de hospital público em um Município de pequeno porte, que, provavelmente, seria inviabilizada se contasse apenas com recursos desse único ente da Federação, mas que, pela formação de um consórcio público com outros Municípios da região, com o Estado ou a União, por meio da gestão associada, poderia ser implementada.

É nesse contexto que foi editada a Lei 11.107, de 6.4.2005, que ficou popularmente conhecida como "Lei dos Consórcios Públicos"/LCP, regulamentada pelo Decreto 6.017, de 7.1.2007, dispondo sobre as normas gerais de contratação de consórcios públicos – e, portanto, sendo um marco inicial na cooperação federativa, destinada à prestação de serviços públicos pela gestão associada.

Iniciaremos nossa empreitada pela apresentação de um sucinto introito histórico, seguido de algumas considerações sobre o federalismo e a competência legislativa, fixando alguns conceitos básicos que darão alicerce ao que será abordado no decorrer do presente estudo, para, ao fim e ao cabo, discorrer sobre os consórcios públicos.

10.2 Breve escorço histórico

Durante o período de 1891 até 1937 os "consórcios", "convênios" ou "associações" eram celebrados entre Municípios e sua eficácia dependia diretamente da aprovação do Estado. Da mesma forma, quando essas parcerias eram realizadas entre os Estados havia a necessidade de aprovação da União.

Em 1937 a Constituição reconhece que os consórcios (entendidos como "associações de Municípios") são *pessoas jurídicas de direito público*. Esse ponto foi muito bem observado pelo ilustre professor Floriano de Azevedo Marques Neto em parecer sobre a constitucionalidade do projeto de lei que deu origem à LCP, nos seguintes termos:

> "No plano da Constituição da República, será a Constituição de 1937 que conterá a primeira referência (no seu art. 29) não propriamente a consórcios, mas à possibilidade dos Municípios de uma mesma região poderem 'agrupar-se para a instalação, exploração e administração de serviços públicos comuns', prevendo ainda que tal *agrupamento* (o consórcio, em suma) seria 'dotado de personalidade jurídica limitada a seus fins' e que caberia 'aos estados regular as condições de tais agrupamentos' tanto no tocante à sua constituição quanto à sua administração (CF-1937, art. 29, parágrafo único)".[1]

Em 1961 é criado o Banco Regional de Desenvolvimento do Extremo Sul/BRDE, a primeira autarquia interfederativa brasileira.

De 1964 a 1988 surgem os *consórcios administrativos*, meros pactos de colaboração, sem personalidade jurídica. É importante destacar que durante esse período vigeu um regime militar autoritário no Brasil – o que explica a ausência de avanços no sentido da cooperação federativa, já que o poder era centralizado nas mãos da União.

Mesmo a Constituição Federal de 1988, em sua redação original, não rendeu maiores considerações aos consórcios públicos ou aos convênios de cooperação, o que só veio a ocorrer posteriormente, por intermédio do poder constituinte derivado, como se verá amiúde doravante.

10.3 O federalismo brasileiro

Antes de adentrarmos o tratamento atribuído pela Constituição Federal vigente aos consórcios públicos, entendemos relevantes algumas considerações a respeito do sistema federativo aplicado no Brasil.

Inicialmente, relembramos que o Estado pode ser entendido como uma sociedade política, organizada juridicamente, com o escopo de promover o bem comum. Em outras palavras, a incumbência cometida ao Estado é a de administrar a população submetida ao

1. Floriano de Azevedo Marques Neto, "Os consórcios públicos", *Revista Eletrônica de Direito do Estado* 3, Salvador, Instituto de Direito Público da Bahia, julho-setembro/2005 (disponível na Internet em *http://www.direitodoestado.com.br*, acesso em 25.9.2009).

seu poder soberano, num dado território, a fim de que seja possível o desenvolvimento da vida em sociedade sob a perspectiva de se alcançar uma finalidade.

Ocorre que o poder político de determinado Estado pode ser exercido, basicamente, de forma centralizada ou descentralizada. Pode-se dizer, de forma bastante singela, que um Estado é *Unitário* quando concentra totalmente o poder político em um único ente e, por outro lado, é *Federal* quando esse poder é dividido entre entes que compõem esse Estado.

O professor Marçal Justen Filho apresenta-nos importante esclarecimento a respeito do Estado Federal:

> "Numa Federação, cada órbita política configura-se como autônoma em relação às demais, ainda que não soberana. A soberania – entendida como o poder incondicionado de identificar os próprios interesses e de submeter outros entes à sua realização – é reconhecida ao Estado (entendido como o conjunto dos entes federados). Cada ente integrante do Estado Federado é protegido em face dos demais – o que gera um efeito de equilíbrio entre todos. Nenhum dos entes integrantes de uma Federação é autorizado a identificar ou promover interesses próprios sem tomar em vista os interesses dos demais, sendo a cada um interditado estabelecer primazia em prol de si mesmo. Talvez o aspecto primordial seja o reconhecimento de que todos os entes integrantes da Federação são cotitulares de interesses comuns, cuja promoção se desenvolve por meio da atuação conjunta e indissociável, assegurando-se a todos eles respeito recíproco. Os entes federativos são parcelas de um todo, e o conjunto desses entes federativos não é uma simples soma de partes. O todo (a Federação) é mais que a mera soma das partes (entes federados)".[2]

Especificamente sobre o federalismo brasileiro, convém trazer à baila, mais uma vez, os ensinamentos do professor Floriano de Azevedo Marques Neto:

> "I.2 O federalismo brasileiro, já se disse, está longe de ser uma construção modelar, engendrada a partir de um modelo teórico concebido *a priori* pelos pais da Pátria (como ocorre na experiência americana). Tampouco é fruto de grandes processos de confronto aberto, de conflitos armados, no âmbito de processos de unificação (caso da Alemanha), ou de movimentos segregacionistas (como ocorreu na Bélgica). O federalismo brasileiro, claro, é fruto de circunstâncias históricas que foram, ao longo do tempo, modelando a configuração constitucional de competências federativas e registrando uma oscilação entre maior ou menor concentração de poder".[3]

2. Marçal Justen Filho, "Parecer elaborado sobre a proposta legislativa de criação de consórcios públicos", *Revista Eletrônica de Direito do Estado* 3, Salvador, Instituto de Direito Público da Bahia, julho-setembro/2005 (disponível na Internet em *http://www.direitodoestado.com.br*, acesso em 25.9.2009).

3. Floriano de Azevedo Marques Neto, "Os consórcios públicos", cit., *Revista Eletrônica de Direito do Estado* 3 (disponível na Internet em *http://www.direitodoestado.com.br*, acesso em 25.9.2009).

Mais adiante, o citado autor arremata:

> "Em 1988, com o retorno do regime democrático, assistimos a um novo rearranjo do pacto federativo, prestigiando-se uma vez mais a autonomia estadual e municipal. Mais ainda: a Constituição hoje vigente não se limitou a assegurar, como era da tradição constitucional pátria, a mera autonomia dos Municípios; foi além, e alçou-os à condição de *ente federativo* (arts. 1º e 18). Dessarte, nas palavras de José Afonso da Silva, 'a Federação Brasileira adquire peculiaridade, configurando-se, nela, realmente três esferas governamentais: a da *União* (governo federal), a dos *Estados Federados* (governos estaduais) e a dos *Municípios* (governos municipais), além do *Distrito Federal*, a que a Constituição agora conferiu autonomia'".[4]

O Brasil, por razões históricas, políticas e geográficas, conforma uma Federação, pela união indissolúvel dos Estados e Municípios e do Distrito Federal (arts. 1º e 18 da CF), de modo que o poder político encontra-se dividido entre esses entes federativos e por eles é exercido.

Essas considerações iniciais a respeito do federalismo são importantes porque os consórcios públicos, como se verá, foram concebidos justamente para que os entes federativos possam unir esforços para, em conjunto, promover o desenvolvimento de seus objetivos (art. 3º da CF).

Portanto, devemos verificar se a criação de um consórcio público ofende, ou não, o pacto federativo. A resposta há de ser negativa, em nossa opinião, já que as atribuições de um consórcio público estão limitadas ao que dispuserem o contrato e o respectivo estatuto, não lhe sendo permitido inovar na órbita jurídica, tampouco receber novas competências pela Constituição Federal.

É verdade que juristas de escol já defenderam, desde a época do Projeto de Lei dos Consórcios Públicos – como é o caso do memorável professor Miguel Reale –, que a formação do consórcio, tal qual proposta pelo Projeto, acarretaria o surgimento de um novo ente federativo, o que seria inconstitucional.

Porém, filiamo-nos ao entendimento defendido pelo professor Floriano de Azevedo Marques Neto, para quem

> [do] "novo ente não se há de falar, pois, ainda que os consórcios assumam a personalidade jurídica de direito público, não se constituem eles em pessoas políticas dotadas de capacidade de inovar na ordem jurídica ou de receber suas competências diretamente da Constituição. Ao contrário, os consórcios só existem enquanto os entes federados seguirem assim querendo. Desaparecendo o interesse consorcial, os entes retomam, inteiramente, o exercício de suas

4. Idem, ibidem.

competências, bens, pessoal e serviços anteriormente cometidos ao consórcio. Segue daí a absoluta insustentabilidade da tese de afronta ao pacto federativo por inovação de unidade da Federação não prevista".[5]

10.4 A Constituição Federal de 1988 e os consórcios públicos

Como já adiantado anteriormente, a Constituição Federal de 1988, em sua redação de origem, deixou de trazer qualquer previsão explícita tanto acerca dos consórcios públicos quanto dos convênios de cooperação.

Em 1998 a Emenda Constitucional 19 alterou a redação do art. 241 da Carta Política, introduzindo os conceitos de *consórcio público* e de *gestão associada de serviços públicos*.

Importante a transcrição do art. 241 da CF, com a redação que lhe foi atribuída pela Emenda Constitucional 19/1998:

"Art. 241. A União, os Estados, o Distrito Federal e os Municípios disciplinarão por meio de lei os consórcios públicos e os convênios de cooperação entre os entes federados, autorizando a gestão associada de serviços públicos, bem como a transferência total ou parcial de encargos, serviços, pessoal e bens essenciais à continuidade dos serviços transferidos".

Comentando as alterações promovidas pela referida Emenda Constitucional, o professor Floriano de Azevedo Marques Neto assim se manifesta:

"A redação dada pela Emenda Constitucional 19 ao art. 241 importou no seguinte: (i) ficou autorizada a formação de consórcios impuros, é dizer, aqueles formados por entes distintos da Federação, e não apenas exclusivamente entre Estados ou entre Municípios; (ii) a cooperação entre estes entes poderá se dar de duas formas distintas, consórcios ou convênios, obrigando que o intérprete dê a estes dois institutos conformação jurídica distinta; (iii) a cooperação consorcial dar-se-á pela instituição de entes submetidos em alguma medida ao regime publicístico – diz a Constituição Federal *consórcios públicos* –, o que prenota alguma diferença em face dos tradicionais consórcios administrativos; (iv) a disciplina destas duas formas de cooperação e coordenação entre entes federados será feita mediante lei editada pelos três entes, o que acarreta a atribuição de competência legislativa concorrente para disciplinar a matéria; (v) o objeto destes instrumentos de cooperação e coordenação será a atuação concertada na gestão de serviços públicos, o que envolve a participação de um ente na prestação de um serviço público de titularidade de outro ente; (vi) para efetivar esta prestação por cooperação admite-se a gestão associada destes serviços, inclusive com a transferência recíproca, total ou parcial, de serviços e encargos".[6]

5. Idem, ibidem.

6. Idem, ibidem.

Realmente, a partir da publicação da Emenda Constitucional 19/1998 tornou-se factível e juridicamente possível o direcionamento de esforços conjuntos de dois ou mais entes da Federação no sentido de promover a gestão associada de serviços públicos.

A propósito, mister trazer à colação alguns conceitos relevantes que exsurgiram após a introdução no mundo jurídico do art. 241 da Carga Magna, em sua redação vigente.

O primeiro elemento que extraímos do texto constitucional e que pretendemos definir é o de *serviço público*. A partir das lições do saudoso mestre Hely Lopes Meirelles, entendemos que *serviço público* é

> "todo aquele prestado pela Administração ou por seus delegados, sob normas e controles estatais, para satisfazer necessidades essenciais ou secundárias da coletividade ou simples conveniências do Estado".[7]

Nesse passo, a *gestão associada* pode ser tomada, a partir do que dispõe o decreto que regulamenta a LCP, como o exercício das atividades de planejamento, regulação ou fiscalização de serviços públicos por meio de consórcio público ou de convênio de cooperação entre entes federados, acompanhadas ou não da prestação de serviços públicos ou da transferência total ou parcial de encargos, serviços, pessoal e bens essenciais à continuidade dos serviços transferidos.

A gestão associada de serviços públicos pode ser realizada por meio de *consórcios públicos* ou *convênios de cooperação*, razão pela qual se mostra importante apresentar a distinção entre esses dois institutos.

Nesse sentido, o *convênio de cooperação* entre entes federados é um pacto firmado exclusivamente por entes da Federação com o objetivo de autorizar a gestão associada de serviços públicos, desde que ratificado ou previamente disciplinado por lei editada por cada um deles; enquanto o *consórcio público* é constituído exclusivamente por entes da Federação para estabelecer relações de cooperação federativa, inclusive a realização de objetivos de interesse comum, constituído como associação pública, com personalidade jurídica de direito público e natureza autárquica, ou como pessoa jurídica de direito privado sem fins econômicos.

Percebemos que os *convênios de cooperação* não preveem a necessidade de criação de pessoa jurídica para a gestão associada de

7. Hely Lopes Meirelles, *Direito Administrativo Brasileiro*, 38ª ed., São Paulo, Malheiros Editores, 2012, pp. 350-351.

serviços públicos, enquanto os *consórcios públicos* sim – sendo esta a distinção entre eles.

Aliás, essa distinção encontra-se muito bem esclarecida no texto elaborado em favor da Confederação Nacional dos Municípios, como segue:

> "O âmbito da gestão associada autorizada por convênio de cooperação, por não gerar uma pessoa jurídica, é muito mais restrito que o da gestão associada autorizada por consórcio público.
>
> "A principal diferença é que, como muitas funções estatais não podem ser delegadas ou transferidas para fora da Administração do titular, não se admite que um ente federativo, por meio de convênio de cooperação, 'venda', ou 'transfira' ou permita que outro exerça a 'titularidade' de serviços públicos que lhe compete prover, pois não se admite que um ente federativo diminua responsabilidades que a Constituição lhe outorgou.
>
> "Decorre disso que os convênios de cooperação devem se circunscrever à mera execução de decisões tomadas na órbita administrativa do titular do serviço público."[8]

Apresentados esses conceitos, podemos extrair do Texto Político que o objetivo do legislador constitucional derivado foi o de promover a cooperação entre os entes federativos com a finalidade de prestação de serviços públicos, seja para promover a sua gestão associada, seja para transferir atribuições, bens ou recursos humanos.

10.5 A competência legislativa para disciplinar os consórcios públicos

De acordo com o art. 241 da CF, já transcrito algures, compete à União, aos Estados, ao Distrito Federal e aos Municípios disciplinar os consórcios públicos mediante lei.

Uma leitura apressada do referido dispositivo constitucional poderia sugerir que cada ente da Federação deveria promulgar sua própria lei para regulamentar essa matéria.

Entretanto, pensamos que há espaço para e, inclusive, mostra-se necessária a edição de norma de caráter nacional para dar os contornos gerais dos consórcios públicos, tal qual se fez com a publicação da LCP.

Essa dúvida a respeito da competência legislativa foi suscitada pelo professor Marcos Pinto Correia Gomes, que, respondendo a

8. Wladimir António Ribeiro, *Cooperação Federativa e a Lei de Consórcios Públicos*, Brasília/DF, CNM, 2007, pp. 33-34.

tal indagação, declinou seu entendimento no sentido de que a LCP procurou legitimar a competência da União com base na sua competência privativa para disciplinar as relações contratuais, nos seguintes termos:

> "O art. 241 da Carta Constitucional prevê que a União bem como os demais entes federativos disciplinem, por meio de lei, os consórcios públicos. A interpretação mais lógica é a de que cada um edite suas normas. Haveria, pois, espaço para uma lei nacional sobre o tema, ou seja, a alcançar todas as unidades de nossa Federação?
>
> "Claramente, o legislador procurou, no texto legal, legitimar a competência da União, com base em sua atribuição privativa para editar normas gerais sobre contratos. Não só a ementa mas também seu art. 1º assinalam que a Lei federal 11.107/2005 estabelece normas gerais para a celebração de contratos de consórcio público. O fundamento constitucional, portanto, seria o art. 22, XXVII, o mesmo que justifica as Leis federais 8.666, de 21.6.1993, e 8.987, de 13.2.1995, entre outras."[9]

O art. 22, XXVII, da CF, mencionado pelo citado autor, é o que prevê a competência privativa da União para legislar sobre normas gerais de licitação e contratação, em todas as modalidades, para as Administrações Públicas diretas, autárquicas e fundacionais da União, Estados, Distrito Federal e Municípios e para as empresas públicas e sociedades de economia mista.

Nesse sentido, curiais as ponderações do professor Floriano de Azevedo Marques Neto quando afirma a competência da União para estabelecer as normas gerais de regramento dos consórcios públicos e dos convênios de cooperação:

> "I.13.4 Outra conclusão que se deve extrair do art. 241 refere-se ao comando situado logo ao seu início. Nele vemos determinado que os entes federados deverão disciplinar por lei os institutos dos consórcios públicos e convênios de cooperação. Disso decorre a atribuição de competência legislativa concorrente para os três entes da Federação os regularem. E, sendo assim, creio que se deve reconhecer ter a Carta reservado à União competência para prescrever as normas gerais para o estabelecimento destes dois veículos de atuação federativa concertada".[10]

Parece-nos adequada, portanto, uma interpretação harmônica segundo a qual compete privativamente à União criar as *normas gerais* sobre a contratação pública (CF/1988, art. 22, XXVII), no que

9. Marcos Pinto Correia Gomes, "Os consórcios públicos na Lei 11.107/2005", *Jus Navigandi* 752, Ano 9, Teresina, 26.7.2005 (disponível em *http://jus2.uol.com.br/doutrina/texto.asp?id=7062*, acesso em 25.10.2009).

10. Floriano de Azevedo Marques Neto, "Os consórcios públicos", cit., *Revista Eletrônica de Direito do Estado* 3 (disponível na Internet em *http://www.direitodoestado.com.br*, acesso em 25.9.2009).

se enquadram os consórcios públicos, sendo legítima a *regulamentação legal* de tais consórcios pelos entes da Federação (CF/1988, art. 241).

10.6 A Lei dos Consórcios Públicos/LCP

Em 6.4.2005 foi publicada a Lei 11.107, que passou a ser conhecida no meio jurídico como a *Lei dos Consórcios Públicos/LCP*, sendo que em 2007, como já afirmamos alhures, foi editado o Decreto 6.017, de 17.1.2007, que regulamentou a LCP.

Autores de renome consideram que a referida lei padece de inúmeras irregularidades jurídicas, como é o caso da professora Maria Sylvia Zanella Di Pietro, para quem

> "a lei é, sob todos os aspectos, lamentável e não deveria ter sido promulgada nos termos em que foi", concluindo que, "mais que resolver problemas, ela os criou, seja sob o ponto de vista jurídico, seja sob o ponto de vista de sua aplicação prática".[11]

Mesmo antes da publicação da LCP, seu Projeto já havia sido objeto de críticas contundentes por parte do respeitado professor Miguel Reale, nos termos que seguem:

> "Por aí se vê que o consórcio público que se pretende estabelecer vem criar, por vias transversas, uma nova entidade da Administração indireta, ao lado da autarquia e da sociedade de economia mista instituídas por lei.
>
> "(...).
>
> "4. De início, quero salientar que é dada ao consórcio público a característica de entidade associativa dotada de personalidade jurídica de direito público, o que vem subverter o significado tradicional que a palavra 'consórcio' tem no Direito Pátrio, significado, este, que devem ter tido em vista os redatores do art. 241, supracitado.
>
> "(...).
>
> "Donde se conclui que o Projeto examinado dá ao consórcio público uma configuração jurídica que conflita com os reais objetivos visados pelo art. 241, transformando-o em entidade da Administração indireta, com o mais amplo espectro de encargos e competências.
>
> "A meu ver, ele extrapola do preceito constitucional, apresentado como seu fundamento e razão de ser, em pleno contraste com a natureza de nosso federalismo.
>
> "(...).
>
> "8. Ante tal configuração jurídica, parece-me que o Projeto analisado extrapola, a olhos vistos, do disposto no art. 241 da CF ao referir-se este a 'consórcios públicos e os convênios de cooperação entre os entes federados'.

11. Maria Sylvia Zanella Di Pietro, *Direito Administrativo*, 23ª ed., São Paulo, Atlas, 2010, p. 473.

"A criação, para tal fim, de uma pessoa jurídica de direito público, equiparável às autarquias e sociedades de economia mista instituídas por lei, afigura-se-me inconstitucional.

"O Projeto examinado cria, a bem ver, uma associação que vem alterar o sentido de nosso federalismo, o qual se distingue pela existência de três entes com competência distintas, cujo relacionamento recíproco a própria Carta Magna disciplina, representando os projetados 'consórcios públicos' um adendo inadmissível ao que a Constituição dispõe."[12]

Não obstante, parte da comunidade jurídica pátria enxerga na LCP uma oportunidade de viabilizar a gestão associada de serviços públicos, especialmente em relação aos entes federativos desprovidos de maiores recursos.

É o caso, por exemplo, do jurista Cleber Demétrio Oliveira da Silva:

"Dessa forma, festeja-se o marco regulatório dos consórcios públicos porque vislumbra-se que ele facilitará sobremaneira a implementação de inúmeras políticas públicas nos mais de 5.000 Municípios brasileiros, notadamente nas comunas de pequeno porte e de poucos recursos financeiros. Assim, pensa-se que seja oportuno trazer ao debate sobre a regulação dos consórcios públicos minucioso estudo da norma legal em comento, traçando, quando possível, comparativo com o projeto de lei que a antecedeu, com o fito de melhor entender o espírito da norma recentemente publicada".[13]

No mesmo sentido é a posição de Marcos Pinto Correia Gomes:

"Encurtando a discussão, manifesto ver na Lei federal 11.107/2005 a abertura de novas possibilidades, ainda que acompanhada de certas restrições. Com efeito, a criação de pessoa jurídica própria e a celebração de contratos de consórcio e de rateio eram aspirações que, exatamente pela falta de previsão nacional, ensejavam controvérsias quanto à concretização".[14]

Filiamo-nos à corrente dos que interpretam a LCP sem maiores restrições, porquanto a criação dos consórcios públicos e dos convênios de cooperação para a gestão associada de serviços públicos era aspiração social antiga, que foi galgada ao Texto Constitucional com o propósito de viabilizar a implantação e o oferecimento à população de certos serviços até então impossíveis de serem prestados, por conta da estrutura jurídica engessada de que dispúnhamos.

12. Miguel Reale, *Parecer sobre o Projeto de Lei dos Consórcios Públicos*, disponível em *http://www.miguelreale.com.br/parecer.htm* (acesso em 25.10.2009).

13. Cleber Demétrio Oliveira da Silva, "Lei 11.107/2005: marco regulatório dos consórcios públicos brasileiros", *Jus Navigandi* 705, Ano 9, Teresina, 10.6.2005 (disponível em *http://jus2.uol.com.br/doutrina/texto.asp?id=6872*, acesso em 25.10.2009).

14. Marcos Pinto Correia Gomes, "Os consórcios públicos na Lei 11.107/2005", cit., *Jus Navigandi* 752 (disponível em *http://jus2.uol.com.br/doutrina/texto.asp?id=7062*, acesso em 25.10.2009).

10.6.1 Os tipos de consórcios públicos

Com a entrada em vigor da LCP, temos, hoje, basicamente, três tipos de consórcio: os *consórcios administrativos*, os *consórcios públicos de direito privado* e os *consórcios públicos de direito público.*

Os *consórcios administrativos* são aqueles constituídos antes da LCP, e conformam pactos de mera colaboração, não sendo dotados de personalidade jurídica, ou ainda associações civis, regidas pelo direito privado. O art. 41 do decreto que regulamenta a LCP prevê que os consórcios administrativos poderão – embora não seja obrigatório – ser transformados em consórcios públicos de direito público ou de direito privado, desde que atendidos os requisitos de celebração de protocolo de intenções e de sua ratificação por lei de cada ente da Federação consorciado.

Além disso, desde o início do exercício de 2008 os consórcios administrativos não podem celebrar convênios com a União, conforme disposição expressa do art. 39 do Decreto 6.017/2007.

Os *consórcios públicos de direito privado* são pessoas jurídicas instituídas por entes federativos para a realização de objetivos de interesse comum, mas personificadas sob o direito privado, que podem ser constituídos como associações ou como fundações. Mesmo regidos pelo direito privado, deverão obedecer às normas de direito público no que se refere a admissão de pessoal, contratações e execução de suas receitas e despesas (ter orçamento estruturado em dotações, realizar empenho e liquidação da despesa, prestar contas ao Tribunal de Contas).

Os consórcios públicos de direito privado não podem exercer todas as competências que um consórcio público de direito público, pois, por se revestirem do direito privado, estão em posição de igualdade com os demais particulares, pelo quê não podem exercer poderes de autoridade sobre eles. Por isso, não podem tomar decisões que venham a atingir direitos de particulares (por exemplo: não podem exercer poder de polícia). Desde o início do exercício de 2008 os consórcios públicos de direito privado não podem celebrar convênios com a União (Decreto 6.017/2007, art. 39).

Já, os *consórcios públicos de direito público* são associações públicas (art. 1º, § 1º, da Lei 11.107/2005) e são considerados, portanto, autarquias. O regime jurídico desses consórcios é o mesmo que o das autarquias; e, por isso, não apresenta grandes novidades.

Como a Constituição reconhece os consórcios públicos como instrumentos de cooperação federativa horizontal ou vertical, podem eles ser constituídos por qualquer ente federativo (União, Estados, Distrito Federal e Municípios).

A LCP só permite que a União se consorcie com Município se houver também o consorciamento do Estado. Reconhece-se, assim, com base no princípio da subsidiariedade, que compete, em primeiro lugar, aos outros Municípios o dever de cooperar, e só se insuficiente a cooperação intermunicipal é que se legitima a cooperação do Estado. Somente quando insuficiente a cooperação do próprio Estado é que se admite a cooperação da União.

10.6.2 A constituição de consórcios públicos

Para a criação de um consórcio público a LCP prevê algumas etapas que precisam ser observadas, a saber: (i) formalização de um protocolo de intenções (art. 3º), que deverá ser publicado na Imprensa Oficial (art. 4º, § 5º); (ii) ratificação, total ou parcial, desse protocolo pelos consorciados, mediante promulgação de lei por parte de cada um dos entes federativos participantes (art. 5º) ou pela disciplina prévia da matéria mediante lei (art. 5º, § 4º); e (iii) criação dos estatutos (art. 7º).

10.6.2.1 *O protocolo de intenções*

O protocolo de intenções é o contrato preliminar que, ratificado pelos entes da Federação interessados, converte-se em contrato de consórcio público. De acordo com a LCP e seu regulamento, deve ser subscrito pelos chefes do Poder Executivo de cada um dos entes consorciados e deve ser publicado, especialmente para conhecimento da sociedade civil.

Nas palavras da professora Maria Sylvia Zanella Di Pietro,

> "trata-se de figura pouco estudada no Direito Brasileiro e que designa um instrumento pelo qual os interessados manifestam a intenção de celebrar um acordo de vontades (contrato, convênio, consórcio ou outra modalidade) para a consecução de objetivos de seu interesse, porém sem qualquer tipo de sanção pelo descumprimento. Na realidade, não se assume, nele, o compromisso de celebrar o acordo; não se assumem direitos e obrigações; apenas se definem as cláusulas que serão observadas em caso de o acordo vir a ser celebrado".[15]

15. Maria Sylvia Zanella Di Pietro, *Direito Administrativo*, cit., 23ª ed., p. 479.

O art. 4º da LCP contempla as cláusulas mínimas necessárias para a elaboração do protocolo de intenções:

> (i) a denominação, a finalidade, o prazo de duração bem como a sede do consórcio; (ii) a identificação de cada um dos entes federativos consorciados; (iii) a indicação da área de atuação do consórcio público; (iv) a previsão de que o consórcio será associação pública ou pessoa jurídica de direito privado; (v) os critérios para o consórcio poder representar os interesses comuns dos entes consorciados perante outras esferas de governo; (vi) as normas de convocação e funcionamento da assembleia-geral, inclusive para elaboração, aprovação e modificação dos estatutos do consórcio público; (vii) a previsão de que a assembleia-geral é a instância máxima do consórcio público e do número de votos para as suas deliberações; (viii) a forma de eleição e a duração do mandato do representante legal do consórcio público, que, obrigatoriamente, deverá ser chefe do Poder Executivo de ente da Federação consorciado; (ix) o número, as formas de provimento e a remuneração dos empregados públicos; (x) os casos de contratação por tempo determinado para atender a necessidade temporária de excepcional interesse público; (xi) as condições para que o consórcio público celebre contrato de gestão ou termo de parceria; (xii) a autorização para a gestão associada de serviços públicos; e (xiii) o direito de qualquer dos contratantes, quando adimplente com suas obrigações, de exigir o pleno cumprimento das cláusulas do contrato de consórcio público.

Há autores, ainda, que identificam outros elementos necessários no protocolo de intenções, como é o caso de Marcos Pinto Correia Gomes:

> "Na realidade, o conteúdo mínimo do protocolo de intenções não se esgota no art. 4º da Lei federal 11.107/2005. A leitura atenta dos seus mandamentos sugere que outros elementos devam estar muito bem definidos naquela peça preliminar, como certos aspectos estruturais sobre a elaboração formal e material dos contratos de rateio e dos contratos de programa, assunto que desenvolverei mais à frente. De igual sorte, as formas de alteração e extinção do protocolo e, ainda, a possibilidade de suspensão, de retirada por vontade própria ou mesmo de exclusão de entidade consorciada se afiguram elementos a constar dessa definição inicial, sem esquecer do ingresso de novas entidades ao grupo".[16]

A bem da verdade, o art. 4º da LCP traz as cláusulas mínimas que deverão constar do protocolo de intenções, mas é certo que outros elementos dele deverão constar para que seja viabilizada a formação de um consórcio público, tais quais os descritos no texto reproduzido acima.

10.6.2.2 *A ratificação*

A ratificação é a aprovação pelo ente da Federação, mediante lei, do protocolo de intenções ou do ato de retirada do consórcio público.

16. Marcos Pinto Correia Gomes, "Os consórcios públicos na Lei 11.107/2005", cit., *Jus Navigandi* 752 (disponível em *http://jus2.uol.com.br/doutrina/texto.asp?id=7062*, acesso em 25.10.2009).

O consórcio público pode ser constituído sem que seja necessária a ratificação de todos os que assinaram o protocolo de intenções. Da mesma forma, explica a professora Maria Sylvia Zanella Di Pietro:

> "mesmo que subscrevendo o protocolo de intenções, o ente federativo poderá não participar do consórcio (art. 5º, § 1º) ou poderá participar parcialmente, se a ratificação por lei for feita com reserva e aceita pelos demais subscritores do protocolo de intenções (art. 5º, § 2º). Vale dizer que o fato de ter subscrito o protocolo de intenções não obriga o ente da Federação a participar do consórcio; a sua decisão não acarreta qualquer tipo de sanção".[17]

O protocolo de intenções, depois de ratificado, passa a ser designado como *contrato de consórcio público* (art. 5º da LCP).

10.6.2.3 *A convocação da assembleia-geral e a criação dos estatutos*

Após as etapas do protocolo de intenções e da ratificação será convocada a assembleia-geral do consórcio público, que verificará a confirmação do protocolo por parte de cada consorciado, proclamando o consórcio como constituído.

A seguir, decidirá sobre os estatutos, que deverão obedecer ao contrato de consórcio público (art. 8º, *caput* e § 1º, do Decreto 6.017/2005). Em regra, nessa assembleia-geral de fundação também se realiza a eleição da primeira diretoria do consórcio público.

10.6.3 O contrato de rateio

O contrato de rateio é aquele por meio do qual os entes consorciados se comprometem a fornecer recursos financeiros para a realização das despesas do consórcio público (art. 8º da LCP).

As dotações suficientes para suportar as despesas assumidas por meio de contrato de rateio deverão ser consignadas na lei orçamentária do ente consorciado ou em créditos adicionais, sob pena de, após prévia suspensão, ser excluído do consórcio público.

Somente é possível o repasse de recursos dos entes federativos ao consórcio público que integram por intermédio do contrato de rateio, o que confere maior transparência no manejo do dinheiro público.

Nesse sentido, o jurista Cleber Demétrio Oliveira da Silva apresenta importante observação. Vejamos:

17. Maria Sylvia Zanella Di Pietro, *Direito Administrativo*, cit., 23ª ed., p. 479.

> "O legislador também houve por bem referir explicitamente a vedação da aplicação dos recursos transferidos ao consórcio no atendimento de despesas genéricas, aí incluídas as transferências e operações de crédito. Pretendeu, certamente, com tal medida, impedir que o instituto consorcial se transforme em forma indevida de desvio de verbas públicas, merecendo elogio pela prudência verificada. Assim, os recursos advindos dos entes consorciados deverão, por força de lei, ser efetivamente empregados nas atividades que guardem relação com a finalidade do consórcio criado, discriminadas especificamente nos controles financeiro e contábil do consórcio".[18]

Além disso, de acordo com o § 1º do art. 8º da LCP, o contrato de rateio será formalizado em cada exercício financeiro e seu prazo de vigência não será superior ao das dotações que o suportam, com exceção dos contratos que tenham por objeto exclusivamente projetos consistentes em programas e ações contemplados em plano plurianual ou a gestão associada de serviços públicos custeados por tarifas ou outros preços públicos.

Também não podemos deixar de observar que o consórcio público deve fornecer as informações necessárias para que sejam consolidadas, nas contas dos entes consorciados, todas as despesas realizadas com os recursos entregues em virtude de contrato de rateio, de forma que possam ser contabilizadas nas contas de cada ente da Federação na conformidade dos elementos econômicos e das atividades ou projetos atendidos, atendendo, com isso, às exigências da Lei de Responsabilidade Fiscal/LRF.

Em resumo, o contrato de rateio é utilizado para o cumprimento das obrigações financeiras dos entes consorciados e deve ser fielmente observado pelos seus gestores, evitando, com isso, a responsabilização pelos danos que vierem a causar ao erário.

10.6.4 O contrato de programa

O contrato de programa é o instrumento pelo qual devem ser constituídas e reguladas as obrigações que um ente da Federação, inclusive sua Administração indireta, tenha para com outro ente da Federação, ou para com consórcio público, no âmbito da prestação de serviços públicos por meio de cooperação federativa.

Sua finalidade é extraída do *caput* do art. 13 da LCP, segundo o qual "as obrigações que um ente da Federação constituir para com

18. Cleber Demétrio Oliveira da Silva, "Lei 11.107/2005: marco regulatório dos consórcios públicos brasileiros", cit., *Jus Navigandi* 705 (disponível em *http://jus2.uol.com.br/doutrina/texto.asp?id=6872*, acesso em 25.10.2009).

outro ente da Federação ou para com consórcio público no âmbito de gestão associada em que haja a prestação de serviços públicos ou a transferência total ou parcial de encargos, serviços, pessoal ou de bens necessários à continuidade dos serviços transferidos" deverão ser constituídas e reguladas mediante contrato de programa.

O contrato de programa deverá atender à legislação de concessões e permissões de serviços públicos, especialmente a que disciplina o cálculo de tarifas e de outros preços públicos bem como a regulação dos serviços a serem prestados.

10.6.5 A extinção do consórcio público

A alteração ou a extinção de contrato de consórcio público dependerão de instrumento aprovado pela assembleia-geral, ratificado mediante lei por todos os entes consorciados (art. 12 da LCP).

Ora, se o consórcio público deve ser criado por lei, é juridicamente correto que sua extinção igualmente se dê mediante a publicação de lei.

Outro ponto relevante a respeito da extinção dos consórcios públicos é que, até que haja decisão que indique os responsáveis por cada obrigação, os entes consorciados responderão solidariamente pelas obrigações remanescentes, garantindo o direito de regresso em face dos entes beneficiados ou dos que deram causa à obrigação.

Com efeito, afirma Cleber Demétrio Oliveira da Silva que:

> "No caso de extinção do consórcio, até que haja decisão indicando os entes responsáveis por cada obrigação remanescente todos os consorciados serão solidariamente responsáveis pelas mesmas, garantido, evidentemente, o superveniente direito de regresso em face de quem se beneficiou ou deu causa à obrigação.
>
> "Da mesma forma, sendo instância máxima, a retirada de ente consorciado da gestão associada de serviços públicos dependerá de formalização de tal intenção, por parte do representante legal do ente retirante, em assembleia-geral, respeitados os requisitos previamente estabelecidos em lei."[19]

A professora Maria Sylvia Zanella Di Pietro também nos alerta para o fato de que

> "a norma tem que ser interpretada à luz do art. 37, § 6º, da Constituição, que prevê a responsabilidade objetiva da pessoa jurídica de direito público ou

19. Cleber Demétrio Oliveira da Silva, "Lei 11.107/2005: marco regulatório dos consórcios públicos brasileiros", cit., *Jus Navigandi* 705 (disponível em *http://jus2.uol.com.br/doutrina/texto.asp?id=6872*, acesso em 25.10.2009).

de direito privado prestadora de serviços públicos por atos que seus agentes causarem a terceiros. Enquanto subsistente a pessoa jurídica, ela responde. Após sua extinção, a responsabilidade fica sendo solidária".[20]

10.7 Contratação de parcerias público-privadas/PPPs por meio de consórcios públicos

Tendo em vista a evolução das relações entre o Poder Público e a população em geral, alguns institutos jurídicos relativamente recentes passaram a merecer destaque, especialmente no que se refere à prestação de serviços públicos.

Em 30.12.2004 foi promulgada a Lei 11.079, pela qual foi introduzida no ordenamento jurídico a contratação por meio das parcerias público-privadas/PPPs, viabilizando a prestação de serviços públicos mediante a colaboração entre o setor público e o setor privado.

A questão que se coloca, para os fins pretendidos no presente estudo, é saber se seria possível, ou não, a contratação de uma PPP por intermédio de um consórcio público.

Sobre esse ponto em particular, Vanessa Tafla e Carolina Caiado Lima desenvolveram percuciente estudo, no qual concluíram:

> "As parcerias público-privadas trouxeram um método apto a viabilizar empreendimentos públicos que não seriam possíveis de implementação se dependessem, exclusivamente, de dinheiro público ou, unicamente, de recursos privados oriundos de arrecadação tarifária. E não se pode querer excluir das benesses desse mecanismo, mencionando em especial a implementação de projetos que de outra forma não poderiam ser concretizados, aqueles Municípios pequenos, desprovidos de recursos, que dificilmente poderiam lançar mãos de parcerias, as quais não podem ser implementadas nos casos em que o investimento ou fluxo de caixa envolva, conforme o conceito que se utilize para fixação do contrato, valores inferiores a R$ 20.000.000,00.
>
> "Com a aplicação adicional da cooperação entre entidades públicas, por meio de consórcios públicos, ao mecanismo de parceria entre público e privado, o universo de projetos que se tornam possíveis de materialização é abissal. Pelos mesmos motivos, a sociedade pode ser presenteada com uma melhoria expressiva nas áreas de desenvolvimento público que atualmente são mais áridas."[21]

Também compartilhamos desse entendimento, já que tanto as PPPs quanto os consórcios públicos se aproximam, pela conjugação de esforços para a prestação de serviços de interesse da sociedade.

20. Maria Sylvia Zanella Di Pietro, *Direito Administrativo*, cit., 23ª ed., p. 481.

21. In Mariana Campos de Souza (coord.), *Parceria Público-Privada*, São Paulo, Quartier Latin, 2008, p. 222.

10.8 Os consórcios públicos na visão do Poder Judiciário

Embora bastante escassas, existem manifestações do Poder Judiciário a respeito dos consórcios públicos. Nesse sentido, apresentamos a seguir um trecho do voto da lavra do Des. federal Francisco Barros Dias, do TRF-5ª Região, nos autos da ACi 2008.83.00.012431-9, em que foi reconhecida a ilegitimidade ativa *ad causam* de determinado consórcio público para tratar de matéria tributária, vez que extrapolada a previsão do seu ato constitutivo:

"A CF, em seu art. 241, estabelece a possibilidade de instituição de consórcios públicos e convênios entre os entes federados, autorizando a gestão associada de serviços públicos, bem como a transferência total ou parcial de encargos, serviços, pessoal e bens essenciais à continuidade dos serviços transferidos.

"Tal dispositivo foi regulamentado pela Lei 11.107/2005, a qual prevê, em seus arts. 1º e 2º, que o consórcio público poderá constituir associação pública ou pessoa jurídica de direito privado e seus objetivos serão estabelecidos pelos entes federativos que se consorciarem, observados os limites constitucionais.

"O consórcio público somente pode atuar nos limites dos seus atos constitutivos. *In casu*, verifica-se que o Estatuto Social do COMANAS não conferiu ao consórcio poderes de representação em juízo dos Municípios para a propositura de demandas afetas à matéria tributária. Ora, o objeto do consórcio cinge-se à promoção de política de desenvolvimento econômico e social, envolvendo a gestão consorciada de bens e serviços públicos em geral.

"Neste sentido, destaco precedente deste egrégio Tribunal: 'Administrativo – Processual civil – Consórcio público – Lei n. 11.107/2005 – Dissociação dos interesses em conflito com os objetivos do consórcio – Ilegitimidade passiva. 1. Nos termos da Lei n. 11.107/2005, os consórcios públicos constituídos sob a forma de associação pública somente têm legitimidade para postular em juízo interesses que se coadunam com os objetivos estabelecidos nos respectivos estatutos. 2. Apelação improvida' (TRF-5ª Região, ACi 2008.83.00.012434-4 (457090/PE), 4ª Turma, rela. Margarida Cantarelli, *DJe* 11.2.2009, p. 256).

"Do inteiro teor do voto preferido pela eminente Relatora do aresto acima colacionado colho as seguintes lições:

"'A parte autora é constituída sob a forma de consórcio público, nos termos da Lei n. 11.107/2005, como associação pública, de modo que sua atuação se restringe à 'realização de objetivos de interesse comum' (art. 1º), conforme 'determinados pelos entes da Federação que se consorciarem' (art. 2º).

"'Nesse sentido, interpretando sistematicamente a lei de regência, depreende-se que o consórcio público somente pode atuar dentro daqueles limites estabelecidos em seus atos constitutivos. Não há dúvida de que pode também mover ações judiciais, inclusive porque detém personalidade jurídica própria, porém somente como forma de viabilizar o cumprimento dos objetivos fixados. O consórcio público não pressupõe uma atuação ampla e irrestrita em comum. Do contrário haveria rigorosamente a criação de uma nova pessoa jurídica em substituição aos consorciados, o que contraria por absoluto a finalidade da lei.

"'No caso concreto, segundo se demonstrou com bastante propriedade na sentença, o ajuizamento da presente demanda foge por completo aos objetivos do consórcio, conforme se extrai do respectivo estatuto. Assim, ainda que se entenda possível a legitimação extraordinária pelo consórcio público, esta deve estar atrelada aos específicos objetivos do consórcio.'

"Assim, é de se manter o entendimento perfilhado pela sentença no sentido da ilegitimidade ativa *ad causam* do consórcio em questão para a defesa de interesses tributários dos Municípios.

"Diante do exposto, nego provimento à apelação.

"É como voto."

Da leitura do excerto transcrito acima podemos perceber que a Corte Regional entendeu que os consórcios públicos só podem atuar nos limites impostos pelos respectivos estatutos sociais, sendo a eles vedado o ingresso em juízo para abordar questões que não estejam atreladas à promoção de uma política de desenvolvimento econômico e social envolvendo a gestão consorciada de bens e serviços públicos em geral.

Em nosso entendimento, andou bem o TRF-5ª Região ao vincular a legitimidade do consórcio público às finalidades previstas pelo correspectivo estatuto social, pois se assim não fosse estaríamos diante de um novo ente federativo, sem qualquer respaldo constitucional ou legal.

10.9 Conclusões

Diante do que tivemos a oportunidade de analisar, constatamos que a Lei 11.107/2005, apesar de polêmica, regulamentou de maneira aceitável os consórcios públicos.

Não identificamos na referida legislação inconstitucionalidades capazes de macular o instituto dos consórcios públicos. Isto é, restou intacto o princípio federativo, a competência legislativa também foi preservada – enfim, o legislador ordinário respeitou os comandos constitucionais acerca da matéria, em especial aqueles contidos no art. 241 da Lei Maior.

Verificamos também a possibilidade de contratação de uma PPP por meio de consórcio público – o que pode ser uma tendência nos dias atuais.

Além disso, apesar dos escassos pronunciamentos judiciais a respeito dos consórcios públicos, não nos parece que haverá qualquer restrição na utilização desse instrumento para a viabilização da gestão associada dos serviços públicos, mas apenas e tão somente o controle para que não sejam extrapolados os limites desse instituto jurídico.

Portanto, os entes federativos dispõem de importante ferramenta para a realização dos serviços públicos com maior eficiência, acompanhando a evolução social e viabilizando a efetivação das políticas públicas ainda desconhecidas por inúmeras unidades federativas, especialmente municipais.

Referências Bibliográficas

CARDOZO, José Eduardo Martins, QUEIROZ, João Eduardo Lopes, e SANTOS, Márcia Valquíria Batista dos (orgs.). *Curso de Direito Administrativo Econômico*. vol. I. São Paulo, Malheiros Editores, 2006.

DI PIETRO, Maria Sylvia Zanella. *Direito Administrativo*. 23ª ed. São Paulo, Atlas, 2010.

__________. "O consórcio público". In: CARDOZO, José Eduardo Martins, QUEIROZ, João Eduardo Lopes, e SANTOS, Márcia Valquíria Batista dos (orgs.). *Curso de Direito Administrativo Econômico*. vol. I. São Paulo, Malheiros Editores, 2006.

GOMES, Marcos Pinto Correia. "Os consórcios públicos na Lei 11.107/2005". *Jus Navigandi* 752. Ano 9. Teresina, 26.7.2005 (disponível em *http://jus2.uol.com.br/doutrina/texto.asp?id=7062*, acesso em 25.10.2009).

JUSTEN FILHO, Marçal. "Parecer elaborado sobre a proposta legislativa de criação de consórcios públicos". *Revista Eletrônica de Direito do Estado* 3. Salvador, Instituto de Direito Público da Bahia, julho-setembro/2005 (disponível em *http://www.direitodoestado.com.br*, acesso em 25.9.2009).

MARQUES NETO, Floriano de Azevedo. "Os consórcios públicos". *Revista Eletrônica de Direito do Estado* 3. Salvador, Instituto de Direito Público da Bahia, julho-setembro/2005 (disponível em *http://www.direitodoestado.com.br*, acesso em 25.9.2009).

MEIRELLES, Hely Lopes. *Direito Administrativo Brasileiro*. 38ª ed. São Paulo, Malheiros Editores, 2012.

QUEIROZ, João Eduardo Lopes, CARDOZO, José Eduardo Martins, e SANTOS, Márcia Valquíria Batista dos (orgs.). *Curso de Direito Administrativo Econômico*. vol. I. São Paulo, Malheiros Editores, 2006.

REALE, Miguel. *Parecer sobre o Projeto de Lei dos Consórcios Públicos*. Disponível em *http://www.miguelreale.com.br/parecer.htm*, acesso em 25.10.2009.

RIBEIRO, Wladimir António. *Cooperação Federativa e a Lei de Consórcios Públicos*. Brasília/DF, CNM, 2007.

SANTOS, Márcia Valquíria Batista dos, CARDOZO, José Eduardo Martins, e QUEIROZ, João Eduardo Lopes (orgs.). *Curso de Direito Administrativo Econômico*. vol. I. São Paulo, Malheiros Editores, 2006.

SILVA, Cleber Demétrio Oliveira da. "Lei 11.107/2005: marco regulatório dos consórcios públicos brasileiros". *Jus Navigandi* 705. Ano 9. Teresina, 10.6.2005 (disponível em *http://jus2.uol.com.br/doutrina/texto.asp?id=6872*, acesso em 25.10.2009).

SOUZA, Mariana Campos de (coord.). *Parceria Público-Privada*. São Paulo, Quartier Latin, 2008.

Considerações Finais

Sônia Yuriko Kanashiro Tanaka

Os capítulos precedentes visaram a demonstrar o panorama atual da Administração Pública no Brasil, tanto na Administração direta quanto na indireta, no Terceiro Setor, bem como na descentralização por colaboração, realizada por parcerias público-privadas/PPPs ou por consórcios públicos.

No tocante aos órgãos públicos procurou-se demonstrar que sua atuação, na prática, destoa, substancialmente, das teorias elaboradas pelos doutrinadores, tendo em vista a efetiva existência de sua autonomia, que, na realidade, em nada difere da existente nas autarquias, cuja subordinação política de seus dirigentes, na realidade, retira a independência almejada.

No tocante às fundações públicas verifica-se que passaram a ser consideradas espécies de autarquias. Mesmo na hipótese de terem sido criadas como pessoas jurídicas de direito privado, nossa jurisprudência vem atribuindo a elas os mesmos privilégios e prerrogativas das autarquias – motivo pelo qual todas devem ser consideradas fundações autárquicas ou autarquias fundacionais, nos exatos termos dos ensinamentos de Celso Antônio Bandeira de Mello.

Interessante notar que Hely Lopes Meirelles defendia a inexistência de tais fundações, posto que o Decreto-lei 200/1967 somente faz referência às fundações de direito privado. Manifestava-se, por conseguinte, no sentido de não existir embasamento legal para essas fundações autárquicas, até mesmo pelo fato de o legislador não as diferenciar das autarquias.

De fato, ao final, comungamos com ambos os entendimentos, tendo em vista não existir embasamento legal para a existência dessas fundações autárquicas, inobstante interpretações de algumas expressões constitucionais. No entanto, é certo que nossa jurisprudência as reconhece – e, nesse contexto, nenhuma distinção substancial passa a existir entre elas e as autarquias.

De igual forma, diversos são os julgados de nossas Cortes Supremas considerando determinadas empresas públicas e sociedades de economia mista como espécies de entidades autárquicas, ora entendendo que seus bens são públicos (e, portanto, impenhoráveis), ora entendendo não existir a possibilidade de as mesmas serem tributadas, por prestarem serviços públicos, mesmo nos casos em que desenvolvam atividades econômicas, atribuindo-lhes, também, a imunidade tributária.

Verifica-se, portanto, que essas entidades públicas do tipo "autárquicas" visam judicialmente às vantagens do regime jurídico de direito público sem, todavia, se despirem das vantagens do regime jurídico de direito privado (licitação simplificada ou processo seletivo simplificado de contratação de servidores).

Nesse contexto, tendo em vista as fundações públicas serem autárquicas e as sociedades de economia mista e as empresas públicas serem consideradas do tipo "autárquicas", observa-se que, pragmaticamente, inexiste qualquer distinção entre todas essas entidades públicas, cuja singularidade resta prevista tão somente na teoria e na legislação.

No tocante às autarquias especiais (OAB, universidades) ou autarquias de regime especial (agências reguladoras e executivas), verifica-se que a criação de todas elas se deu precipuamente para lhes conferir maior autonomia. No entanto, muito se questiona a respeito da legalidade de suas características. A OAB, por exemplo, por não necessitar de realizar licitação para suas contratações, nem concurso público para a seleção de seus funcionários; as universidades, da mesma forma que as agências reguladoras, por seus dirigentes terem independência política – o que, em princípio, insinuaria violação à democracia; e, no tocante às agências executivas, pelo contrato de gestão ter a capacidade de lhes atribuir maior autonomia.

Constata-se, por fim, que a intenção encontra-se direcionada à independência absoluta de todas elas; porém, a legalidade dessas formas ainda continua sendo questionada.

Quanto ao "Sistema S", verifica-se a grande arrecadação de recursos das respectivas entidades, que são gastos sem a observância das regras gerais da Lei 8.666/1993, não sendo obrigatória, outrossim, a realização de concurso público para a contratação de seus funcionários – fatos, esses, considerados legais (inclusive com a anuência do TCU).

Quanto às organizações sociais/OS e às organizações da sociedade civil de interesse público/OSCIPs, muitas delas resultaram em verdadeiros meios de burlar a Lei de Licitações bem como a realização de concursos públicos, visto serem contratadas por órgãos públicos e entidades públicas para que contratem livremente para estes.

Buscando novas formas de descentralização e, nesses casos, por colaboração, surgem as parcerias público-privadas/PPPs e os consórcios públicos, cuja complexidade no processo de suas formalizações e, sobretudo, o prazo de longa duração de suas contratações colocam em dúvida o êxito desses institutos.

O cenário atual, embora apresente valoração negativa, visa a apresentar os aspectos pragmáticos existentes, de modo a provocar uma análise reflexiva acerca de todas essas instituições, com o intuito de, eventualmente, ver implementada, em caráter efetivo, uma reforma de toda a Administração Pública brasileira, que, se, por um lado, não consegue sobreviver diante das normas burocráticas, não pode, por outro, atuar sem o devido embasamento legal.

Dessa forma, mostra-se contínua a busca por mecanismos diversos e legais que possam garantir sobretudo a realização dos fins de todas essas instituições mediante a otimização dos gastos de todos os recursos orçamentários a elas destinados – o que, em última análise, tornaria realidade a eficiência da Administração Pública.

* * *

01153

GRÁFICA PAYM
Tel. (011) 4392-3344
paym@terra.com.br